나의 첫 세계사 여행
중국·일본

전국역사교사모임 지음 | 이경석 그림

초대하는 글

너의 첫 세계사 여행을 위한 좋은 길잡이

안녕! 얘들아, 어서 와. 세계사는 처음이지? 다들 알겠지만 역사는 '과거'로 떠나는 여행이야. 먼 과거는 지금하고는 사뭇 다른 낯선 곳이지. 낯설고 새로운 곳을 찾아가는 건 언제나 가슴 설레고 재미있지만, 또 두렵고 어려운 일이기도 해.

한국사는 우리나라 안에서 이야기가 전개되지만, 세계사는 드넓은 세계를 배경으로 하기 때문에 더욱 어렵게 느껴져. 사람들은 저마다 살고 있는 곳의 지형이나 기후, 문화에 많은 영향을 받으며 살아가기 때문에 그들이 사는 공간을 아는 건 매우 중요해. 문제는, 세상은 너무 넓고 사람들도 너무 많다는 거야.

세계사를 공부하려면 시간이라는 세로축과 공간이라는 가로축 안에 사람과 사건을 자리매김할 수 있어야 해. 솔직히 시간의 흐름을 따라가기도 벅찬데, 그 일이 있었던 공간까지 염두에 두어야 하니 머리가 아플 수밖에. 제대로 된 지도와 나침반이 없다면 수많은 사건과 지명 속에서 금방 길을 잃어버리기 십상이지.

그래서 '초등학생들에게 세계사는 무리'라고 생각하는 사람들도 있어. 학교 공부에서도 세계사는 중학교에 가서야 배우지. 하지만 꼭 그럴까? 자기 나라 역사보다 세계사를 먼저 배우는 나라도 있대. 유럽 국가 대부분은 초등학교에서 처음 역사를 배울 때, 자기 나라 역사가 아닌 '이집트 문명'부터 시작한다고 해.

역사를 배우는 목적은 다양한 사람들의 삶의 경험을 통해 보다 나은 삶을 생각해 보는 거야. 그렇다면 우리 조상들의 경험뿐만 아니라 더 넓은 세계, 더 다양한 사람들의 경험을 일찍부터 살펴보는 게 의미 있지 않을까? 그만큼 시야가 넓어질 테니까 말이야. '세계화' 시대이기도 하잖아.

물론 그러기 위해서는 친절하고 능력 있는 길잡이가 필요하겠지. 서점에 가 보면 어린이를 위한 세계사 책이 꽤 많이 나와 있어. 좋은 책도 있지만, 어린이들이 읽기에 버거운 책이 많은 것도 사실이야. 흥미 위주로 너무 가볍게만 세계사를 소개한 책들도 있지. 이런 책으로 세계사를 접하다가 자칫 길을 잃고, 세계사에 대한 흥미까지 잃어버릴까 봐 걱정이 되기도 해.

이 책은 처음 세계사를 여행하려는 어린이들을 위해 새롭게 쓴 책이란다. 친절하고 능력 있는 길잡이, 훌륭한 지도와 나침반이 되기 위해서 말이야. 전국 2000여 명의 선생님들이 머리를 맞대고 함께 공부하는 '전국역사교사모임'에서 이 책을 펴내기로 했고, 초등학교 선생님 두 분과 중학교 선생님 두 분이 함께 글을 썼지.

중학교 선생님 두 분은 오랫동안 세계사를 가르쳐 왔기 때문에 너희가 나중에 중학교에 가서 어떤 내용을 배우게 될지 잘 알고 계셔. 초등학교 선생님 두 분은 오랫동안 초등학생을 가르치며 함께 생활해 왔기 때문에 너희의 눈높이를 잘 알고 계시지. 그래서 초등학교 5~6학년의 눈높이에 맞춰 중학교에서 배울 세계사 내용에 대비할 수 있는 책을 썼단다. 중학교 '역사' 과목에서 만날 세계사 내용을 쉽고 재미있게, 보다 풍부하게 미리 배울 수 있도록 말이야.

하지만 오랜 경험을 가진 선생님들도 새로운 어린이 세계사 책을 쓰는 게 쉽지만은 않아. 오랜 시간 고민하고 토론한 끝에, '어린이를 위한' 세계사라면 세계 전체를 한꺼번에 다루면서 지역을 넘나드는 일반적인 책들과는 달라야 한다고 생각했지. 공간에 대한 이해가 부족한 상황에서 아이들이 세계를 이리저리 넘나들기는 무리라고 판단했기 때문이야.

그래서 지역을 나누어 네 권으로 구성하기로 했어. 유럽과 아메리카 지역을 한 권에 묶고, 우리와 가까운 중국과 일본은 따로, 인도와 동남아시아 지역도 따로 묶어 한 권, 그리고 중앙아시아와 서아시아, 아프리카 지역을 아울러서 한 권으로 쓰게 되었지. 물론 이렇게 하면 '세계사'가 아니라 '지역사'가 되겠지만, 일단 권마다의 지역 역사를 재미있게 읽어 나가다 보면, 네 권을 다 읽었을 때 자연스럽게 '세계사'로 모아질 수 있을 거야.

이렇게 책을 나누어도 해당 지역, 공간에 대한 이해가 쉽지 않을 것 같아서 '출발! 세계 속으로'라는 꼭지를 따로 두었어. 시대마다 중요한 도시나 지역을 정하고, 지금 그곳의 역사 흔적을 여행한다면 어떤 모습일지 꾸며 본 거야. 세계사는 과거로 떠나는 여행이기도 하지만, 세계로 떠나는 여행이기도 하니까 말이야. 나중에 이 책을 들고 해당 도시나 지역을 직접 찾아가 볼 수 있으면 더 좋겠지.

역사는 다양한 과거 사람들의 이야기를 담고 있지만, 주로 왕이나 높은 계급, 특별한 사람들의 이야기가 많아. 그들은 모두 어른들이지. 하지만 과거에도 어린이들이 있었고, 그 어린이들도 매일매일을 열심히 살았을 거야. 지금

너희처럼 말이야. 그래서 과거에 살았던 어린이 친구들의 이야기를 담은 '어린이들의 세계사' 꼭지도 특별히 만들었어. 쉽지는 않았단다. 역사 이야기는 대부분 어른들이 쓴 어른들 이야기거든. 그 속에 숨겨진 세계 어린이들의 이야기를 발굴해 우리 친구들에게 소개할 수 있다는 건 꽤 자랑할 만한 일이라고 생각해.

복잡하고 어려운 설명은 최대한 줄였기 때문에 초등 고학년이면 누구나 이 책을 술술 재미있게 읽어 나갈 수 있을 거야. 글을 최대한 쉽고 짧게 쓰려고 노력했거든. 펼친 페이지 한 쪽마다 주제 하나씩을 실어 한눈에 보이도록 구성하고, 재미있는 그림과 신기하고 멋진 사진도 많이 실으려고 노력했어. 물론 내용도 알차단다. 이 책만으로 세계사의 핵심 내용을 충분히 얻을 수 있도록 애를 썼으니까. 본문에서 미처 다 다루지 못한 흥미로운 내용은 '한 걸음 더!'라는 꼭지에 덧붙여 두었으니 빠뜨리지 말고 읽어 보렴.

처음 어린이를 위한 세계사 책을 내기로 한 지 꼬박 5년이 지났네. 그만큼 많이 고민하고 오랫동안 여러 번 고쳐 쓴 만큼, 너희에게 재미있고 유익한 책이 되었으면 하는 바람이 간절해. 부디 이 책이 낯설고 어렵지만 설레고 재미있는 첫 세계사 여행에 훌륭한 길잡이가 되었으면 해.

자, 그럼 이제 우리 첫 세계사 여행을 떠나 볼까?

2018년 3월
전국역사교사모임
이강무 · 이성호 · 황은희 · 김성전

중국

1 황허에서 시작된 중국 문명
황허를 따라, 신화에서 역사로 16
점과 제사로 나라를 다스린 상나라 18
봉건제를 실시한 주나라 20

출발! 세계 속으로 유네스코 세계 문화유산, 은허를 가다 22
한 걸음 더! 청동기에 새겨진 괴수의 얼굴 24

2 춘추·전국 시대를 거쳐 통일 제국으로
서로 치열하게 경쟁한 춘추·전국 시대 28
어떻게 하면 경쟁에서 이길 수 있을까? 30
황제가 다스리는 나라, 진 32
흉노를 몰아내고 비단길을 연 한 34
나라를 다스리는 법, 유교 36

출발! 세계 속으로 시황제의 무덤을 찾아, 시안으로 38
어린이들의 세계사 공부를 위해 이사를 세 번 한 맹가의 어머니 40
한 걸음 더! 황건적들은 왜 누런 수건을 썼을까? 42

3 유목 민족과 어우러지며 이룬 발전
《삼국지》의 시대부터 남북조 시대까지 46
불교의 발달과 귀족 문화 48
남북조를 통일한 수나라 50
다른 나라의 모범이 된 당나라 52
세계 제국이 된 당나라 54

출발! 세계 속으로 비단길이 지나는 오아시스 도시, 둔황을 가다 56
한 걸음 더! 달마 대사와 소림사 58

4 송과 원, 동서 교류의 주인공이 되다
문신들이 다스린 송나라 62
비단길 대신 바닷길로 64
유라시아 대륙을 모두 정복한 몽골 66
동서를 하나로 묶어 번성한 원나라 68

출발! 세계 속으로 마르코 폴로도 감탄한 도시, 항저우 70
어린이들의 세계사 어린 시절의 고난을 딛고 영웅이 된 칭기즈 칸 72
한 걸음 더! 몽골 군대가 강했던 까닭은? 74

5 중화제국이 완성되다

다시 한족이 다스린 명나라　78
북쪽 오랑캐와 남쪽 왜구의 침입　80
만주족이 세운 청나라, 명나라를 이어받다　82
서양에까지 이름을 떨친 청나라　84

출발! 세계 속으로 자금성을 품은 황제의 도시, 베이징　86
어린이들의 세계사 황제의 자식들은 어떻게 살았을까?　88
한 걸음 더! 중국 땅이 되었지만 중국인이 되기를 거부한 사람들　90

6 외세에 맞서 새로운 중국을 꿈꾸다

청나라를 굴복시킨 아편 전쟁　94
평등하고 평화로운 하늘나라를 만들자!　96
법을 바꿔 강한 나라를 만들자!　98
나라를 도와 서양 오랑캐를 몰아내자!　100
혁명으로 중화민국을 세우다　102

출발! 세계 속으로 중국이 서양을 만난 곳, 홍콩　104
어린이들의 세계사 중국의 어린이들, 미국으로 유학을 떠나다　106
한 걸음 더! 태평천국, 남녀평등을 주장하다　108

7 국민당과 공산당이 힘을 합쳐 싸우다

과학과 민주주의를 받아들이자　112
군벌을 물리치기 위해 손을 잡다　114
일본의 침략에 맞서 다시 손을 잡다　116
연합군과 함께 일본을 몰아내다　118

출발! 세계 속으로 혁명과 학살의 현장, 난징　120
어린이들의 세계사 어린 홍군, 소홍귀　122
한 걸음 더! 일본에 맞서 함께 싸운 한국인과 중국인　124

8 다시 강대국으로 떠오른 중국

중화인민공화국이 탄생하다　128
중화인민공화국을 지키자　130
어떻게 사회주의를 건설할 것인가?　132
개혁 개방 정책을 추진하다　134
중국, 다시 날아오를 수 있을까?　136

출발! 세계 속으로 개혁 개방의 상징, 상하이　138
어린이들의 세계사 소황제, 새 시대의 주인공?　140
한 걸음 더! 또 하나의 중국, 타이완　142

차례

일본

9 일본 문화의 시작

바다 건너온 사람들이 벼농사를 시작하다　148
나라가 서고 왕이 등장하다　150
불교를 받아들여 왕권을 강화하다　152
덴노(천황), 신의 후손을 자처하다　154

출발! 세계 속으로　일본의 불교문화가 시작된 곳, 아스카　156
한 걸음 더!　일본 문화는 모두 우리가 전해 줬다?　158

10 덴노와 귀족, 그리고 무사

불교와 신도가 섞이다　162
귀족이 덴노를 허수아비로 만들다　164
일본의 전통문화가 만들어지다　166
무사 계급이 성장하다　168

출발! 세계 속으로　헤이안 시대의 영광을 찾아 교토로　170
어린이들의 세계사　가마쿠라 바쿠후를 세운 미나모토 형제의 비극　172
한 걸음 더!　신도, 일본의 전통 종교　174

11 무사 정부, 바쿠후의 수립

가마쿠라 바쿠후, 몽골의 침략을 물리치다　178
무로마치 바쿠후가 수립되다　180
무사 문화가 발달하다　182
무사들 간의 전쟁, 온 나라가 전쟁터로　184

출발! 세계 속으로　무사 정권이 시작된 곳, 가마쿠라　186
한 걸음 더!　무사 시대의 꽃, 성　188

12 에도 바쿠후의 번성

전국 시대를 통일하다　192
도요토미 히데요시, 조선을 침략하다　194
에도 바쿠후가 서다　196
에도 바쿠후가 번영을 누리다　198
도시가 문화 중심지가 되다　200

출발! 세계 속으로　천하의 부엌, 오사카　202
어린이들의 세계사　일본식 서당, 데라코야에서 가장 중요했던 과목은?　204
한 걸음 더!　무사들, 목숨으로 의리를 지키다 〈주신구라〉 이야기　206
한 걸음 더!　조선통신사, 한일을 잇다　208

13 메이지 유신 이후 침략자가 된 일본

서양의 압력에 나라 문을 열다　212
메이지 유신, 다시 덴노의 나라를 만들다　214
메이지 헌법을 만들다　216
주변을 침략해 힘을 키우다　218
청과 러시아를 물리치고, 조선을 식민지로 삼다　220

출발! 세계 속으로 아이누의 땅에서 일본 땅으로, 홋카이도　222
어린이들의 세계사 의무 교육, 누구나 소학교에 가야 한다　224
한 걸음 더! 돈가스의 탄생　226

14 전쟁의 구렁텅이로 뛰어든 일본

1차 세계 대전의 승전국이 되다　230
대공황의 위기 속에 만주를 침략하다　232
중국으로 쳐들어가다　234
전쟁의 구렁텅이에서 원자 폭탄을 맞다　236

출발! 세계 속으로 원자 폭탄의 상처를 안은 도시, 히로시마　238
어린이들의 세계사 전쟁에 동원된 어린이들　240

15 패전을 딛고 경제 대국이 된 일본

미군의 지배 아래 평화 헌법을 만들다　244
아시아의 반공 기지로 거듭나다　246
세계적인 경제 대국이 되다　248
거품이 꺼지고 장기 불황이 계속되다　250
일본은 존경 받는 나라가 될 수 있을까?　252

출발! 세계 속으로 국제도시 도쿄와 야스쿠니 신사　254
한 걸음 더! 일본 문화의 저력, 재패니메이션　256

연표　258
찾아보기　264

중국

'중국' 하면 무슨 생각이 드니? 많은 인구? 넓은 영토? 싸지만 왠지 못 미더운 '메이드 인 차이나' 제품? 중국은 스스로를 '세계의 중심'이라고 자부해 왔어. '중국'이라는 이름 자체가 그런 뜻을 담고 있지. 게다가 우리나라 바로 옆에 있어서 오랫동안 서로 싸우기도 하고 깊은 영향을 주고받으면서 살아왔어. 요즘엔 넓은 영토와 많은 인구를 바탕으로 21세기의 강대국으로 떠오르고 있지.

우리 역사에 많은 영향을 끼친 큰 나라, 앞으로도 가까이에서 함께 살아가야 할 강대국이라면, 그 나라의 역사를 알아 두는 것이 필요하지 않을까? 중국 역사는 우리 역사와도 많이 만나기 때문에 그리 낯설지 않을 거야. 자, 그럼 중국의 역사 속으로 들어가 볼까?

지금의 중국 땅에 사람이 살기 시작한 것은 언제부터일까? 이미 170만 년 전부터 구석기 사람들이 살았대. 베이징 부근에서는 50만 년 전 불을 피우며 살았던 흔적도 나왔고, 기원전 5000년, 그러니까 지금으로부터 7000년 전에는 신석기 문명이 시작되었어. 우리나라의 움집 같은 집터가 발견되었거든. 까마득한 옛날, 중국이라는 나라가 시작되는 그때로 가 볼까?

기원전 170만 년
윈난성에서 위안머우인 등장

기원전 50만 년
베이징인 등장

기원전 5000년경
반포에 신석기 마을 형성

1

황허에서 시작된 중국 문명

기원전 1600년경
상나라 건국

기원전 1046년
상나라 멸망
주나라 성립

황허를 따라, 신화에서 역사로

　세상이 혼돈에 빠져 있을 때 반고라는 거인 신이 몸을 일으켜 하늘과 땅을 갈라놓았어. 반고가 쓰러지자 그 몸에서 해와 달, 그리고 대지가 생겼지. 그 대지에서 사람 얼굴에 뱀의 몸을 한 여와라는 여신이 나타났어. 여와는 동식물만 있는 세상이 마음에 들지 않았지.
　"세상이 너무 심심해. 인간들이 필요해."
　여와는 진흙을 빚어 인간을 만들고 숨을 불어 넣었대. 하지만 시간이 너무 많이 걸렸지. 그러자 흙탕물에 새끼줄을 휘둘러서, 튕겨진 진흙 방울로 인간을 만들었어. 여와가 새끼줄을 흔든 진흙탕이 바로 황허야. 황허는 말 그대로 '누런 강'이지. 많은 흙이 섞인 황톳물이 흐르면서,

반고 하늘과 땅이 생겨날 때 태어난 신. 그의 머리와 팔다리는 산이 되었고, 피와 눈물은 강이, 눈은 해와 달이 되었다고 해.

복희와 여와 사람 얼굴에 뱀의 몸을 하고 있어. 뱀은 해마다 허물을 벗는데, 옛날 사람들은 이것을 해마다 새롭게 태어나는 것으로 생각했어.

주변에 기름진 황토 평야가 생겼어. 옛날부터 이 강 유역에 사람들이 많이 살았고, 여기서 중국의 문명이 시작된 거야.

여와의 오빠인 복희는 그물을 발명해 사람들에게 고기 잡는 법과 사냥 기술을 알려 줬다고 해. 신농이라는 신은 먹을 수 있는 풀과 먹을 수 없는 풀을 인간에게 알려 주고, 호미 같은 농기구를 만들어 나눠 줬대. 구석기 시대 사람들이 사냥을 하고 열매를 찾아 먹던 모습과 신석기 시대에 이르러 농사를 짓게 된 것을 상징하는 신화겠지?

농사를 지으면서 사람들은 해마다 홍수로 큰 고통을 겪었어. 황허가 자주 넘쳤거든. 이때 '우'라는 사람이 나타나 물길 공사를 벌였고 곧 왕이 되었어. 그 우임금의 아들이 하나라를 세웠대. 물을 다스리기 위해 많은 일손이 필요했고, 이런 일손을 부리기 위해 지배자가 등장한 거야. 황허 유역에서 시작된 이 작은 나라가 중국이라는 큰 나라의 시작이었어.

중국의 지형과 선사 시대 유적 중국의 지형은 서북쪽이 높고 동남쪽이 낮아. 그래서 큰 강들은 대부분 서북쪽에서 시작해 동남쪽으로 흐르지. 그중 가장 크고 중요한 강이 바로 황허와 양쯔강이야.

반포 유적 약 7000년 전에 황허 유역에서는 이미 농사가 시작되었어. 황허 주변 반포 유적에서 신석기 시대 중국의 농경 문화를 알 수 있지.

허무두 유적 양쯔강 유역에서도 6000~7000년 전에 신석기 농경 문화가 시작되었어. 특히 이 유적에서는 볍씨가 많이 발견되어서 이때부터 이미 벼농사가 시작되었음을 알 수 있지.

반포 유적에서 발견된 그릇

허무두 유적에서 발견된 볍씨

점과 제사로 나라를 다스린 상나라

"앞으로 열흘간 나쁜 일이 없을까요?"
어느 날 신하가 왕에게 묻자 왕이 갑골의 금을 보고 말했어.
"나쁜 기운이 오고 있으니 장차 안 좋은 일이 있을 것이다."
5일 뒤에 정말 서쪽에서 나쁜 소식이 전해졌어.
"적이 국경으로 쳐들어와 도시 두 곳이 재난을 당했습니다."
하나라의 뒤를 이은 상나라는 나라의 중요한 일을 점을 쳐서 결정했어. 거북의 배딱지같이 넓적한 뼈(갑골)에 송곳으로 흠집을 내고 불에 달구면 금이 가지. 왕이 이 금을 보고 신의 뜻을 해석해 그 결과를 뼈에 적는 거야. 전쟁 소식뿐만 아니라, 농사가 잘될 것인지, 질병이 생기지는 않을지 등등 아주 다양한 것을 하늘에 묻고, 그 결과를 기록해 뒀어. 갑골에 새긴 이 글자가 바로 한자의 시작이야.

갑골과 갑골 문자 갑골에 간 금을 보고 하늘의 뜻을 해석하는 것은 제사장인 왕이었어. 왕이 자기 뜻을 하늘의 이름을 빌려 말한 거라고 볼 수 있지.

상나라는 기원전 1300년 무렵 수도를 '은'으로 옮겼어. 그곳에 큰 궁궐을 짓고 거대한 왕릉도 만들었지. 청동기도 많이 만들었어. 무기도 많았지만, 가장 많았던 것은 제사 때 쓸 그릇이었어. 그릇의 크기는 신분의 높이를 나타냈기 때문에, 왕이 쓰는 청동기는 특히 크고 아름다웠지.

이런 청동기에 귀한 술과 음식을 가득 담아 하늘에 제사를 지냈어. 특히 나라의 중요한 제사를 지낼 때는 포로나 노예를 제물로 바치기도 했대. 손이 뒤로 묶인 채 목이 잘리는 노예를 보면서, 사람들은 두려움에 떨며 머리를 숙였지. 이렇게 왕은 군사 지휘관이고 정치 지도자이면서 동시에 제사장이기도 했어. 왕이나 높은 사람이 죽으면 그 부인이나 하인을 함께 묻기도 했대.

상나라 때 의식에 쓰이던 청동 제기 | 상나라 왕이 어머니의 제사를 지내려고 만든 솥 모양의 제사 도구야.

상나라의 청동 투구와 청동 칼 청동 무기가 만들어지면서 정복 전쟁이 더욱 격렬해졌지. 포로로 잡힌 사람은 제물이 되거나 순장되기도 했고, 노예로 부려지기도 했어.

1 황허에서 시작된 중국 문명

봉건제를 실시한 주나라

"너에게 이 땅을 주어 나라를 세우게 하겠노라. 너는 나를 대신해 이 땅을 다스리고 나에게 충성해야 하느니라."

상나라를 무너뜨리고 황허 유역을 지배한 주나라 왕은 자신이 직접 모든 땅을 다스리지 않고, 믿을 만한 사람에게 땅을 떼어 주고 다스리도록 했어. 이런 제도를 '봉건제'라고 해. 그리고 이렇게 땅을 하사받아 그 지역을 다스리게 된 사람을 '제후'라고 하지.

세상에 가장 믿을 만한 사람은 아무래도 피를 나눈 친척이겠지? 주나라 왕은 주로 자기 친척들을 제후로 임명해서 주요 지역을 다스리게 했어. 제후는 왕에게 해마다 선물을 바치고, 전쟁이 일어나면 병사를 보내야 했지. 왕실은 큰집이고 제후는 작은집인 셈이었고, 작은집들은 큰집을 중심으로 힘을 합쳐야 한다고 생각했어. 하지만 자신의 영토 안에서는 제후도 왕과 비슷한 권력을 누렸지.

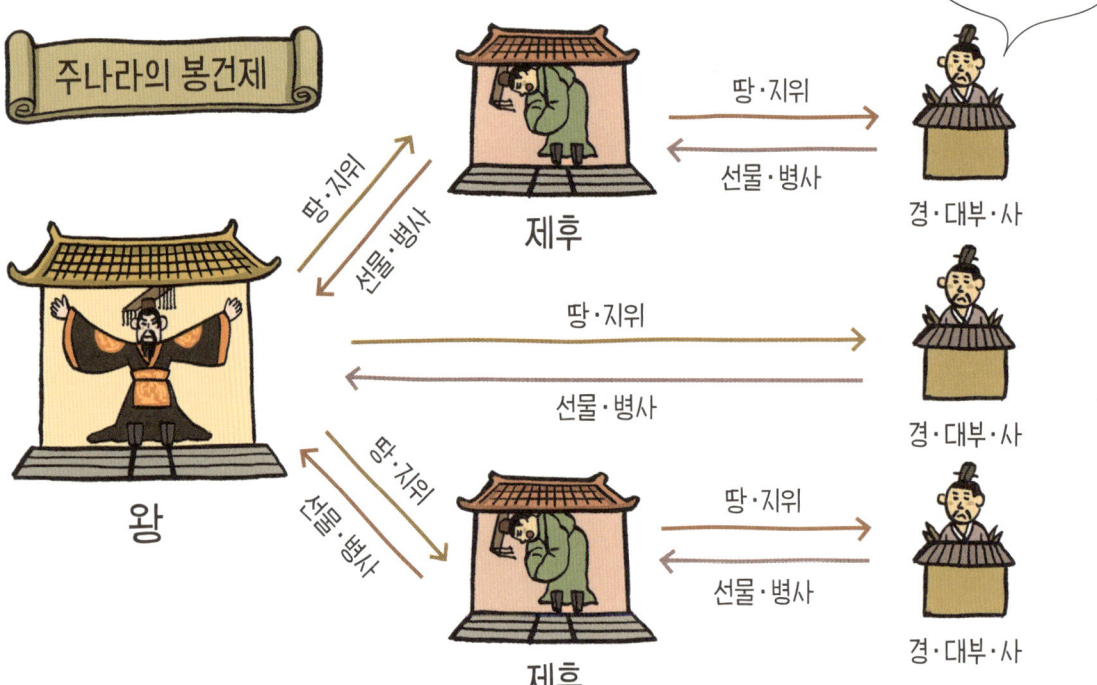

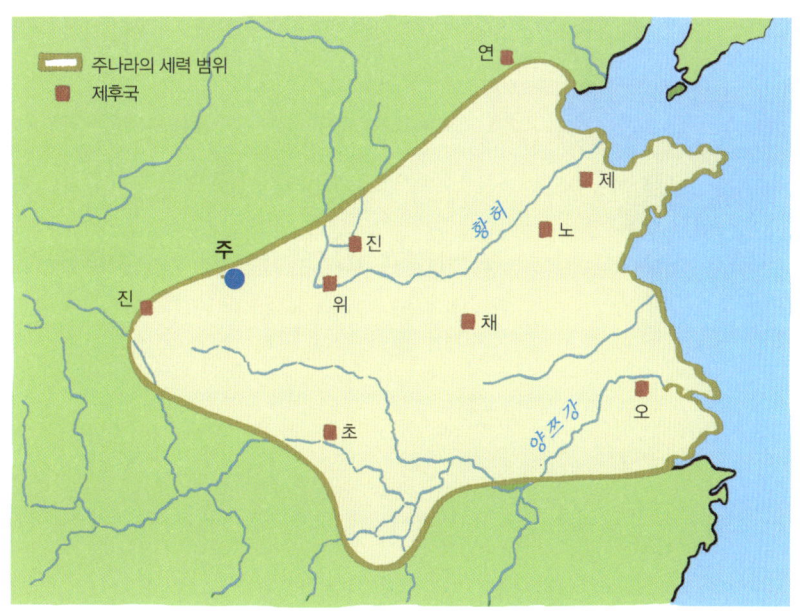

주나라와 제후국 주나라가 직접 다스리는 땅은 크지 않았고, 주나라에 충성을 다짐한 제후들이 여러 지역을 다스렸어.

주나라 왕은 자신이 하늘의 명령을 받아 세상을 다스린다고 생각했어. 그렇기 때문에 왕을 하늘의 아들, 즉 '천자'라고 불렀어. 천자는 세상의 질서를 잘 다스려야 했어. 사람들 사이의 높고 낮음도 잘 알게 해야 했지.

그래서 신분에 따라 옷 색깔이나 집과 수레의 크기, 그릇 개수까지 모두 달랐대. 예를 들어 왕은 음식을 먹을 때 솥을 9개까지 사용할 수 있지만, 제후는 7개, 그 아래 신하는 5개, 3개, 1개까지만 사용할 수 있다는 식이었어. 이런 예의를 어기면 사람이 아니라고 욕을 먹었지. 이런 생각은 그 후에도 계속 이어졌어.

주나라의 청동기 다리가 세 개 달린 이런 솥을 정이라고 하는데 왕과 제후, 귀족이 사용할 수 있는 개수가 달랐대.

주나라의 청동 등잔 제후들도 다양한 청동 생활용품을 만들어 썼는데, 아름다운 장식의 등잔도 있어. 신분에 따라 사용은 엄격히 제한되었지.

출발! 세계 속으로

유네스코 세계 문화유산, 은허를 가다

1899년에 왕의영이라는 학자가 하인을 시켜 '용골'을 사 오게 했어. 친척이 감기 몸살에 걸렸기 때문이지. 용골은 '용의 뼈'라는 뜻으로 열병에 특효약으로 알려졌었어.

"선생님, 여기 용골에 글자가 새겨져 있는 것 같은데요?"

손님으로 와 있던 유악이라는 사람이 우연히 용골을 살펴보다가, 그 뼈에 글자가 새겨져 있는 것을 발견했어. 깜짝 놀란 왕의영과 유악은 용골이 어디서 나오는지 수소문했지. 그 결과 허난성 북쪽 작은 마을 농민들이 땅에서 캐내 팔고 있다는 것을 알았대. 왕의영과 유악은 이 뼈들을 수집해서 연구하기 시작했어. 그 결과 용골이 사실은 상나라 때의 갑골이라는 것이 밝혀졌어.

그 뒤로 이 뼈가 나온 마을에 대한 발굴과 조사도 이루어졌지. 1915년에 이곳을 찾은 학자들은 갑골 문자뿐 아니라 청동기와 옥그릇도 발견했어. 나중에는 국가가 나서서 대규모로 발굴 조사를 하기 시작했지.

은허 유적의 왕릉이 매장된 구덩이 | 여러 차례의 발굴을 통해 궁궐과 집터뿐 아니라 왕릉으로 짐작되는 큰 무덤도 발견되었어.

은허 박물관 은허 유적에서 발굴된 다양한 유물을 모아 박물관을 만들었어.

그 결과 거대한 궁궐 유적과 집터, 그리고 청동기를 만들던 터가 나왔지. 그리고 왕릉으로 짐작되는 거대한 무덤도 잇달아 발견되었어. 무덤 주인의 관 옆에는 하인으로 보이는 많은 사람은 물론 말, 원숭이, 코끼리까지 같이 묻혀 있었대.

"이곳이 바로 상나라의 마지막 수도인 은의 옛터가 확실합니다."

발굴은 지금도 계속되고 있대. 정부에서는 지금까지 발굴된 것들을 모아 박물관을 세우고, 발굴 현장을 정비해서 보존했지. 박물관에서는 다양한 청동기도 볼 수 있어. 그 옛날에 이렇게 정교한 청동기를 만들었다니! 감탄이 절로 나오지.

하지만 조심할 것도 있어. 유골들이 많거든. 머리에 부상을 입고 죽은 사람의 두개골이나 솥에 제물로 담긴 두개골을 보는 느낌은 정말 으스스해. 주인과 함께 묻힌 사람들의 유골도 많아. 사람이 사람으로 대접받지 못하던 시대의 흔적을 보는 것은 힘든 일이야. 그런 시대를 거쳐 점점 사람이 사람답게 존중받는 세상으로 발전해 온 것이 얼마나 다행인지 몰라. 은허는 2006년에 세계 문화유산으로 지정되었지.

말과 수레와 함께 묻힌 유골

한 걸음 더!

청동기에 새겨진 괴수의 얼굴

　머리 양쪽에 달린 큰 뿔, 화가 난 듯 치켜 올라간 눈썹, 부리부리 툭 튀어나온 눈알, 뜨거운 숨을 몰아쉴 듯한 커다란 코, 날카로운 이빨을 드러낸 큰 입, 그리고 이런 얼굴 주변을 둘러싸고 있는 번개무늬.

　상나라, 주나라에서 쓰인 청동기에는 이런 괴수의 얼굴이 새겨져 있는 경우가 많아. 호랑이나 소의 얼굴을 본뜬 것 같기도 하고, 용을 나타낸 것이라고도 해. 이런 괴수의 얼굴을 청동기마다 새긴 이유는 무엇일까?

　청동 무기가 만들어지면서 정복 전쟁은 더욱 치열해졌어. 전쟁에서 지면 노예가 되거나 죽임을 당해야 했지. 그러니 전쟁에서 이길 수 있는 강한 힘을 원한 건 당연하겠지? 괴수의 얼굴은 그 누구라도 굴복시킬 수 있는 무시무시한 힘을 상징하는 것으로 보여.

도철무늬 도안 도철은 괴수를 표현한 것인데 전쟁에서 이길 수 있는 강한 힘을 상징한 거야.

하지만 사람들은 힘으로 모든 것을 굴복시킬 수 없다는 것도 알고 있었어. 나중에 이 괴수를 '도철'이라고 불렀는데, 도철은 너무나 탐욕스러운 괴물이라 눈에 띄는 모든 것을 집어삼켰대. 그러다가 결국 자기 꼬리와 몸통까지 집어삼켜 머리밖에 남지 않았대. 지나친 욕심과 힘은 결국 자신에게도 해를 입힌다는 이야기지.

상나라의 정 제사 때 사용하는 의식용 그릇이야. 도철무늬가 새겨져 있어.

상나라의 세 발 항아리 이 항아리의 몸통은 커다란 눈을 가진 도철 가면 세 개로 장식되어 있어.

청동 탈 적을 놀라게 하려고 전차에 달아 놓았던 청동 탈이야.

중국을 영어로 뭐라고 하지? 맞아. 차이나(China). 차이나라는 말은 어디서 왔을까? 중국을 최초로 통일한 진나라에서 나온 말이야. 그럼 중국의 글자를 뭐라고 하지? 맞아. 한자. 중국 사람들을 한족이라고도 하지? 한자와 한족은 진의 뒤를 이어 세워진 한나라에서 나온 말이야. 진과 한은 진정한 중국의 시작이라고 할 수 있어. 그런데 진과 한이 세워지기 전에는 아주 길고 힘든 혼란과 분열을 겪어야 했대. 진정한 중국이 만들어지는 그 시간으로 들어가 볼까?

기원전 770년
주나라, 동쪽으로 피란
춘추 시대 시작

기원전 221년
진나라 중국 통일

기원전 403년
전국 시대 시작

2

춘추·전국 시대를 거쳐
통일 제국으로

기원전 139년
장건, 서역 파견

184년
황건적의 봉기

기원전 202년
한나라 건국

25년
후한 건국

서로 치열하게 경쟁한 춘추·전국 시대

기원전 771년, 주나라 왕은 바짝 조바심이 났어. 서쪽에서 적이 쳐들어오는데도 제후들이 군사를 보내 주지 않았기 때문이지. 주나라를 지켜 주던 봉건제는 무너지고 있었어. 세월이 흐르면서 촌수가 점점 멀어져 제후들이 왕실을 더 이상 큰집으로 섬기지 않았기 때문이야. 결국 주나라는 적을 피해 수도를 동쪽으로 옮겨야 했지.

천자의 체면이 한 번 구겨지자 많은 제후가 왕을 무서워하지 않게 되었어. 이제 제후들은 자신의 이익을 위해 다른 나라로 쳐들어갔어. 전쟁이 끊이지 않았지. 서로 물고 물리는 전쟁은 무려 500년간이나 계속되었어. 이 시대를 '춘추·전국 시대'라고 해.

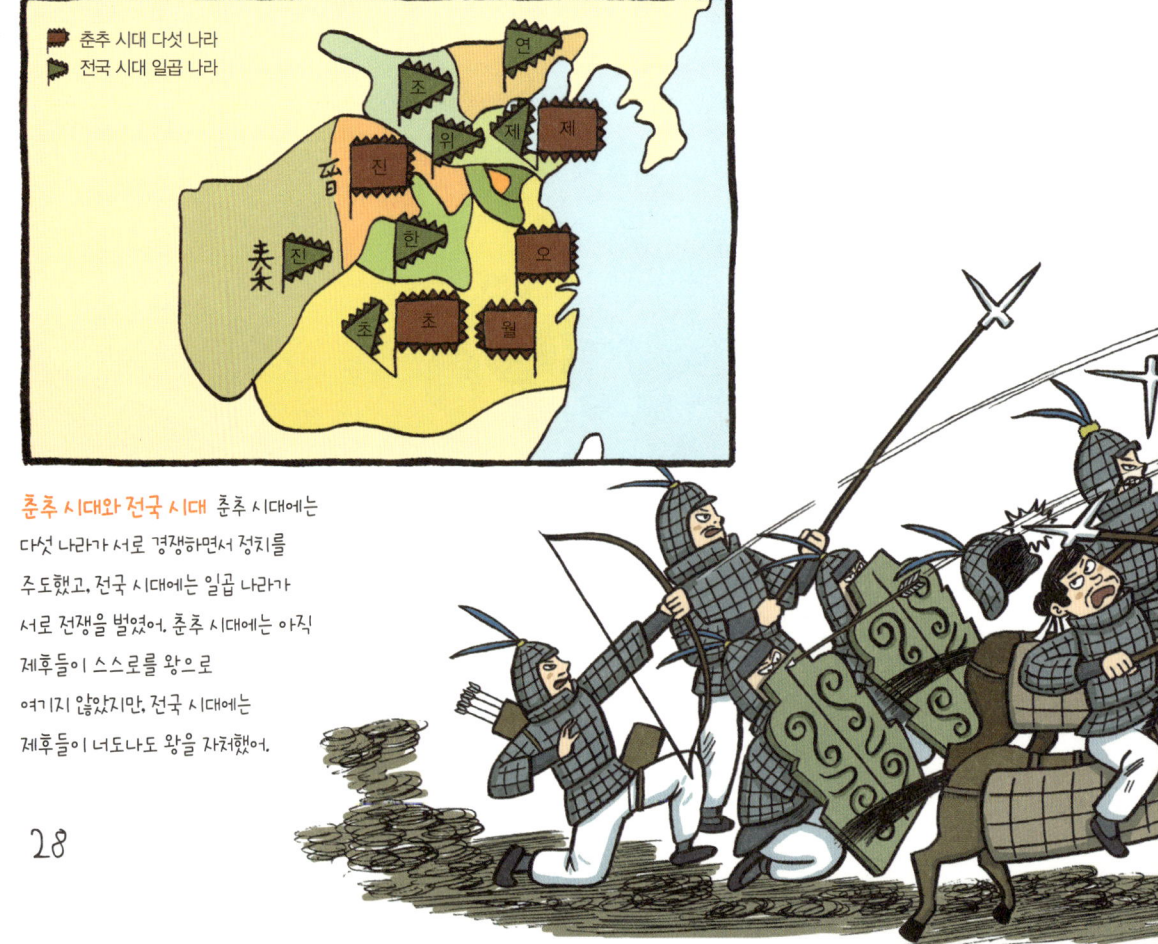

춘추 시대와 전국 시대 춘추 시대에는 다섯 나라가 서로 경쟁하면서 정치를 주도했고, 전국 시대에는 일곱 나라가 서로 전쟁을 벌였어. 춘추 시대에는 아직 제후들이 스스로 왕으로 여기지 않았지만, 전국 시대에는 제후들이 너도나도 왕을 자처했어.

오왕 부차의 창과 월왕 구천의 칼
춘추·전국 시대의 전쟁에서 패배한 오나라 왕 부차는 원한을 잊지 않기 위해 불편한 가마니 위에서 잠을 잤고, 월나라 왕 구천은 날마다 쓰디쓴 쓸개를 핥았다고 해. 이를 사자성어로 와신상담이라고 하지. 두 왕이 쓰던 창(왼쪽)과 칼(오른쪽)이야.

마침 잘 부러지는 청동을 대신해 단단한 쇠로 무기를 만드는 기술이 보급되었어. 병사들은 점차 철제 무기를 갖춰 나갔지. 무기의 종류도 다양해졌고, 전법이나 전술도 나날이 개발되었어.

성을 쌓는 법이나 이를 공격하는 기술도 계속 발전했지. 전쟁 규모도 커져서 몇 만, 몇 십만 명이 참가하는 전쟁이 수시로 일어났어. 그만큼 전쟁에서 죽는 희생자도 많아졌지.

"이렇게 오래 계속되는 전쟁에서 이기려면…… 그래! 병사가 될 인구가 많아야 하고, 전쟁을 위한 식량도 풍부해야 해."

더 많은 땅이 농토로 개간되었고, 농업 기술도 발전했어. 소를 이용해 쟁기질을 하는 기술도 퍼져 나갔고, 철제 농기구도 많이 만들어졌지. 농업이 발달해 식량 생산이 늘자 이를 내다 팔면서 상업도 발전했지. 춘추·전국 시대는 계속된 전쟁으로 혼란스러웠지만, 치열한 경쟁 덕분에 빠르게 발전했어.

어떻게 하면 경쟁에서 이길 수 있을까?

전쟁에서 이기기 위해서는 훌륭한 인재를 구하는 것이 중요했어. 각 나라의 왕들은 인재를 찾기 위해 애썼어. 유명한 인재를 정중히 초대했고, 찾아온 손님을 정성껏 대접했지. 능력만 있으면 신분이 낮더라도 관직을 줬고, 마음껏 나라를 다스려 보라고 격려하기도 했대.

그 덕분에 세상의 이치나 나라 다스리는 방법에 대해 공부하는 사람들이 많아졌어. 이들은 훌륭한 스승을 찾아 모여들었고, 하나의 집단을 이루었어. 여러 선생님(제자)과 그들을 따르는 여러 학파(백가)가 생겨났어.

난징에 있는 공자 사당 공자를 기리는 곳으로 중앙의 공자를 중심으로 양쪽에 여러 제자들이 늘어서 있어.

　왕들은 이런 사상을 잘 이용해 나라를 다스리려고 했어. 특히 변두리에 있던 진나라는 법가를 적극적으로 받아들였지. 강력한 법을 주장한 상앙을 발탁한 거야.

　"상앙, 그대에게 모든 권한을 주겠소. 우리 진나라를 부강하게 만들어 주시오."

　상앙은 나라에 공을 세우면 신분에 상관없이 상을 주고, 법을 어기면 누구라도 가차 없이 처벌했어. 그리고 나라 안의 모든 땅에 관리를 보내 직접 다스리도록 했지.

　이런 정책 덕분에 진나라는 점점 부강해졌지. 마침내 진은 다른 여섯 나라를 꺾고 기원전 221년에 전국을 통일할 수 있었어.

상앙 상앙은 정치는 물론 군사 전략에도 능통해서 과감한 개혁을 이뤄 냈어.

황제가 다스리는 나라, 진

"나는 왕이 다스리는 여러 나라를 모두 통일했노라. 그러니 왕이라는 이름은 나에게 어울리지 않는다. 나의 업적에 어울리는 새로운 이름을 만들어 보아라."

신하들은 옛날 기록을 샅샅이 뒤져 '황제'라는 이름을 지어 올렸어. 우주 만물을 다스리는 자, 신과 같은 존재라는 뜻이야. 왕은 만족해 하며, 자신을 최초의 황제 '시황제'라고 했어. 이제 진나라는 황제가 다스리는 나라 '제국'이 되었지.

시황제는 제국 전체를 하나로 만들기 위해 애썼어. 나라마다 쌓았던 성은 허물어 버리고, 제국 곳곳을 잇는 길을 새로 냈지. 봉건제를 없애고 관리를 보내 지방을 직접 다스렸어. 나라마다 달랐던 법률도 하나로 통일했고, 글자도 하나로 정했지. 돈도 하나로 만들었고, 길이, 무게, 부피를 재는 단위도 통일했어. 심지어 사람들 생각마저 하나로 만들려고 했어. 하지만 학자들은 이런 정책에 반대했어. 유가나 도가의 가르침을 버릴 수 없다는 거였지.

책을 불태우고 유학자들을 파묻어 버려라!

시황제 춘추·전국 시대를 끝내고 통일을 이룬 시황제는 나라를 하나로 만들기 위해 강력한 통일 정책을 폈어.

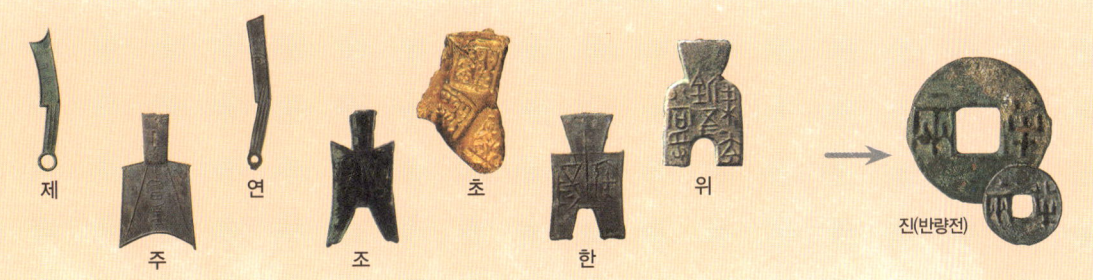

진나라의 화폐 통일 춘추·전국 시대의 다양한 화폐들은 진나라 반량전으로 통일되었어.

"법가책과 실용서, 역사책만 빼고 나머지 책들은 모두 거두어 불태워라! 그리고 황제에게 반대하는 저 못된 유학자들은 모조리 땅에 파묻어라!"

이렇게 세상을 자기 마음대로 다스렸던 시황제도, 저 북쪽의 흉노만큼은 마음대로 할 수 없었어. 말을 타고 수시로 쳐들어와 곡식을 빼앗아 가는 흉노를 막는 것은 어려운 일이었지. 시황제는 북쪽 국경을 따라 성을 쌓도록 했어. 이미 있던 성을 연결하는 것이긴 했지만, 만 리(4000킬로미터)나 되는 성을 잇고 쌓는 일은 너무 힘들었어. 공사에 동원된 농민들은 죽을 지경이었지.

게다가 시황제는 어마어마한 궁전도 새로 짓고, 자신의 무덤도 새로 만들도록 했어. 참다못한 농민들은 곳곳에서 들고일어났어. 결국 진나라는 무너지고 말았지. 통일을 이룬 지 15년, 시황제가 죽은 지 불과 4년 만의 일이었어.

만리장성 풀밭을 찾아 철따라 이동하면서 양 같은 가축을 길러 생활하는 사람들을 '유목 민족'이라고 해. 흉노도 유목 민족이었어. 이들은 평소에는 중국과 교역을 해서 곡식을 얻었지만, 힘이 강할 때는 중국에 쳐들어와 곡식과 재물을 빼앗아 갔어. 시황제는 흉노를 막기 위해 만리장성을 쌓았고 후에 여러 차례 고쳤지.

흉노를 몰아내고 비단길을 연 한

진의 뒤를 이어 중국을 통일한 한나라는 무제 때 전성기를 누렸어. 한의 일곱 번째 황제인 무제는 많은 군대를 동원해 주변 지역을 정복해 나갔어. 동쪽으로는 고조선을 무너뜨려 군현을 설치했고, 남쪽으로는 오늘날의 베트남 북부까지 쳐들어갔지.

무제는 특히 흉노를 몰아내는 일에 공을 들였어. 이를 위해 장건을 서쪽으로 파견했지. 월지라는 나라와 손잡고 흉노를 함께 공격하기 위해서였어. 높고 험한 톈산 산맥을 넘어 서쪽으로 나아가던 장건은 그만 흉노에게 붙잡히고 말아. 기다리다 지친 무제는 기원전 129년에 흉노 정벌을 선언해.

"흉노를 몰아내지 않고서는 천하를 다스린다고 할 수 없다. 무슨 일이 있어도 흉노를 정복할 것이다."

무제는 흉노를 몰아내려고 모든 힘을 쏟았지만 성과를 낼 수 없었지.

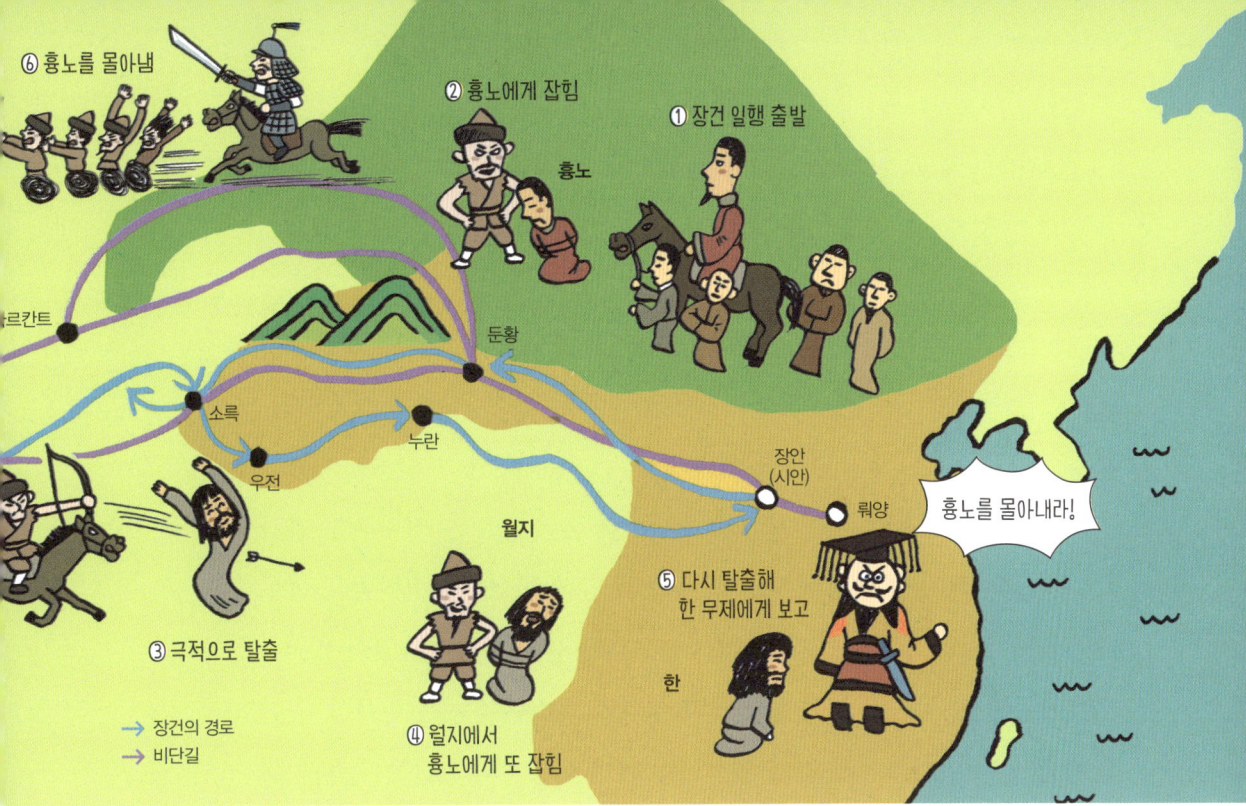

　한편 10년이나 흉노에게 붙잡혀 있던 장건은 탈출에 성공해 힘들게 월지를 찾아갔어. 하지만 월지는 흉노와 싸울 생각이 없었지. 장건은 돌아오는 길에 또 흉노에게 붙잡혔어. 겨우 탈출에 성공한 장건은 다시 한으로 돌아와 서역으로 통하는 길과 그 주변 상황을 상세히 보고했지.

　무제는 이 소식을 듣고 흉노를 몰아내야겠다는 생각을 더욱 굳혔어. 그래야 부유한 서쪽 나라들과 자유롭게 왕래할 수 있을 테니까.

　10년의 전쟁 끝에 한은 결국 흉노를 서쪽으로 쫓아내는 데 성공했어. 그 결과 한은 서역으로 가는 길을 확보했지. 이 길을 따라 중국의 비단이 중앙아시아로 팔려 나갔고, 다시 유럽까지 전해졌지. 중앙아시아의 포도, 석류, 호두, 상아 같은 새로운 물건도 중국으로 들어왔어. '비단길'이 열린 거야. 하지만 한은 흉노 정벌에 너무 많은 국력을 쏟아부었기 때문에 이후 점점 쇠퇴했어.

2 춘추·전국 시대를 거쳐 통일 제국으로

나라를 다스리는 법, 유교

"하늘에 일식과 월식이 일어나는 것은, 임금이 백성을 제대로 돌보지 않는 것을 경고하기 위해서입니다. 황제께서 덕으로 백성을 다스리시면, 백성들도 저절로 황제를 따를 것입니다."

무제는 나라를 다스리는 사상으로 유가를 받아들였어. 진나라는 법가를 받아들여 빠르게 성장했지만 또 빠르게 망해 버렸지? 백성들을 너무 심하게 몰아붙였기 때문이야. 그래서 한나라는 유가를 받아들였어.

유가는 황제가 하늘의 명령을 받아 세상을 다스린다는 '천명사상'을 더욱 발전시켰어. 하늘에서 일어나는 모든 현상은 황제의 잘잘못 때문에 생기는 것이니 늘 조심해야 한다는 거야.

백성을 윽박지르고 법으로 처벌하기 전에, 그들을 가르쳐서 스스로 따르게 하는 것이 최선이라고 주장했지. 부모는 자식을 사랑으로 키우고, 자식은 부모를 정성껏 섬기듯, 임금과 신하, 윗사람과 아랫사람, 남자와 여자 사이도 그래야 한다고 가르쳤어.

무제는 시황제가 불태워 없앤 유가 경전들을 다시 찾아내 복구하도록 했어. 유가의 가르침, 즉 유학을 연구하고 공부할 수 있도록 학교도 세웠지. 그리고 이 학교에서 배운 사람들을 관리로 뽑았대.

동중서 하늘에서 일어나는 여러 현상이 황제의 잘잘못을 보여 주는 것이라는 생각을 정리한 유학자야.

더 나아가 유학에서 가르친 대로 하늘과 조상에 제사를 지냈어. 유학이 하나의 종교인 유교로까지 발전한 거야. 중국이 천하의 중심이라는 생각도 더욱 강해졌지. 무제가 주변 나라를 정복한 뒤, 유교를 통해 나라를 다스린다는 생각은 이웃 나라로도 퍼져 나갔어.

사마천과 《사기》 사마천은 유교에 따라 이전 시대 역사를 평가해 《사기》라는 역사책을 썼어. 사마천은 한 무제의 노여움을 사서 치욕적인 형벌을 받았지만 좌절하지 않고 《사기》를 완성시켰지.

2 춘추·전국 시대를 거쳐 통일 제국으로

출발! 세계 속으로

시황제의 무덤을 찾아, 시안으로

　　진나라는 서쪽 변두리에 있던 나라야. 나중에 천하를 통일했지만 수도는 여전히 황허 상류 셴양(함양)에 두었지. 셴양은 지금의 시안 부근이야. 시안은 당나라의 수도이기도 해서, 중국 역사에 관심 있는 사람이라면 꼭 가 봐야 할 도시지.

　　오늘 우리가 갈 곳은 시안 주변에 있는 진시황릉이야. 진시황은 자신의 무덤을 지하 궁궐처럼 짓도록 했대. 농민 70만 명을 동원해 공사를 벌였지. 얼마나 호화로운지 무덤 안에 산을 만들고 수은으로 강이 흐르게 했어. 야광 구슬로 조명까지 달았다고 해. 도굴을 막기 위해 자동으로 발사되는 활 장치를 만들기도 했대.

　　지금 봐도 진시황릉은 대단한 규모야. 동서 485미터, 남북 515미터, 높이 76미터나 되니 거의 작은 산이라고 할 수 있지. 진시황릉은 본격적으로 발굴되지 않았어. 거기서 쏟아져 나올 유물들을 처리하고 보존할 방법이 아직 없기 때문이래.

　　진시황릉 내부가 궁금하다면 병마용갱에서 그 궁금증을 조금은 풀 수 있어. 병마용갱이란 '병사와 말 모양의 흙 인형을 묻어 둔 구덩이'라는 뜻이야.

진시황릉 유적 공원 작은 산처럼 보이는 진시황릉 주변은 유적 공원으로 지정해 보호하고 있어.

화려한 지휘관의 마차

병마용갱과 다양한 병마용
진시황릉의 동쪽 1.5킬로미터 지하에 흙으로 빚은 병사와 말이 묻혀 있어. 진나라의 적국이 있던 동쪽을 지키고 있는 거야.

죽어서도 황제의 생활을 계속 누리고 싶었던 진시황제는 자신을 호위할 병사가 필요했어. 예전 같으면 진짜 사람을 죽여 같이 묻었겠지만, 그럴 수 없으니 흙으로 인형을 구워 무덤을 지키도록 한 거야.

세 개의 구덩이가 발견되었는데, 지금은 거대한 실내 체육관처럼 만들어 놓고 관람객을 받고 있어. 1호 갱이 가장 큰데, 황제를 지키는 호위 병사들이 끝도 없이 서 있지. 2호 갱에는 무기나 전차, 말 등이 많아. 가장 규모가 작은 3호 갱은 지휘 본부라고 봐. 장군의 것으로 보이는 색칠한 전차가 발견되었거든.

병사 인형을 자세히 보면 감탄이 절로 나. 실제보다 더 크게 만들어진 이 병사 인형들은 원래 색이 칠해져 있었대. 더욱 놀라운 것은 병사들의 얼굴이나 표정, 손 모양, 동작 등이 모두 다르다는 거야. 머리와 몸통, 손, 발은 따로 제작해 끼워 맞추는 식이었기 때문에 목이 떨어져 나간 병사도 꽤 많아. 병마용갱이 이 정도니, 진시황릉이 발굴되면 어느 정도일까? 전 세계를 놀라게 할 엄청난 뉴스가 되겠지?

어린이들의 세계사

공부를 위해 이사를 세 번 한 맹가의 어머니

내 이름은 맹가. 일찍 아버지를 여의고 홀어머니 아래서 자랐어. 우리 어머니는 아주 엄하셔. 오늘도 어머니께 크게 혼이 났지. 공부하기 싫다고 이제 그만하겠다고 말씀드렸거든. 어머니는 내 말을 듣고, 짜고 있던 베를 잘라 버리셨어.

"얘야, 이걸 보렴. 이렇게 잘린 베를 다시 이어 옷감으로 쓸 수 있겠니? 공부도 마찬가지란다. 하다가 그만두면 다시 이어 가기 어려워. 공부를 그만하겠다는 소리는 앞으로 다시는 하지 말거라."

우리 어머니는 내가 어릴 때부터 공부를 아주 중요하게 생각하셨어. 우리 집은 원래 묘지 근처에 있었대. 그러다 보니 어릴 때 난 땅을 파고 곡을 하는 걸 흉내 내면서 놀았어. 어머니께서 그걸 보시고는 바로 이사를 하셨지. 시장 근처에 새집을 구했는데, 난 또 장사하고 흥정하는 걸 흉내 내면서 놀았어. 그러자 어머니께서는 다시 이사를 결심하셨어. 마지막으로 자리 잡은 곳은 학교 근처였어. 그때부터 난 제사 지내는 법이나 공부하는 모습을 흉내 내며 놀았어. 어머니께서 내 공부를 위해 세 번이나 이사를 하신 거야.

맹자 맹가는 맹자의 이름이야. 공자와 더불어 유가를 이룬 사람이지. 맹자는 공자의 생각을 이어받았지만 새로운 생각을 보태기도 했어. 나라의 근본은 백성이며, 백성의 뜻에 어긋나면 왕이라도 쫓아낼 수 있다고 주장했어.

 이런 어머니 아래서 내가 어떻게 공부에 소홀할 수 있겠니? 게다가 어머니께서 내게 거는 기대는 남달랐어.

 "내가 너를 임신했을 때, 자리가 바르지 않으면 앉지 않았고, 음식이 바르게 썰려 있지 않으면 먹지도 않았단다."

 지금은 세상이 혼란스럽고 전쟁이 끊이지 않지만, 그래서 더욱 인재를 소중히 여기니 열심히 공부하면 출세할 수 있지. 난 열심히 공부해서 어머니의 기대에 어긋나지 않게 훌륭한 사람이 될 거야. 그래서 이 세상의 혼란스러움을 끝내고 싶어.

2 춘추·전국 시대를 거쳐 통일 제국으로

한 걸음 더!

황건적들은 왜 누런 수건을 썼을까?

　춘추·전국 시대의 여러 사상 중에 '음양가'도 있어. 세상 모든 것은 밝음과 어두움, 따뜻함과 차가움처럼 서로 반대되는 짝으로 이루어져 있다는 생각이지. 하늘과 땅, 남자와 여자처럼 말이야. 음양은 조화를 이루어야 하는데, 어떤 때는 양의 기운이 커지고, 어떤 때는 음의 기운이 커지면서 세상의 변화가 일어난다고 생각했어.

　여기에 더해 '오행 사상'도 생겨났어. 세상이 다섯 가지 기본 원소로 이루어져 있다는 생각이야. 화(불), 수(물), 목(나무), 금(쇠), 토(흙)가 그것이지. 재미있게도 고대 그리스의 철학자들도 비슷한 생각을 했대.

　다섯 원소는 서로에게서 나온다고 생각했어. 나무로 불을 지필 수 있고, 불태운 재에서 흙이 나오고, 흙 속에 쇠가 있고, 쇠가 녹으면 물이 되고, 물은 나무를 자라게 하지. 반대로 서로가 서로를 죽일 수도 있다고 생각했어. 물은 불을 끄고, 불은 쇠를 녹이고, 쇠는 나무를 자르고, 나무는 흙의 양분을 빼앗고, 흙은 물이 흐르는 것을 막지.

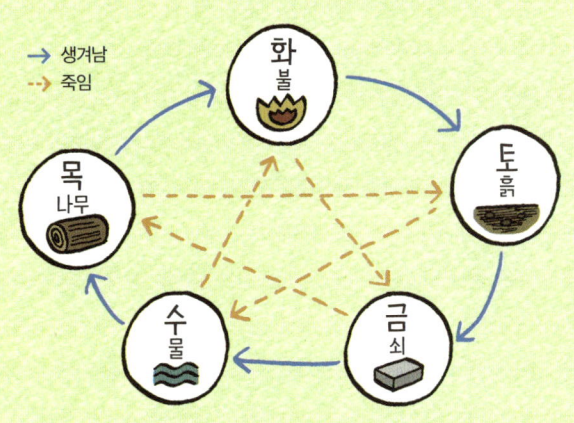

오행 사상과 태극기 우리나라 국기인 태극기도 음양오행설에 의해 만들어졌어. 가운데 원은 음과 양이 서로 맞물려 있는 모습이야. 빨간색은 양, 파란색은 음. 음양이 어우러져 세상 모든 것이 나오기 때문에, 이것을 세상의 근원, 태극이라고 해. 그리고 사방 모서리에는 팔괘 중 네 개가 그려져 있어.

황건적들은 '불의 기운을 가진 한나라가 망하면 흙의 기운을 가진 새 나라가 생겨날 것'이라고 믿었어. 그래서 흙을 상징하는 누런색 수건을 머리에 쓴 거야.

음양가와 오행 사상은 하나로 합쳐져 '음양오행설'이 돼. 음양의 기운이 움직여 오행이 변하고, 이것이 세상을 바꾼다는 거야. 음양오행설은 유교에도, 도교에도 스며들어 많은 영향을 끼쳤대. 오행에 일(해)과 월(달)을 더해 일주일의 요일로 삼는 것만 봐도 알 수 있지.

음양오행설의 핵심은 '세상 모든 것은 변한다.'라는 거야. 이 변화를 미리 알 수 있다면 얼마나 좋을까? 옛날 사람들은 이런 변화를 예측하려고 윷가락 세 개, 혹은 여섯 개를 던져 점을 쳤어. 바로 놓이면 양(ー), 뒤집히면 음(--)이라고 생각했지. 세 개의 나뭇가지를 던지면 모두 여덟 가지 경우의 수가 나와. 바로 팔괘야. 여섯 개를 던지면 모두 육십사괘가 나오겠지? 이를 해석하면 미래를 알 수 있다고 생각했어.

황건적의 봉기 한나라 말기에 정치가 혼란에 빠지자 황건적이 들고일어났어. 장각이라는 사람이 태평도라는 종교를 만들었는데, 이 종교를 믿는 농민들이 황건적이 된 거야.

도원결의를 맺은 유비, 관우, 장비. 냉혹한 야심가 조조. 강남의 지배자 손권. 그리고 동남풍을 불러온 제갈공명. 그래 맞아, 《삼국지》! 《삼국지》 이야기가 어떻게 시작되는지 기억나니? 유비가 어머니 약을 구하려다 황건적을 만나 도망치는 장면부터 시작되지. 황건적이라는 농민 봉기군이 들고일어나 후한이 망했다고 했지? 그 뒤를 이어 《삼국지》의 시대가 열린 거야. 이들의 경쟁은 어떤 결과를 낳았을지 살펴볼까?

220년
후한 멸망
위·촉·오, 삼국 시대 시작

439년
북위, 화북 통일
남북조 시대 시작

316년
5호 16국 시대 시작

589년
수나라, 중국 통일

3

유목 민족과
어우러지며 이룬 발전

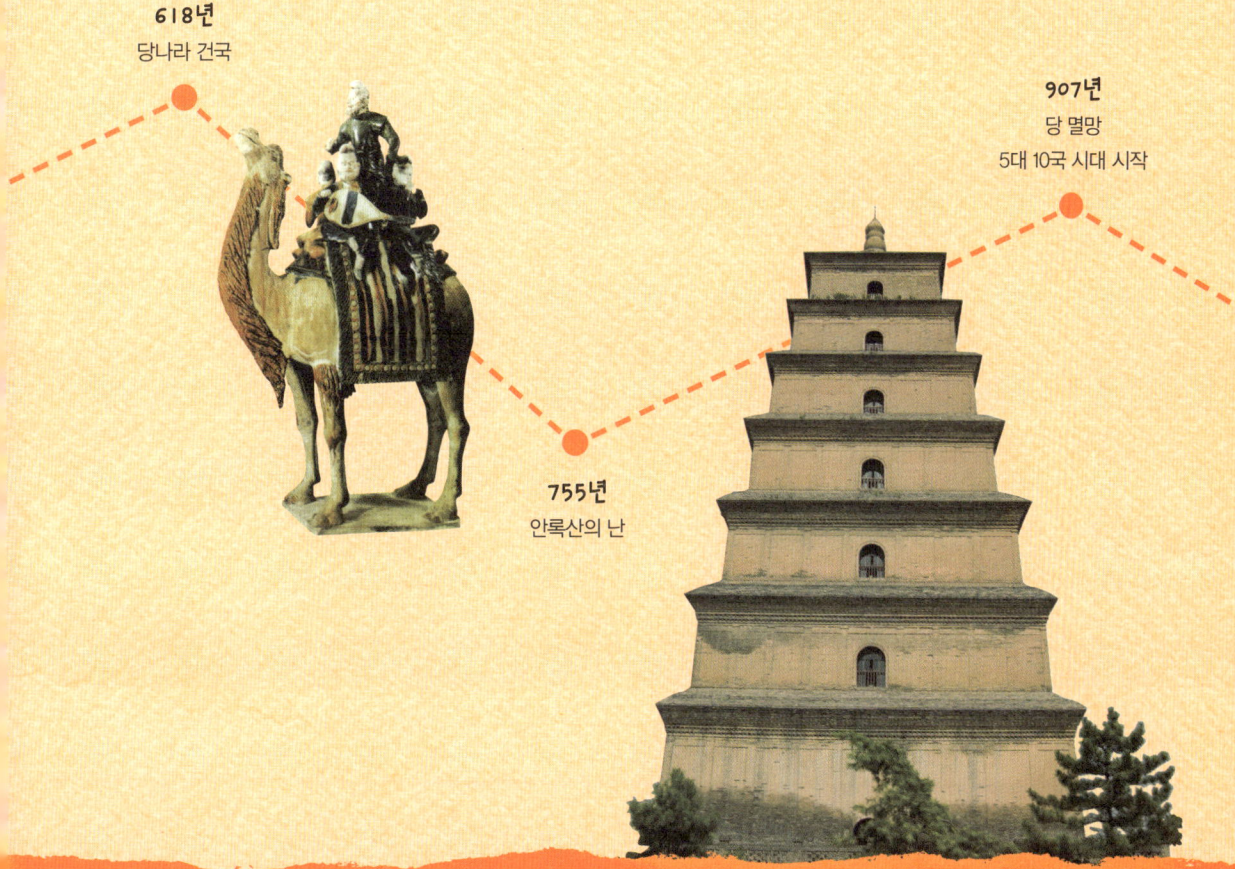

618년
당나라 건국

755년
안록산의 난

907년
당 멸망
5대 10국 시대 시작

《삼국지》의 시대부터 남북조 시대까지

"우리라고 늘 만리장성 북쪽의 이 메마른 땅에서만 살라는 법이 있느냐? 비옥한 중국 땅이 바로 저기 있다. 병사들이여, 돌격하라!"

후한이 망한 뒤 위, 촉, 오가 서로 싸우는 혼란이 계속되자, 북쪽 유목 민족들이 만리장성 안으로 들어왔어. 흉노, 선비 등 다섯 유목 민족은 중국 땅 안으로 들어와 점점 힘을 키워 갔지. 결국 다섯 유목 민족은 중국 북부, '화북' 지방을 모조리 차지해 버렸어. 이들은 중국 땅에 16개 나라를 세우고 서로 경쟁했지. 이를 5호 16국이라고 해.

이 경쟁은 439년에 북위라는 나라가 화북을 통일하면서 끝났어. 이제 화북 지방은 유목 민족이 다스리게 되었지. 유목 민족이 화북을 차지하자 많은 중국인이 양쯔강 남쪽, '강남'으로 피란을 갔어. 강남은 그때까지 인구도 적고 개발되지 않은 지역이었어.

양쯔강 중국에서 가장 길고, 세계에서 세 번째로 긴 강이야. 양쯔강 남쪽을 '강남'이라고 하는데, 우리나라 제비가 겨울을 나러 이곳으로 간다고 하지. 바로 이 강남으로 중국 사람, 한족들이 피란을 온 거야.

강남 개발 위, 진, 남북조 시대부터 본격적으로 강남이 개발되기 시작해.

하지만 강남에는 아름다운 호수가 많고 넓은 평야가 펼쳐져 있어 농사짓기에 나쁘지 않았지. 게다가 날씨도 따뜻했어. 화북에서 건너온 사람들은 강남을 개발하기 시작했어. 농경지가 늘고, 수확이 늘고, 인구도 늘어났지.

이렇게 북쪽(화북)에는 유목 민족이 세운 왕조가, 남쪽(강남)에는 한족이 세운 왕조가 이어진 시대를 '남북조 시대'라고 해.

불교의 발달과 귀족 문화

화북을 차지한 유목 민족은 처음엔 자기 방식대로 나라를 다스렸어. 그 결과 유목 민족의 풍습이 중국에 많이 전해졌대. 고기 요리나 밀가루 음식, 어깨에 두르는 숄이나 활동하기 편한 옷, 의자와 침대를 사용하는 생활 방식 같은 것 말이야. 하지만 북위 때부터 한족의 방식을 받아들였어.

"수도를 만리장성 안쪽으로 옮기겠다. 우리 말 외에 중국어도 함께 쓸 것이다. 그리고 이제 한족의 옷도 입도록 해라. 한족과 결혼하는 것도 적극 권장한다."

한족 농민들의 마음을 얻기 위해 농사지을 땅도 나눠 줬대. 불교도 적극적으로 받아들였어. 후한 때 이미 불교가 들어왔지만, 낯선 종교였다가 북위 때 널리 퍼졌어. 거대한 석굴 사원도 세웠지. 이 석굴에 세워진 불상은 황제의 얼굴을 본떠서 만든 거래.

"황제가 곧 부처이니라. 부처님을 모시듯이 황제를 모시도록 하여라."

남조에서도 불교는 혼란에 지친 사람들의 마음을 위로해 줬어.

룽먼 석굴 사원 북위의 황제들은 자신의 권위를 과시하기 위해 거대한 석굴 사원을 세웠어. '왕이 곧 부처'라는 생각은 고구려, 백제, 신라에도 전파되었지.

죽림칠현 대나무 숲에 모여 고상한 이야기를 즐기던 일곱 명의 선비들을 죽림칠현이라고 해. 그중 한 명은 어머니의 장례식 때 술을 마시고 고기를 먹어 사람들을 놀라게 했대. 슬퍼하는 마음이 중요하지 겉모습은 중요하지 않다고 생각한 거야.

한편 남조의 귀족들은 관리가 되겠다는 욕심이 많이 줄었어. 왕조가 금방금방 바뀌는 혼란기에 관리가 되는 것은, 자칫하면 목숨을 잃을 수도 있는 위험한 일이었거든.

"어렵게 관리가 되어 봤자 여차하면 가문을 망칠 뿐이야. 세상일에는 관심을 끊고, 자연을 벗 삼아 시나 음악에 대해 고상하게 이야기나 나누는 것이 최고지."

이들은 유교가 정해 놓은 예의범절을 벗어나 마음 가는 대로 행동하는 걸 좋아했어. 그래서 공자, 맹자가 아니라 노자나 장자의 가르침, 즉 도가를 따르려 했지. 꾸미지 말고 자연 그대로 살라는 가르침 말이야.

자연에서 도를 닦으면 늙지도 죽지도 않는 신선이 되리라는 기대도 있었대. 신선이 되면 신과 마찬가지로 인간의 선악에 따라 복이나 벌을 줄 수 있다고 생각했어. 이렇게 도가와 신선 사상이 합쳐져서 도교가 탄생했어. 나라를 다스리는 기본이 된 유교 외에, 불교와 도교가 새롭게 발전한 거야.

남북조를 통일한 수나라

　남북으로 나뉘어 있던 중국을 다시 통일한 것은 수나라였어. 남북조를 통일한 수나라는 황허와 양쯔강을 잇는 대운하를 건설했지. 서울과 부산 거리의 다섯 배쯤 되는 2000킬로미터의 운하를 건설하기 위해 5년 동안 550만 명이 동원되었대. 엄청난 대공사였지.

　"이렇게 완성된 운하를 보니 마음이 흐뭇하구나."

　"강남이 나날이 발전해 물자가 풍부해졌는데, 이를 화북으로 옮길 방법이 없었습니다. 폐하께서 운하를 만들어 화북과 강남을 하나로 만드셨습니다. 운하를 통해 물자도 쉽게 옮길 수 있고, 군사도 신속히 이동할 수 있으니, 나라의 큰 복이옵니다."

운하를 순시하는 수양제 수나라 황제는 직접 배를 타고 완공된 운하를 둘러봤어. 황제의 행차에는 5000척이 넘는 배가 따랐고, 배 안에는 8만 명이 넘는 사람들이 있었다고 해. 황제가 탄 용 모양의 배는 4층 높이에 길이가 600미터, 방이 120개가 넘었지.

대운하가 건설되어 남북은 하나가 되었지만 그걸로 끝이 아니었어. 만리장성 북쪽에는 돌궐, 동쪽에는 고구려가 버티고 있었거든. 수는 고구려에 항복을 요구했지만 고구려는 굴복하지 않았지.

수나라는 여러 차례 고구려를 침략했어. 특히 612년에는 무려 113만의 대군을 동원했지. 하지만 고구려군은 수나라군을 결사적으로 막았고, 고구려 을지문덕 장군은 살수대첩에서 큰 승리를 거두었어. 수나라는 이듬해에 또다시 고구려를 공격했지만 역시 실패하고 말아.

가뜩이나 계속되는 공사에 지쳐 있던 수나라 농민들은, 고구려 원정마저 실패하자 더 이상 참을 수 없었어. 각지에서 반란이 일어났지. 수나라는 허무하게 무너졌어.

대운하의 현재 모습 대운하는 경제 중심지인 강남과 정치 중심지인 화북을 이어 주는 물길이야. 그 덕분에 중국의 여러 왕조가 유지될 수 있었어. 운하 중 일부는 지금도 사용되고 있어.

다른 나라의 모범이 된 당나라

618년에 당나라가 중국을 다시 통일했어. 당나라는 한족과 유목 민족의 장점을 아울러 나라를 다스리는 여러 제도를 정비했어.

"이제 나라를 다스리는 법(율령)을 정하니, 모두 이에 따르도록 하라."

당의 율령은 수나라의 제도를 많이 따랐어. 3성 6부가 중앙 정부를 이끌게 했고, 전국을 주, 현으로 나누어 지방관을 파견했지. 과거 시험을 봐서 관리들을 뽑았고, 농민들에게 농사지을 땅을 나누어 주었어. 농민들은 나라로부터 토지를 받는 대신 세금을 내고, 군대에 가야 했대.

당나라의 제도 당나라의 제도는 신라와 발해, 일본 등 동아시아 여러 나라에 큰 영향을 끼쳤어. 나라에선 농민들에게 농사지을 땅을 나눠 주고 그 대신 세금을 내도록 했지. '조'는 수확의 일부를 바치는 세금, '용'은 나랏일에 나가 노동력을 제공하는 것, '조'는 집집마다 옷감을 내도록 한 세금이야. 농사일을 마친 겨울에는 군사 훈련을 받고, 순서대로 군대에 가도록 했는데 이를 '부병제'라고 했어.

당나라도 수나라와 마찬가지로 돌궐과 고구려를 눈엣가시로 여겼어. 그래서 먼저 돌궐을 공격했지. 긴 전쟁 끝에 당나라는 마침내 유목 민족들의 고향인 중앙아시아 초원 지대까지 지배하게 되었어. 당나라 황제는 황제이면서 동시에 유목 민족을 지배하는 대칸도 겸했지.

이제 남은 것은 고구려였어. 마침 백제의 공격에 위기를 느낀 신라가 당나라에 도움을 요청해 왔어. 당은 신라와 손잡고 백제와 고구려를 차례로 무너뜨렸어. 나중에 고구려의 옛 땅에서 발해가 등장했지만, 당은 동아시아를 지배하는 확실한 강대국이 되었지.

"저희가 바치는 조공을 받으십시오. 황제 폐하의 만수무강을 빕니다."

돌궐, 신라, 발해, 일본 같은 주변 나라들은 당과 평화롭게 지내기 위해 조공을 바쳤어. 당은 조공을 받는 대신 답례품을 내려 줬고, 그 나라를 직접 간섭하지는 않았지. 주변 나라들은 자발적으로 선진국인 당의 문물을 배우려 했어. 사신과 유학생, 승려들이 해마다 당나라로 왔지.

이렇게 교류하며 신라나 발해, 일본은 당나라의 율령을 받아들였어. 그러면서 중국과 주변 나라는 더욱 비슷해졌어. 공통의 문화를 가진 지역이 된 거야.

장안성 장안성은 당나라의 힘을 보여 주는 황제의 도시였어. 가로 9.7킬로미터, 세로 8.6킬로미터에 이르는 네모꼴 성벽이 도시를 감쌌고, 도시 안에는 길들이 바둑판처럼 뻗어 있었지. 장안성은 인구 100만 명이 넘는 대도시로 발전했고, 외국인들도 많이 드나들었대. 발해의 상경성, 신라의 금성, 일본의 헤이쿄는 모두 장안성을 본떠서 만들었대.

장안성의 서시는 비단길과 연결되어 외국 상인의 가게도 많았대.

당나라에는 외국 사신도 많이 오갔어. 깃털 달린 모자를 쓴 사람이 고구려 또는 신라 사신이야!

당나라의 최대 영역 당나라는 돌궐을 물리치고 중앙아시아까지 진출해 비단길을 차지했어. 탈라스 전투를 이끈 장수는 고구려의 후예인 고선지였어. 또 이 전투에서 포로로 잡힌 당나라 병사가 이슬람 세계에 종이 만드는 기술을 전해 줬대.

서역인을 조각한 당삼채 낙타를 탄 서역 상인이 피리를 불고 비파를 연주하고 있지? 이렇게 화려하게 색칠한 당나라 도자기를 당삼채라고 해.

세계 제국이 된 당나라

"서역 상인들이 오늘 공연을 벌인다며?"
"서역의 무용수들은 아름답기도 하지!"

당나라가 비단길을 차지하면서 동서 교류는 더욱 활발해졌어. 서역에서 상인들이 줄지어 찾아왔지. 이들은 서역 물건을 팔고 도자기나 비단을 사 갔어.

서역 상인을 따라 크리스트교, 조로아스터교, 마니교도 들어왔어. 이슬람교를 믿는 아라비아 상인들까지 왔대. 당나라는 외국인이나 다른 종교가 들어오는 것을 막지 않았어. 오히려 외국인을 위한 과거 시험을 따로 둬서 외국인을 관리로 뽑기도 했지. 국력에 자신이 있었던 거야.

당나라에서 서역으로 가는 경우도 많았어. 현장이라는 스님은 인도까지 갔다 왔지.

"부처님의 나라로 가서 부처님의 가르침을 직접 배워 오리라."

멀고 험한 길을 뚫고 귀한 불경을 구해 온 현장의 이야기는 나중에 《서유기》의 모델이 돼. 현장의 뒤를 따라 많은 승려가 인도를 드나들었는데, 그중에는 신라의 혜초 스님도 있었어.

비단길을 따라 서쪽으로 계속 영토를 넓혀 가던 당나라는 새롭게 일어난 이슬람 세력과 부딪혔어. 탈라스에서 전투가 벌어졌는데 패하고 말았지. 게다가 나라 안에서도 반란이 일어났어. 가까스로 반란을 제압했지만, 이제 당나라는 예전 같지 않았어. 인구도 줄고 농경지도 줄었지. 예전처럼 농민들에게 땅을 나눠 주지 못하자, 세금도 제대로 걷히지 않았고 군대도 꾸리기 어려웠어. 율령 체제가 무너진 거야.

현장과 대안탑 《서유기》의 삼장 법사는 현장을 모델로 한 거야. 대안탑은 현장이 인도에서 가져온 불경을 보관하기 위해 만든 탑이지.

인도에서 가져온 귀한 불경을 탑 안에 어서 모셔야지!

비단길이 지나는 오아시스 도시, 둔황을 가다

진나라 수도 셴양(함양)은 지금의 시안 근처라고 했지? 당나라 수도 장안성도 바로 시안에 있었어. 당연히 이곳엔 당나라에 관련된 유적이 많지. 현장 법사가 가져온 불경을 모신 대안탑이나 현종의 황후 양귀비가 머무르던 온천, 화청지가 유명해.

하지만 오늘 또 시안을 가려는 건 아니야. 오늘 갈 곳은 바로 둔황! 시안에서 기차를 타고 서쪽으로 4시간을 더 달려야 해. 사막이 시작되는 곳이고, 비단길이 지나는 오아시스 도시야.

이곳에서 가장 먼저 가 볼 곳은 막고굴이야. 둔황은 비단길의 요지였기 때문에 이곳을 거쳐 불교가 들어왔어. 그 뒤로 둔황에는 부처님을 모시는 동굴 사원이 하나 둘 생겨나기 시작했는데, 세월이 흐르면서 그 숫자가 점점 많아졌어. 총 492개의 동굴 사원에는 4500미터의 벽화와 2500여 개의 불상이 있었다고 해. 어마어마하지? 이곳의 벽화와 불상, 그리고 문서들은 당시 중국과 주변 지역의 역사를 알려 주는 아주 귀중한 자료들이야.

막고굴 비단길의 요지인 둔황에 만들어진 석굴 사원이야.

너무 귀한 자료이다 보니 수난도 많이 당했어. 20세기 초 유럽의 탐험가와 고고학자들은 막고굴에서 귀중한 문서를 마구 가져갔어. 문서의 가치를 전혀 모르던 관리인에게 양 한 마리 값을 주고 수천 점의 문서를 샀다고 하니, 거의 훔친 거나 다름없지.

막고굴의 벽화 막고굴 안에는 4500미터에 이르는 벽화와 2500여 개의 불상이 있었다고 해.

당나라 때 승려들은 대부분 막고굴을 거쳐 서역으로 갔을 거야. 길이 있는지도 잘 모르면서, 부처님의 나라 인도를 향해 서쪽으로 서쪽으로 무작정 나아갔겠지. 그 멀고 험한 길을 떠나기 전 승려들은 이 막고굴에서 기도를 드리고 마지막 휴식을 취했을 거야. 신라의 승려 혜초도 인도를 다녀온 뒤 이곳에서 《왕오천축국전》을 썼대.

머나먼 서역 길을 떠나는 여행자의 심정을 느껴 보고 싶다면 월아천으로 가 봐. 거대한 모래사막이 펼쳐지는 명사산 아래, 아름답게 숨어 있는 오아시스가 바로 월아천이야. 낙타를 타고 사막 언덕에 올라 월아천에 노을이 지는 모습을 내려다보면, 나도 저 먼 사막을 향해 가 보고 싶다는 생각이 들지도 몰라.

월아천 월아천은 거센 모래바람에도 마르지 않는 초승달 모양의 오아시스야.

한 걸음 더!

달마 대사와 소림사

달마 대사는 원래 인도의 왕자였는데, 왕자 자리를 버리고 부처님의 가르침을 받들어 스님이 되었대. 그리고 불교를 전하기 위해 머나먼 동쪽, 중국 땅까지 온 거지.

달마 대사에게는 재미있는 전설이 많아. 중국으로 오기 위해 강을 건너려 하는데, 수백 년 묵은 큰 물고기가 죽어서 강을 막고 있더래. 썩은 생선 냄새가 진동해서 주민들은 죽을 지경이었지. 달마는 도술을 부려 자신의 몸에서 빠져나와 그 물고기를 치우고 왔대. 그런데 돌아와 보니 자기 몸뚱이는 없고 어떤 못생긴 사내의 몸만 남아 있더래. 잘생긴 달마 대사의 몸을 탐낸 못된 도사의 짓이었지.

하지만 달마는 상관없었어. 몸은 그저 잠시 걸치는 옷 같은 것이라고 생각했기 때문이지. 그래서 달마 대사는 그 못생긴 사내의 몸으로 들어갔대. 초상화를 보면 달마 대사가 우락부락 흉측하게 생겼는데 이런 이유 때문이지.

중국에 도착한 달마 대사는 남조의 황제를 만났어. 황제는 우쭐해서 달마에게 물었지.

"나는 많은 절을 짓고, 불경을 번역하도록 했으며, 많은 스님을 길러 냈소. 부처님께 얼마나 많은 보답을 받겠소?"

"그런 것은 공덕이 될 수 없습니다."

"뭐라고? 그럼 무엇이 공덕이 된단 말이오?"

"마음과 지혜가 하나가 되어 아무 걱정이 없어야 합니다."

화가 난 황제는 달마를 쫓아 버렸대. 달마는 북조로 갔고, 북조 황제의 배려로 소림사에 머물렀지. 9년간 벽을 보고 앉아 참선과 명상을 하면서 말이야. 전설에 따르면, 참선을 하다 깜박 졸게 된 달마가 화가 나서 자기 눈꺼풀을 잘라 버렸대. 이 눈꺼풀을 버린 자리에서 차나무가 자라났는데, 차를 마시면 잠을 쫓을 수 있다는 이야기가 여기서 나왔어. 달마 대사 초상화를 보면 눈을 부릅뜨고 있는 것처럼 보이는 것도 이런 이유 때문이지.

하나만 더 알려 줄까? 몇 시간 동안이나 다리를 꼬고 가만 앉아 있으면 몸이 뻐근하겠지? 달마는 이렇게 굳은 몸을 펴기 위해 체조 동작을 만들었는데, 이것이 소림사 무술의 시작이라고 해.

달마는 불교의 교리를 아는 것이나 계율을 지키는 것보다, 마음의 깨달음이 중요하다고 생각했어. 마음의 깨달음을 얻기 위해서는 명상과 참선을 해야 한대. 이런 생각을 선종 불교라고 해. 달마 대사는 인도와는 또 다른 중국의 불교, 즉 선종 불교를 만들어 낸 거야. 선종 불교는 신라 말기에 우리나라에도 전해져서 큰 영향을 끼쳤어.

소림사와 소림사 무술 유명한 소림사 무술도 달마 대사로부터 시작되었다고 해.

바다 어딘가에 '보물선'이 가라앉아 있다면 어떻게 할래? 중국 남쪽 바닷가에서는 요즘 보물선 탐사가 한창이래. 송나라, 원나라 때 도자기와 보물을 잔뜩 싣고 가던 무역선이 암초에 부딪히거나 태풍을 만나 가라앉은 경우가 많았다는 거야. 고려로 향하던 배가 우리나라 전남 앞바다에서 침몰한 경우도 있었지. 아름다운 청자를 가득 실은 채 말이야. 수백 년이 흐른 뒤 어부들의 그물에 청자 파편이 걸려 올라오면서 탐사가 시작되었지. 바닷속 진흙에 파묻힌 배와 다양한 보물이 나타났어. 도대체 이 배들은 어디까지 갔던 걸까?

916년
거란국(요나라) 건국

1115년
금나라 건국

960년
송나라 건국

1127년
북송 멸망
남송 성립

4

송과 원, 동서 교류의 주인공이 되다

1206년
칭기즈 칸, 몽골 제국 수립

1279년
남송 멸망
원나라 중국 통일

1271년
쿠빌라이, 원나라 건국

문신들이 다스린 송나라

당나라가 망한 뒤 분열했던 중국을 다시 통일한 이는 송나라 태조였어. 그는 지방 사령관 출신으로 다른 사령관들을 물리치고 천하를 차지했지.

"내 나라에서 또다시 군인들이 칼을 휘두르며 권력 다툼을 벌이는 일은 없도록 하리라."

과거 제도 송나라 때부터 과거 최종 시험을 '전시'라고 해서 황제 앞에서 치르게 했어. 황제에게만 충성할 관리를 뽑아 황제권을 강화하기 위해서였지.

태조는 이를 위해 과거 제도를 고쳤어. 과거의 마지막 시험을 황제가 직접 주관한 거지. 황제 앞에 엎드려 과거 시험을 보고 나면, 채점을 한 뒤에 황제가 직접 합격자를 면접하고 순위를 매겨 합격증을 나눠 줬지.

"너는 내가 손수 뽑은 관리이니 나에게만 충성을 바쳐야 하느니라."

"황제 폐하, 성은이 망극하옵니다."

이런 노력 덕분에 송나라는 반란이 일어날까 봐 걱정하는 일은 줄일 수 있었어. 하지만 부작용도 만만치 않았지. 문신들만 우대하다 보니 무신들의 질과 사기가 떨어져 국방력이 약해진 거야. 이 틈을 타고 주변 민족들이 송나라를 공격해 왔어.

북쪽에서는 거란족이 요나라를 세워 송나라를 위협했지. 서쪽에서는 탕구트족이 서하를 세워 비단길 입구를 차지하고 송나라를 압박했어. 위기에 빠진 송나라는 이 문제를 돈으로 해결하려 했어. 송나라는 경제가 크게 발전한 나라였거든. 양쯔강 하류의 질척거리는 땅을 논으로 개간하고, 습한 땅에서 잘 자라는 볍씨를 새로 들여왔지.

요
서하
베이징
만리장성
고려
토번
황허
송
양쯔강
대리

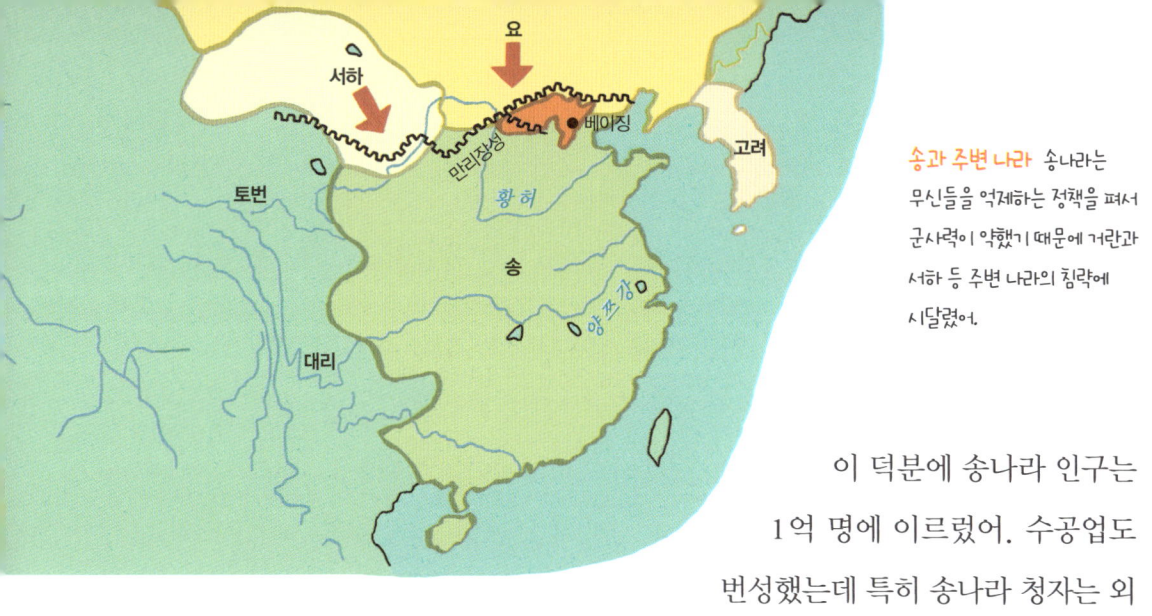

송과 주변 나라 송나라는 무신들을 억제하는 정책을 펴서 군사력이 약했기 때문에 거란과 서하 등 주변 나라의 침략에 시달렸어.

이 덕분에 송나라 인구는 1억 명에 이르렀어. 수공업도 번성했는데 특히 송나라 청자는 외국에서도 큰 인기였지. 곳곳에 시장이 생기고 도시도 생겨났지.

"너희가 더 이상 우리 땅을 침범하지 않으면, 동생의 나라로 받아들여 해마다 비단과 은을 내려 주겠노라."

송나라는 요나라와 서하에게 이렇게 약속하고 가까스로 전쟁을 막을 수 있었어. 돈으로 산 비싼 평화였지.

〈청명상하도〉 일부 4월 5일 청명절을 맞아 성묘를 하고 강가로 나들이 나온 사람들을 그린 두루마리 그림이야. 송나라 때의 화가인 장택단이 그렸는데, 5미터가 넘는 긴 화면에 600명이 넘는 사람들이 그려져 있어. 아래 그림은 후대 사람들이 다시 살려 그린 거야. 다양한 상점과 오락 시설, 여러 행상과 마차, 짐꾼, 행인의 모습이 보이지.

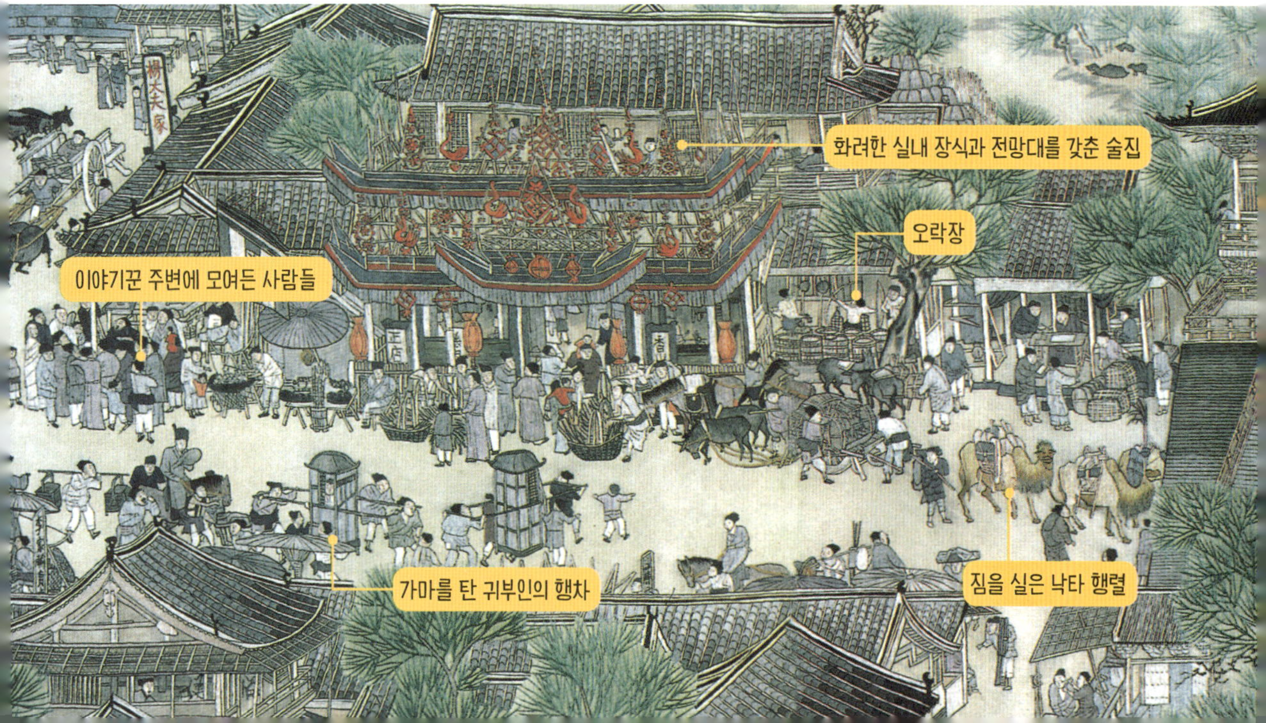

화려한 실내 장식과 전망대를 갖춘 술집
오락장
이야기꾼 주변에 모여든 사람들
가마를 탄 귀부인의 행차
짐을 실은 낙타 행렬

비단길 대신 바닷길로

해마다 막대한 은과 비단을 거란과 서하에 보내야 했기 때문에 송나라의 살림살이는 점점 힘들어졌어. 국가 재정을 살리고 군사력을 강화하기 위해서는 새로운 법을 만들어야 한다는 주장도 있었지만, 많은 땅을 차지하고 있던 대지주와 관리들이 반대했어.

한편 만주 지역에서는 거란족에 이어 여진족이 점점 커졌어. 여진족은 금나라를 세우고, 요나라를 멸망시켜 버렸어. 금나라는 고려도 굴복시킨 뒤 송나라로 쳐들어왔어. 송나라는 화북 지방을 빼앗기고 남쪽으로 도망쳐야 했지. 1127년, 남송이 된 거야.

"오랑캐라 업신여기던 거란과 여진에게 잇달아 수모를 당하다니, 무엇이 문제란 말인가? 인간의 본성은 무엇인지, 우주와 이 세계는 어떻게 생겨났는지 근본적인 탐구가 필요해."

유학자들은 글자 해석만 하던 유학에서 벗어난 '새로운 유학'이 필요하다고 생각했어. 주자는 새로운 유학, 즉 성리학을 체계적으로 정리했지.

금나라에게 화북 지방을 빼앗기고 남쪽으로 밀려났지만 남송의 경제는 금방 회복되었어. 이미 강남이 화북보다 더 많은 식량을 생산하고 있었기 때문이지. 무역도 마찬가지였어. 서하와 금나라에게 비단길을 빼앗겼지만 대신 바다로 눈길을 돌렸지.

주자와 백록동 서원 남송 때 주자가 머물며 강의를 했던 백록동 서원에 그의 동상이 세워져 있어.

송나라 때의 바닷길 송나라 상인들은 동남아시아를 지나 인도까지 드나들었어. 동남아시아, 인도로 간 중국의 수출품은 이슬람 상인들에 의해 다시 서아시아, 아프리카, 유럽까지 전해졌지.

나침반 송나라 때 바닷길이 크게 열린 것은 나침반 덕분이야. 송나라 때는 이뿐만 아니라 화약, 활판 인쇄술도 발명되었어.

청자 송나라에선 다양한 도자기를 만들어 썼는데, 특히 청자는 다른 나라에서도 인기가 많은 수출품이었어.

    마침 나침반이 발명되면서 더 먼 바다로 나가는 것이 가능해졌어. 송나라 상인들은 바다를 통해 동쪽으로는 한반도와 일본, 서쪽으로는 동남아시아, 인도까지 드나들었어. 비단과 청자, 차와 사탕수수를 가득 싣고 말이야. 이슬람 상인들도 배를 타고 인도, 동남아시아를 거쳐 중국까지 찾아왔어. 이 중 몇몇은 고려까지 오기도 했대. 동과 서를 잇는 바닷길이 활짝 열린 거야.

4 송과 원, 동서 교류의 주인공이 되다   65

유라시아 대륙을 모두 정복한 몽골

금나라의 지배 아래 흩어져 살던 몽골은 칭기즈 칸에 의해 통일되었어.

"나는 나의 백성들에게 넓은 풀밭과 따뜻한 음식, 그리고 아늑한 잠자리를 줄 것이다."

칭기즈 칸은 이 약속을 지키기 위해 정복 전쟁을 시작했어. 강력한 기병 부대를 이끌고 말이야. 서역 상인들은 돈과 정보를 제공하며 칭기즈 칸에게 협조했대. 비단길이 하나로 합쳐지면 장사가 더 잘될 거라고 생각했기 때문이지. 항복하는 자에게는 관대했지만 반항하는 자에게는 무자비한 전쟁이 이어졌어. 칭기즈 칸은 칸 중의 칸, '대칸'으로 칭송받았어.

칭기즈 칸 고난 끝에 몽골을 통일한 나는 금나라를 항복시키고 서쪽으로 영토를 넓혀 갔어. 나를 업신여긴 자들은 피눈물을 흘리며 후회하게 될 거야.

칭기즈 칸이 죽은 뒤에도 정복 전쟁은 계속되었어. 동쪽으로는 고려까지 쳐들어갔고, 서쪽으로는 남러시아와 동유럽까지 몽골 기병의 말발굽 아래 짓밟혔대. 1260년에 다섯 번째 대칸이 된 쿠빌라이는 수도를 옮겼어.

"나라 이름을 원으로 고치겠다. 몽골 초원에 있던 수도는 상도(북쪽 서울)로 두고, 대도(지금의 베이징)를 따로 건설하도록 하라."

쿠빌라이는 유목민의 우두머리인 대칸인 동시에 중국을 다스리는 황제가 되고자 했어. 쿠빌라이가 끝까지 버티던 남송을 무너뜨리며 그 꿈은 마침내 이루어졌어. 쿠빌라이는 죽은 뒤에 '세조'라는 황제의 이름도 받았지.

원의 정복 전쟁은 이후에도 계속되었어. 동남아시아뿐 아니라 바다 건너 일본도 침공했어. 무자비하게 약탈하고 파괴하는 원 앞에서 수많은 사람이 피눈물을 흘려야 했지. 하지만 그 결과 유라시아 대륙 거의 대부분이 하나로 합쳐졌어. 동양과 서양의 교류가 활발해질 수밖에 없었지.

사냥하는 쿠빌라이 칸 그림 속 인물 중에는 흑인으로 보이는 사람도 있어. 원나라가 다양한 지역을 아울렀다는 것을 알 수 있지.

쿠빌라이 칸 내가 대칸이 된 뒤 일 칸국만 이를 인정했고, 나머지 칸국은 반대했지. 이 때문에 내전이 벌어졌는데, 4년의 전쟁 끝에 내가 승리했어.

몽골 제국의 영토 확장 칭기즈 칸의 후예들은 정복 활동을 계속해 영토를 넓혀 나갔고, 정복한 땅을 다스리는 칸이 되었어. 칸 중의 칸인 대칸이 몽골과 원나라를 직접 다스렸고, 나머지 지역은 칭기즈 칸의 후손들이 칸이 되어 다스린 거야. 모두 네 개의 칸국이 있었고, 칸은 대칸을 떠받들었지만 거의 독립적으로 나라를 다스렸어.

동서를 하나로 묶어 번성한 원나라

수많은 상인이 대칸을 찾아와 진주와 귀금속, 금, 은을 바친다. 대칸은 신하를 불러 물건들을 살펴보고 그 대가를 지폐로 주게 한다. 그 지폐가 있으면 대칸이 지배하는 어느 지방에서나 어떤 물건이든 살 수 있다.

마르코 폴로가 《동방견문록》에 남긴 기록이야. 그가 본 원나라는 세계에서 가장 강하고 부유한 나라였어. 원나라는 상업과 무역으로 번영을 일구어 냈어. 엄청나게 넓어진 영토를 잘 다스리기 위해서는 도로를 잘 정비해야 했지. 몽골 제국은 주요 도로마다 길가에 나무를 심고 '역참'을 설치했어. 이곳에는 갈아탈 말과 편안한 잠자리가 있었지. 말을 갈아타고 계속 달리면, 제국의 끝까지 대칸의 명령을 빠르게 전달할 수 있었어.

몽골 군대가 도로를 지키면서 길은 더욱 안전해졌어. '머리에 황금을 이고 가도 안전하다.'는 말이 나올 정도였지. 당연히 상인들의 왕래가 늘어났어. 예전에는 국경을 여러 번 넘어야 했지만, 이제는 모두 한 나라니

역참과 통행증 몽골의 문양이 찍힌 이 패를 보여 주면, 역참에서 쉬거나 말을 빌릴 수 있었어. 역참은 40킬로미터마다 있어서 모두 1500개나 되었대.

《동방견문록》과 마르코 폴로 마르코 폴로는 삼촌을 따라 원나라를 방문하고 돌아와서 이 책을 썼지. 원래 제목은 《세계의 서술》이야. 마르코 폴로가 진짜 중국에 다녀왔는지 의심하는 사람도 많아. 하지만 실제 가 보지 않고는 쓸 수 없는 이야기들이 많아서, 대체로 진짜 다녀왔을 거라고 생각해. 서양 사람들은 이 책을 읽으면서 부유하고 안정된 동양에 꼭 가 보고 싶어 했지.

Cosmographia breue introductoria enel libro d Marco paulo
El libro del famoso Marco paulo veneciano d las cosas marauillosas q vido enlas partes orientales, conuiene saber enlas Indias. Armenia. Arabia. Persia y Tartaria. E dl poderio dl gra Can y otros reyes. Co otro tratado de micer Pogio florentino q trata delas mesmas tierras y yslas.

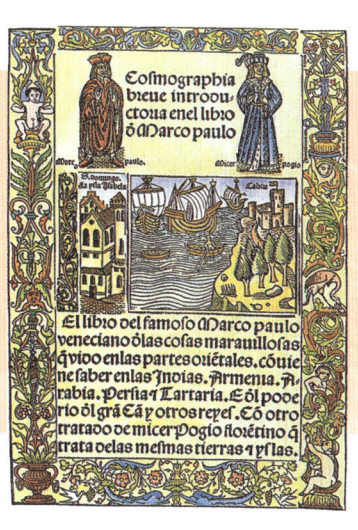

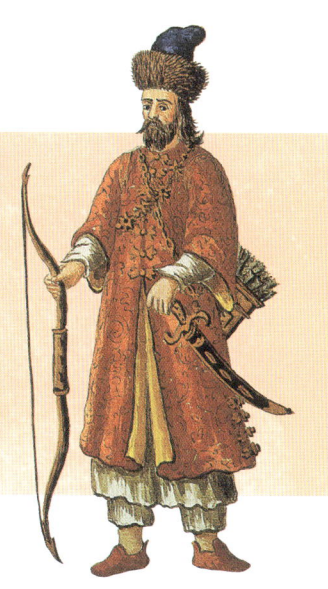

관세를 낼 걱정도 없었지. 이 길을 따라 이슬람의 천문학이 원나라로 전해졌고, 중국의 나침반이나 화약 기술이 이슬람 세계로 흘러들었어.

하지만 이렇게 부강한 원나라도 한족을 다스리기는 만만치 않았어. 몽골인은 100만 명밖에 되지 않았는데 한족은 1억 명이 넘었거든. 원나라는 힘으로 한족을 눌렀어. 나라의 중요한 관직은 몽골인들만 차지했고, 자신들이 잘 모르는 경제 문제는 서역 상인들의 도움을 받았어. 이들을 색목인이라고 해. 과거 제도는 폐지되었고, 한족이 출세할 수 있는 길은 사라져 버렸어. 당연히 한족의 불만이 컸지.

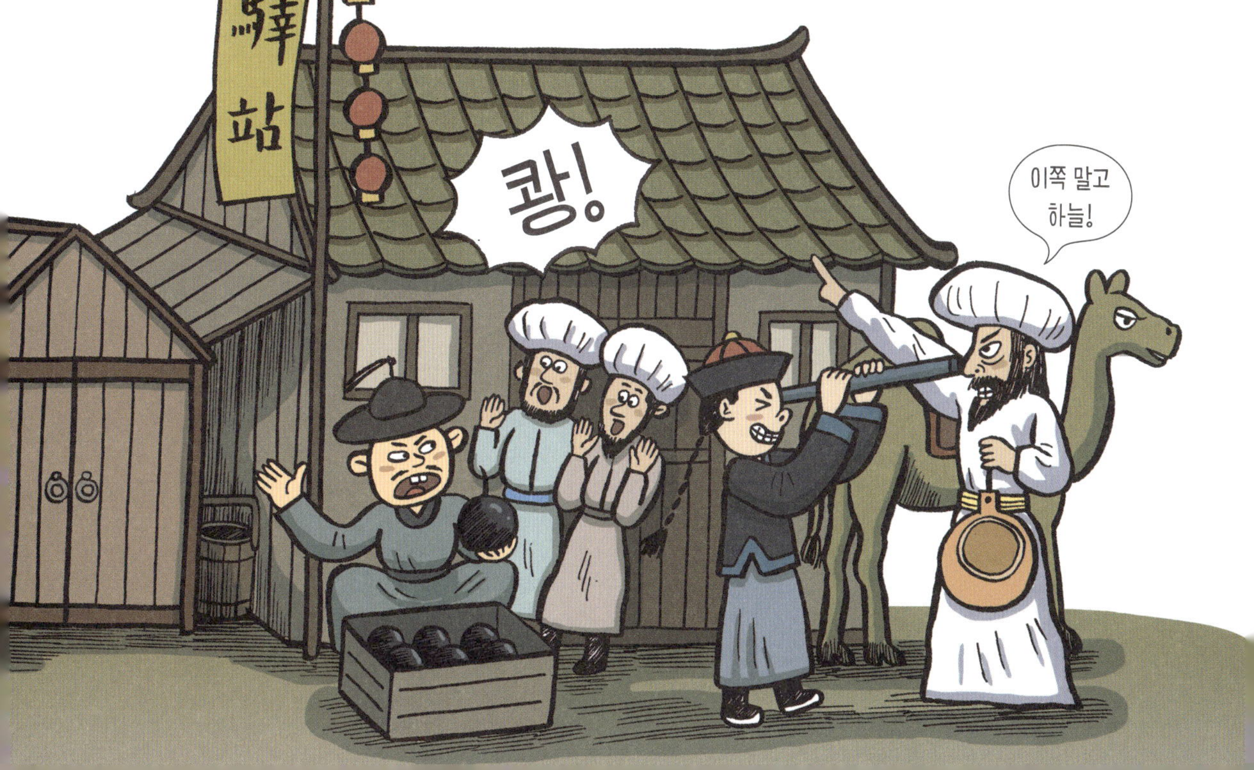

출발! 세계 속으로

마르코 폴로도 감탄한 도시, 항저우

중국 상하이에서 버스로 2시간쯤 남서쪽으로 달리면 항저우에 도착해. 항저우는 대운하의 남쪽 끝이기 때문에 수나라 때부터 상업이 발달했어. 항저우가 더욱 발전한 시기는 남송 때야. 송나라가 화북을 금나라에 빼앗긴 뒤, 피란을 와서 세운 새 수도가 바로 항저우였기 때문이지.

남송 때는 항저우를 '임안'이라고 불렀대. "하늘에는 천국이 있고, 땅에는 항저우, 쑤저우가 있다."라는 중국 속담이 있을 정도로 항저우는 아름답고 살기 좋은 곳이었어. 마르코 폴로는 항저우를 보고 그 부유함에 감탄해서 다음과 같은 기록을 남겼어.

아주 넓은 운하가 있는데, 제방 위에는 각지에서 온 상인들이 물건을 쌓아 두는 큰 창고가 있다. 광장에는 일주일에 사흘씩 4~5만 명의 사람들이 몰려든다. 농사지은 식량을 들고 시장을 보러 오는 것이다. 식량이 넘쳐 난다.

항저우에 있는 서호 예부터 많은 사람이 그 아름다움을 칭송한 서호는 2011년 유네스코 세계 문화유산에 올랐어.

항저우에는 요즘도 관광객이 많아. 이들이 빠뜨리지 않고 가는 곳이 바로 서호야. 항저우는 양쯔강의 삼각주에 자리 잡고 있기 때문에 습지나 호수가 많은데, 그중 가장 아름답고 유명한 호수가 바로 서호야. 서왕모라는 여신이 용과 봉황이 지키는 귀한 구슬을 훔치려다 실수로 구슬을 떨어뜨려 생긴 호수라는 전설이 있어.

항저우에는 서호 외에도 볼거리가 많아. 남북조 시대에 지어진 오래된 절, 영은사도 있고, 송나라 때 홍수를 막아 달라며 쌓았다는 육화탑도 유명하지. 송성도 둘러볼 만해. 항저우는 남송의 수도였지만 아쉽게도 성은 남아 있지 않아. 이것을 테마파크처럼 다시 만든 것이 송성이야. 우리나라로 치면 민속촌 같은데 그보다 훨씬 규모가 커. 다만 역사 유적을 원래대로 복원한 것은 아니어서 실제 항저우의 성이 그런 모습이었을 거라고 그대로 믿으면 안 돼.

송성은 단순한 테마파크가 아니라 문화 공연장이기도 해. 〈판관 포청천〉이나 〈수호전〉이 공연되기도 하고, 금나라와 싸운 악비 장군 이야기가 무대에 올라가기도 해. 가장 유명한 것은 〈송성의 천년 옛정〉이라는 공연인데, 항저우의 역사와 전설, 볼거리를 하나로 보여 주는 멋진 공연이지. 이 화려한 공연을 보고 나면 남송의 수도 임안이 얼마나 번영했는지 절로 상상할 수 있을 거야.

〈송성의 천년 옛정〉 공연 항저우의 역사와 전설을 주제로. 대규모의 화려한 공연이 펼쳐져.

육화탑 밖에서는 13층으로 보이는데 안은 7층이야. 나선형 계단을 지나 꼭대기 층에 오르면 항저우를 한눈에 내려다볼 수 있어.

어린이들의 세계사

어린 시절의 고난을 딛고 영웅이 된 칭기즈 칸

"집안이 나쁘다고 탓하지 마라. 나는 아홉 살 때 아버지를 잃고 마을에서 쫓겨났다. 가난하다고 말하지 마라. 나는 들쥐를 잡아먹으며 연명했고, 목숨을 건 전쟁이 내 직업이었다. 배운 게 없다고 탓하지 마라. 나는 내 이름을 쓸 줄 몰랐으나 남의 말에 귀 기울이면서 현명해지는 법을 배웠다."

칭기즈 칸의 아버지 예수게이는 몽골의 부족장이었지. 그는 아들 테무친(칭기즈 칸의 본명)이 아홉 살이 되자 짝을 찾아 주기 위해 아들을 데리고 다른 부족을 찾아갔어. 그리고 여행 도중에 들른 집에서 테무친이 마음에 드는 짝을 만나자 둘을 약혼시키기로 해. 하지만 여행에서 돌아오던 예수게이는 원한 관계에 있던 다른 부족에게 독살당하고 말았어.

예수게이가 죽자 남겨진 아내 두 명과 아이들 일곱 명

은 큰 곤경에 빠졌어. 예수게이의 라이벌이 부족장이 되어 남은 가족들을 부족에서 쫓아냈거든. 테무친의 가족들은 양고기는 꿈도 못 꾸고 풀뿌리나 생선, 들쥐로 배를 채워야 했지.

게다가 배다른 형제와도 사이가 좋지 않아 더욱 어려움을 겪었어. 배다른 큰형이 가문을 이어받아 자신과 어머니를 업신여기자, 테무친은 친동생과 함께 큰형을 죽이고 말아.

테무친은 열여섯 살이 되자 아홉 살 때 결혼을 약속했던 약혼자를 데려왔어. 하지만 다른 부족이 그녀를 납치해 갔지. 테무친은 당시 가장 힘이 셌던 부족장을 찾아가 도움을 청했어. 테무친의 용기에 감탄한 부족장은 그에게 군사를 빌려주었대. 테무친은 이 병력으로 약혼녀를 납치해 간 부족을 공격해서 그녀를 다시 데려왔고, 아버지를 독살한 부족을 정복해 원수를 갚을 수 있었어. 이때부터 테무친은 몽골의 지배자로 성장해 갔대. 힘든 시련이 바로 칭기즈 칸을 키운 거야.

천막 속에 있는 칭기즈 칸 칭기즈 칸은 대칸이 된 뒤에도 똑같이 희생하고 똑같이 나누며, 사치를 싫어하고 절제를 존중하려 애썼어.

칭기즈 칸의 대형 동상 몽골의 수도 울란바토르 한가운데 광장에 세워져 있어. 몽골인들은 지금도 칭기즈 칸을 자신의 상징처럼 떠받들어.

한 걸음 더!

몽골 군대가 강했던 까닭은?

　몽골 초원 지대는 여름에 덥고 겨울에 아주 추워. 일교차도 몹시 크지. 겨울엔 영하 40도 이하로 내려가는 경우도 많아. 비가 거의 안 와서 농사를 지을 수도 없어서 사람들은 계절마다 풀밭을 찾아 옮겨 다니며 양을 기르는 일을 주로 하고 살아. 늑대나 독수리가 양을 잡아채 가지 못하도록 늘 신경 쓰면서 말이야.
　몽골인들은 이런 거친 자연환경에서 태어나 자랐기 때문에 생존력이 매우 강하대. 양고기를 말려 빻아 가루로 만든 뒤, 가죽 주머니에 채운 음식인 보르츠만 있으면 몇 달은 거뜬히 버틸 수 있었대.
　게다가 이들은 엄마 배 속에서부터 말을 타고 다녔어. 말을 타는 것이 땅 위를 걷는 것만큼이나 자연스러웠지. 말은 단거리라면 시속 60킬로미터 이상으로 빠르게 달릴 수 있어. 저 멀리 흙먼지가 보인다 싶으면 어느새 코앞으로 쳐들어와 있는 거지. 몽골 병사들은 말 위에서 자유자재로 칼을 휘두르거나 활을 쏠 수 있었어.

몽골 초원 봄여름에는 강을 따라 초원이 생기지만, 가을 겨울이 되면 삭막한 황무지로 변해. 겨울철 몽골의 밤 기온은 영하 40도까지 내려가.

몽골 기병 유목 생활을 통해 다져진 강력한 기병 부대는 몽골군을 무적의 군대로 만들었어.

몽골 군대 지휘관의 갑옷과 군화 갑옷 안쪽에 쇠붙이를 달아 통철판으로 된 유럽의 갑옷보다 가벼웠대. 신발에는 작은 쇠관을 넣어 발을 보호했지.

넓은 초원을 누비며 항상 먼 곳을 보다 보니 눈도 아주 좋았지. 달리는 말 위에서 활을 쏘는데도 명중률이 높았대.

항복한 적은 관대하게 받아들이지만 저항하는 적은 무자비하게 죽여 본보기로 삼는 전술도 큰 위력을 발휘했어. 머리를 잘라 해골 탑을 쌓고, 가죽을 벗겨 성 밖에 내걸고, 기름을 짜 불을 지르는 식이었지. 적들이 겁을 먹고 싸울 엄두를 못 내도록 말이야. 성을 함락하면 사흘간은 약탈을 허용해서 병사들이 마음대로 자기 몫을 챙기게 했대. 성 주민들에게는 악몽 같은 일이었지.

운도 좋았어. 왜냐하면 당시 몽골에 맞설 만큼 강한 나라가 없었거든. 중국은 금나라와 남송으로 분열되어 있었고, 이슬람 세계도 아바스 왕조와 이에 맞서는 세력으로 나뉘어 있었지.

비단길을 오가던 상인들이 군자금을 대고 정보를 제공해 준 것도 큰 힘이었어. 상인들은 몽골이 동서 교역로를 모두 차지해 무역이 편해지기를 원했대. 몽골은 상인들의 도움에 보답하기 위해 나중에 색목인들을 관직에 등용했지.

'자금성'이라고 들어 봤니? '천안문'은? 서울에 경복궁과 광화문이 있다면, 베이징에는 자금성과 천안문이 있지. 이 거대한 궁전이 완성된 것은 명나라 때였어. 우리가 보는 만리장성도 명나라 때 다시 쌓은 거란다. 베이징은 요나라, 금나라, 원나라 때도 중국의 수도였지만 오늘날 베이징에 남아 있는 유적 대부분은 명나라, 청나라 때 생긴 거야. 중국 무협 영화를 보면 사람들 머리 모양이 특이하지? 앞머리는 밀고 뒷머리는 땋아 길게 늘어뜨렸잖아. 이런 머리를 변발이라고 해. 청나라 때는 모두 이런 머리를 해야 했대. 왜 그랬을까?

1368년
명나라 건국

1405년
정화의 원정 시작

1429년
베이징으로 수도 옮김

1616년
후금 건국

5
중화제국이 완성되다

1757년
청나라, 신장 위구르로 영토 확장

1644년
명나라 멸망
청나라의 중국 지배

다시 한족이 다스린 명나라

"더 이상 못 참겠어. 몽골을 몰아내자!"

몽골인에게 차별 대우를 받던 한족들이 머리에 붉은 수건을 쓰고 원나라에 맞서기 시작했어. 홍건적이 일어난 거야.

가난한 농민의 아들로 태어나 어릴 때 고아가 된 주원장은 홍건적의 우두머리가 되었어. 그는 1368년에 난징에서 명나라를 세우고 북쪽으로 계속 쳐들어가 원나라를 만리장성 너머로 몰아냈어. 100년 만에 다시 한족이 중국을 다스리게 된 거지.

"몽골이 망쳐 버린 중국 전통을 회복하겠노라. 유교 윤리를 되살려 천하의 질서를 다시 세우도록 하라."

주원장은 황제권을 강화하고, 과거 제도를 부활시켰지. 유교 예절을 잘 지키라는 가르침을 백성에게 내리고, 이 가르침을 모두 외우도록 했어.

주원장과 육유 주원장이 백성에게 내린 여섯 가지 유교의 가르침을 육유라고 해. 주원장은 평민에서 황제까지 된 인물로 황제권을 강화하기 위해 여러 사람을 죽이기도 했어. 공식적인 초상화에서는 인자한 모습이지만 실제로 전해지는 그림 속에선 아주 포악해 보여.

만리장성 지금 우리가 보는 만리장성은 대부분 명나라 때 다시 쌓은 거야.

명나라의 세 번째 황제가 된 영락제는 자금성을 짓고 베이징으로 수도를 옮겼어. 원나라 궁전을 허문 자리에 거대한 궁전을 새로 지은 거야. 또 몽골인들을 멀리 내쫓고, 만리장성도 새로 쌓도록 했어.

"우리 명나라가 세워진 것을 전 세계에 알리고, 모든 나라가 명나라에 복종하도록 하라."

영락제는 정화를 시켜 세계 곳곳을 다녀오게 했어. 정화는 모두 일곱 번이나 함대를 이끌고 멀리 아프리카까지 다녀왔대. 1차 원정 때만 해도 200여 척의 배에 총 2만 7800명이 타고 있었지. 정화는 가는 곳마다 도자기, 비단 같은 귀한 중국 물건을 선물했어.

"이것은 우리 황제께서 그대들에게 내리는 선물이오. 이것을 받고 복종의 뜻으로 그대들도 선물을 바치시오."

사람들은 대규모 함대에 겁을 먹고 대부분 이런 요구를 받아들였어. 아프리카에서 기린 같은 신기한 동식물이 중국으로 전해졌지.

정화의 원정으로 전해진 기린 정화는 색목인의 후예로 이슬람교를 믿었어. 어린 나이에 영락제의 군대에 사로잡혀 환관이 되었지만, 영락제에게 충성을 바쳐 대규모 원정을 성공시켰지.

정화의 함선 모형 큰 배는 정화가 이끈 함대의 모양이야. 실제 약 8000톤 규모였대. 아래쪽에 콜럼버스가 아메리카 대륙을 찾아갈 때 탔던 배 모형이 있는데 고작 120톤이었다고 해.

북쪽 오랑캐와 남쪽 왜구의 침입

명나라 때는 누구나 과거 시험을 볼 수 있었어. 하지만 공부할 여유가 있는 사람은 돈 많은 지주들뿐이었지. 이들은 재산과 지식을 이용해서 자기 고을에서 떵떵거리며 살았어. 나라에서도 지주들을 지배층으로 인정해 줬지. 이들이 나라의 명령과 유교 도덕을 마을 곳곳까지 전해 주고 있었거든.

경제는 꾸준히 발전했어. 이모작이 확대되었고, 고추, 담배, 감자, 옥수수, 고구마 같은 새로운 작물도 들어왔지. 공업도 크게 발전해 면직물 공장, 도자기 공장도 생겨났지. 징더전이라는 곳에는 도자기 공장이 3000 곳이나 있었대.

명나라는 나라 문을 걸어 잠그고 무역도 탐탁지 않게 생각했어. 하지만 세계는 중국산 차와 도자기에 열광하고 있었지. 그 덕에 중국으로 많은 은이 들어왔어. 나중에는 세계 은의 3분의 1이 중국에 모였대.

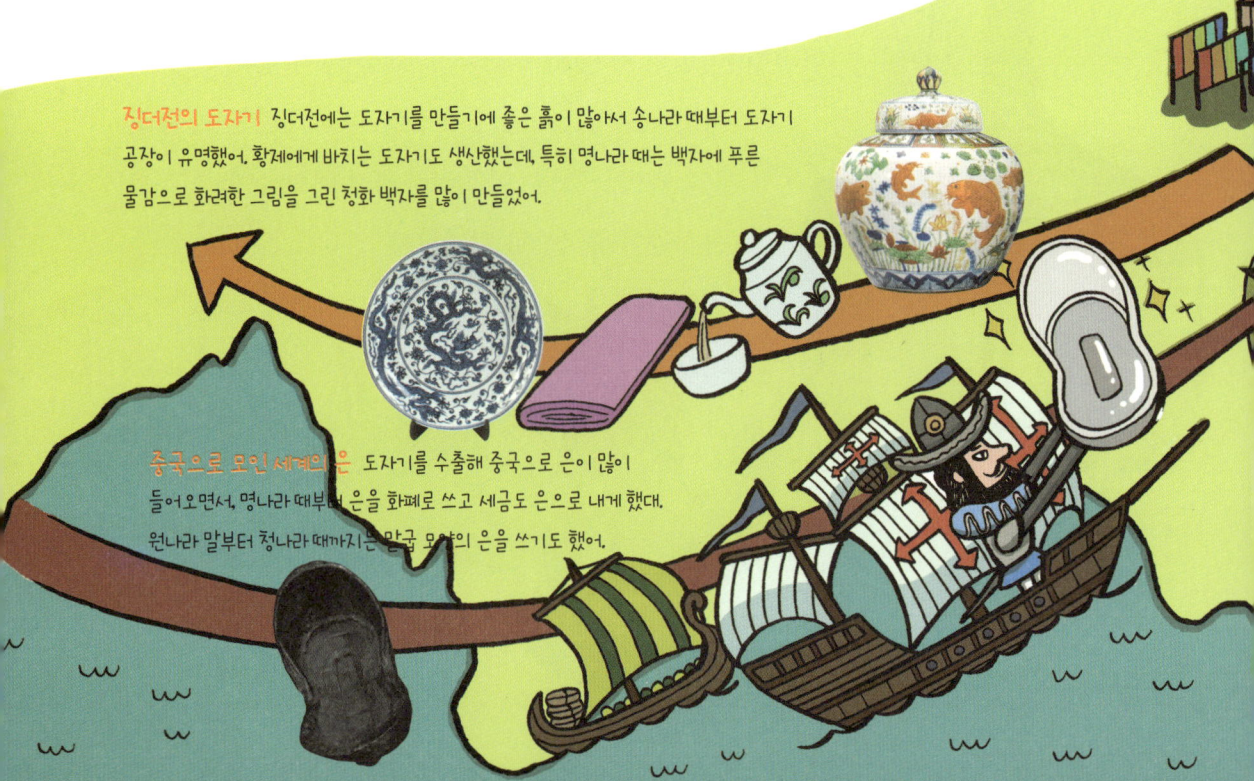

징더전의 도자기 징더전에는 도자기를 만들기에 좋은 흙이 많아서 송나라 때부터 도자기 공장이 유명했어. 황제에게 바치는 도자기도 생산했는데, 특히 명나라 때는 백자에 푸른 물감으로 화려한 그림을 그린 청화 백자를 많이 만들었어.

중국으로 모인 세계의 은 도자기를 수출해 중국으로 은이 많이 들어오면서, 명나라 때부터 은을 화폐로 쓰고 세금도 은으로 내게 했대. 원나라 말부터 청나라 때까지는 말굽 모양의 은을 쓰기도 했어.

하지만 명나라는 영락제 이후 점점 약해졌어. '북쪽 오랑캐와 남쪽 왜구'가 문제였지. 몽골의 여러 부족이 계속 만리장성을 넘나들며 괴롭혔어. 남쪽 해안에서는 왜구가 들끓었지. 이들을 막느라 엄청난 돈을 썼지만 별 소용이 없었대.

1592년에 조선에서 임진왜란이 일어났어. 조선은 명에 구원을 요청했지. 명나라는 황제 국가의 체면 때문에 군대를 보낼 수밖에 없었어. 가뜩이나 어려운 상황이던 명나라는 더욱 힘들어졌지.

그 틈을 타고 만주에서는 여진족이 점점 힘을 키워 갔어. 부족장이었던 누르하치는 여진족(만주족)을 통일하고 1616년에 후금을 세웠어.

북쪽 오랑캐 한족에게 쫓겨난 몽골의 여러 부족이 명나라의 북쪽을 괴롭혔어.

명 / 조선 / 일본

남쪽 왜구 일본을 근거지로 바다를 누비며 해안을 약탈하던 해적을 왜구라고 해. 하지만 명나라에 반대하던 중국인이 왜구 행세를 하는 경우도 많았대. 우리나라도 고려 말, 조선 초에 왜구 때문에 골치를 앓았지.

만주족이 세운 청나라, 명나라를 이어받다

"머리를 남기려면 머리카락을 자르고, 머리카락을 남기려면 머리를 자르라!"

명나라가 농민 봉기로 망한 뒤, 중국을 차지한 청나라는 한족들에게 이런 명령을 내렸어. 한족의 자존심을 꺾어 버리기 위해 '변발'을 강요한 거야. 청나라는 만주족이 세운 나라야. 처음에는 후금이라고 했지. 청나라는 중국으로 쳐들어오기 전에 조선을 침략하기도 했어. 1636년에 일어난 병자호란, 들어 봤지?

청나라는 변발을 강요하고 한족들이 쓴 글에서도 꼬투리를 잡았어. 글의 내용에 만주족을 업신여기는 표현이 조금이라도 있으면 처형했지. 하지만 청은 기본적으로 한족의 전통을 존중했어. 유교를 인정하고, 과거제도 계속 유지했지. 한족 지주들에게는 과거를 통해 계속 관리 자리를 주었고, 농민들에게는 세금을 덜 내게 해 주었어.

팔기군의 차림새와 깃발 청나라가 천하를 호령할 수 있었던 것은 팔기군이라는 독특한 군사 제도 때문이었어. 만주족을 모두 여덟 개 깃발로 나누고, 각 깃발마다 함께 살고 함께 일하고 또 함께 싸우도록 한 거야. 나중에는 한족과 몽골인도 팔기군이 되었어.

강희제(재위 1661~1722) 중국 역사에서 가장 오래 황제 노릇을 한 사람이야. 무려 61년이나 황제 자리를 지켰대. 강희제는 한족의 반란을 진압하고 영토를 넓혔어.

옹정제(재위 1723~1735) 매일 밤 늦게까지 지방관들이 보낸 보고서를 직접 읽고 답을 내려 보냈어. 그가 하루에 읽은 보고서는 웬만한 책 한 권 분량이었대. 옹정제는 티베트도 정복했지.

건륭제(재위 1735~1795) 정복 활동을 크게 벌여 중국 역사상 최대 영토를 차지했어. 하지만 이후 청나라는 쇠퇴하기 시작하지. 할아버지인 강희제보다 더 오래 황제 자리에 있을 수 없다고 물러나서 재위 기간이 강희제보다 1년 짧아.

"중화와 오랑캐의 구분은 도리를 깨우쳤느냐, 그렇지 않느냐에 있는 것이다. 명은 천명을 잃어 도적들에게 망했다. 청은 도리를 깨우쳐 천명을 이었고, 청나라에서 중화와 오랑캐는 이제 한 가족이 되었다."

청나라가 명나라를 이었다는 거야. 청나라 황제는 유교 경전을 열심히 읽고, 유교에 따라 나라를 다스리려 애썼어. 청나라는 강희제, 옹정제, 건륭제 때(1661~1795) 전성기를 맞아. 이 시기에 청나라는 한족의 반란을 완전히 뿌리 뽑고, 남쪽으로 타이완까지 정복했지. 북쪽으로는 만주를 지나 몽골까지 영토를 넓혔고, 러시아의 남하도 막아 냈어. 서쪽으로는 위구르인이 살던 신장, 그리고 티베트까지 정복했지. 오늘날의 중국 영토는 이때 만들어졌다고 할 수 있어.

명나라의 영토와 청나라의 영토 청나라 때는 명나라 영토를 포함해서 영토가 더 크게 늘었어. 오늘날의 중국 영토보다 더 넓었지.

서양에까지 이름을 떨친 청나라

"우리 청나라는 땅이 넓고 물자가 풍부해 무역이 필요 없다."

1792년에 영국이 무역을 확대하자며 사신을 보냈을 때 건륭제가 한 답이야. 이처럼 청나라는 세계에서 가장 크고 강하고 부유한 나라 중 하나였어. 영토가 커지면서 식량 생산도 크게 늘었고, 인구도 2억을 넘어섰지.

경제가 발달하면서 사람들의 살림살이에도 여유가 생겼어. 도시에는 극장이 생겨 경극이 공연되었고, 〈삼국지연의〉, 〈서유기〉, 〈수호전〉 같은 소설이 유행했지. 중국을 찾아오는 서양 사람도 많아졌어. 무역상이나 선교사들이 중국에 정착하는 경우까지 생겼지. 명나라 말기에 이미 마테오 리치가 중국에 들어와 선교를 시작했어.

그는 유교 경전을 서양 언어로 번역하고, 반대로 크리스트교를 소개하는 책을 중국어(한문)로 옮겼지. 성경의 '여호와'를 중국인들에게 익숙한 '하느님(천주)'이라는 말로 번역했어. 마테오 리치는 유럽인들이 발견한 세계의 모습을 중국에 알리기도 했어. 세계 지도를 만들어서 말이야. 마테오 리치의 세계 지도는 중국인들에게 큰 충격을 주었어.

경극 '경'은 '수도(서울)'라는 뜻으로 베이징에서 유행한 연극을 경극이라고 해. 여러 지방에서 인기를 끌던 연극이 베이징에서 공연되면서 더욱 세련되어졌지. 〈삼국지연의〉나 〈수호전〉의 한 장면을 따서 공연하는 경우가 많았어. 사진 속 경극은 〈서유기〉의 한 장면이야.

아담 샬, 〈곤여만국전도〉와 마테오 리치 아담 샬(왼쪽)은 베이징에 최초의 서양식 건물인 교회를 짓고 선교 활동을 벌였어. 병자호란 때 청나라에 인질로 잡혀간 조선의 소현 세자도 아담 샬을 만나 서양 문물을 접했대. 마테오 리치(오른쪽)는 크리스트교의 핵심을 담은 《천주실의》라는 책을 썼어. '천주교'라는 말은 여기서 나왔어. 마테오 리치가 만든 세계 지도인 〈곤여만국전도〉는 중국 사람들에게 큰 충격을 주었어.

"세계는 알던 것보다 훨씬 넓구나. 우리가 세상의 중심도 아니었어."

반대로 선교사들을 통해 중국 사정이 유럽에 알려지기도 했어.

"황제가 유교라는 철학을 공부하고, 그 철학에 따라 나라를 다스리다니, 대단한 나라군!"

중국에서 수입된 화려한 도자기는 중국에 대한 존경심을 더욱 부추겼지. 중국산 비단으로 만든 옷을 입고 중국산 도자기에 중국산 차를 따라 마시며 중국에 대해 이야기를 나누는 것이 유럽 상류층의 고상한 취미로 자리 잡았대.

독일 포츠담 상수시 궁전의 중국식 찻집 유럽 왕실 사람들은 중국산 도자기를 얼마나 많이 수집했는지 경쟁도 했대.

독일 베를린 샤를로텐부르크성의 도자기 방 제후 프리드리히 1세의 왕비 샤를로텐의 여름 별장으로, 중국과 일본의 도자기를 모아 놓은 방이 유명해.

출발! 세계 속으로

자금성을 품은 황제의 도시, 베이징

중국의 수도 베이징. 베이징의 중심에는 자금성이 있어. 자금성은 길이 960미터, 폭 750미터, 전체 면적 72만 제곱미터에 이르는 어마어마한 규모를 자랑해. 성안에는 방이 모두 9000개 정도 된대. 황제의 아들이 태어나서 매일 방을 바꿔 가며 궁궐 내의 모든 방에서 자고 나면 건강한 청년이 되어 있다고 할 정도지.

자금성은 '자주색의 금지된 성'이란 뜻이야. 자줏빛은 하늘의 중심인 북극성을 상징하고, 북극성은 천자, 황제를 뜻하지. 자금성의 기둥이나 벽은 대부분 자주색으로 칠해져 있어. 지붕은 모두 황금색인데, 이것 역시 황제를 뜻하는 색이야. 담장 바깥으로는 50미터 넓이의 해자(물웅덩이)가 둘러쳐져 있고, 성의 담장 높이는 10미터나 되니, 그야말로 넘볼 수 없는(금지된) 곳이지.

자금성 전경 경산에서 바라본 자금성의 모습이야. 자금성은 전체 면적 72만 제곱미터에 방이 9000개에 이르는 거대한 궁궐이지. 자금성의 남문이 천안문인데 그 앞으로 여러 관청이 있었대. 오늘날에도 광장 주변은 중국의 중심이야.

자금성은 크게 나랏일을 보는 앞쪽 공간과 황제가 사는 뒤쪽 공간으로 나눌 수 있어. 나랏일을 보는 공간의 중심에는 태화전이 있어. 태화전은 중국에서 가장 크고 화려한 목조 건물이야. 온통 흰 돌로 된 넓은 마당 위에 3단으로 기단을 쌓고 그 위에 웅장하게 지었지. 황제는 태화전에서 사신이나 관리들을 만나 나랏일을 처리했지.

태화전 자금성의 중심에 화려한 태화전이 있어. 황제가 나랏일을 보던 곳이지.

자금성의 뒤편은 황제와 그 가족들이 사는 생활 공간이었어. 특히 건천궁은 황제의 서재이면서 손님을 맞는 곳이었지. 청나라 황제들은 대부분 똑똑하고 능력이 뛰어났어. 큰아들이라고 무조건 후계자가 되는 게 아니었거든. 황제는 황자들을 계속 관찰하면서 후계자를 정해 쪽지에 써서 감춰 뒀대. 건청궁 정면에 '정대광명'이라고 쓰인 현판이 걸려 있는데 그 뒤가 바로 쪽지를 숨겨 두던 곳이래. 이 쪽지는 언제든 고칠 수 있었지. 그러니 황자들 모두에겐 기회가 있었고, 이들은 황제의 눈에 들기 위해 경쟁했지. 황제가 죽은 뒤 이 쪽지를 열어 봐서 다음 황제를 발표했대.

자금성을 한눈에 보기 위해서는 북문을 나와 경산에 올라 봐야 해. 경산은 원나라 궁전을 허물면서 나온 흙과 자금성 주변에 해자를 만들면서 나온 흙을 모아 쌓은 인공 산이야. 이곳에 올라 보면 자금성이 한눈에 들어오지. 황금색 지붕과 자줏빛 벽의 거대한 건물들이 좌우 대칭을 이루며 겹겹이 이어져 있는 모습은 그야말로 장관이야. 하지만 경산은 명나라의 마지막 황제가 농민 봉기군에 쫓겨 스스로 목숨을 끊은 비극의 장소이기도 해.

건청궁 황제의 서재이면서 손님을 맞이하던 곳이야. 저 현판 뒤에 후계자의 이름을 적어 숨겨 뒀대.

5 중화제국이 완성되다

어린이들의 세계사

황제의 자식들은 어떻게 살았을까?

자금성의 동남쪽에 '남삼소'라는 곳이 있어. 황제의 아들, 즉 황자들이 어른이 될 때까지 사는 곳이야. 황제의 아들이니 얼마나 멋지게 살았을까? 좀 부럽지? 하지만 황자들은 부모님과 살지 못하고 보모나 유모, 환관들의 보살핌을 받았어. 부모님의 사랑을 받기 어려웠지.

황자들은 여섯 살이 되면 글공부를 시작했어. 매일 새벽 5시에 공부를 시작해서 오후 4시까지 10시간 이상 공부했대. 춘절(1월 1일), 단오절(5월 5일), 중원절(8월 15일), 황제의 생일, 본인의 생일, 이렇게 닷새만 쉴 수 있었다고 해.

무슨 공부를 그렇게 많이 했을까? 황자들은 먼저 유교 경전을 배워야 했어. 청나라 황실 사람들은 만주족이었지만 한족 문화를 계승했다고 자부하고 있었거든. 그리고 만주어와 중국어뿐만 아니라 몽골어도 배워야 했어. 매일 오후에는 말타기며 활쏘기 같은 무술도 익혀야 했지.

황자들이 공부하던 곳이 바로 상서방이야. 상서방은 황제가 일을 보는 건청궁 안에 있었어. 황제는 황자들이 글 읽는 소리를 듣고 수시로 공부 상황을 체크했지. 그렇게 황자들의 자질을 보고 후계자를 결정한 거야.

〈청선종행락도〉 청나라 도광 황제가 황자, 공주들과 즐거운 시간을 보내는 장면을 담은 그림이야. 몇몇 황자가 연날리기를 하는 모습도 보여.

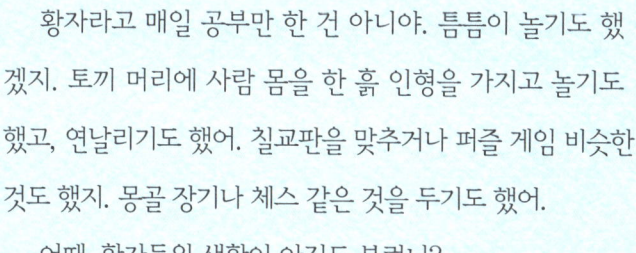

공주들도 글공부를 하고 황실 생활에 대한 여러 가지를 배워야 했어. 하지만 상서방에서 체계적으로 공부하지는 않았어. 학식 있는 유모나 여성을 궁궐로 불러 가르쳤지. 황자와는 달리 공주들의 공부에는 황제가 거의 관심을 두지 않았대.

황자라고 매일 공부만 한 건 아니야. 틈틈이 놀기도 했겠지. 토끼 머리에 사람 몸을 한 흙 인형을 가지고 놀기도 했고, 연날리기도 했어. 칠교판을 맞추거나 퍼즐 게임 비슷한 것도 했지. 몽골 장기나 체스 같은 것을 두기도 했어.

어때, 황자들의 생활이 아직도 부럽니?

투열 토끼 머리에 사람 몸을 한 이 인형은 달나라에 산다는 옥토끼의 화신이래. 추석 무렵 시장에서 많이 팔았는데, 황자들도 이런 인형을 가지고 놀았대.

한 걸음 더!

중국 땅이 되었지만
중국인이 되기를 거부한 사람들

신장 위구르 자치구에서 위구르족이 시장 상인들을 공격해 22명이 숨지는 사건이 발생했다. 지난 12일 위구르족 남성 4명이 오토바이 2대에 나눠 타고 시장에 나타나, 순찰 중이던 경찰관들을 흉기로 찌르고 시장 상인들을 향해 폭탄을 던진 것이다. 용의자들은 경찰 총격으로 모두 사망했다.

— 2014년 10월 20일, 어느 신문의 보도

신장은 '새로 얻은 땅'이란 뜻이야. 원래는 위구르인이 살던 곳이지. 몽골 제국 때 활약했던 색목인 관리 대부분이 바로 위구르인이었어. 이들은 투르크(터키) 계통 사람들로, 이슬람교를 믿고 상업과 유목, 농업을 하며 살아왔어.

이곳이 중국 땅이 된 것은 청나라 때였어. 오랫동안 독립해서 살던 위구르인들은 청의 지배를 선뜻 받아들이지 않았지. 중국이 서양 세력의 침입에 시달리던 20세기 초, 위구르인은 나라를 세워 독립하려 했어. 하지만 독립 시도는 실패했고 계속 중국의 지배를 받았지. 중국은 소수 민족을 존중한다고 했지만 은근한 차별 대우는 계속되었어. 위구르인의 단결을 깨기 위해 많은 중국인을 신장으로 이주시키기도 했지.

위구르인 생긴 것만 봐도 보통의 중국인과는 다르지? 이들은 투르크(터키) 계통 사람들이고 이슬람교를 믿어.

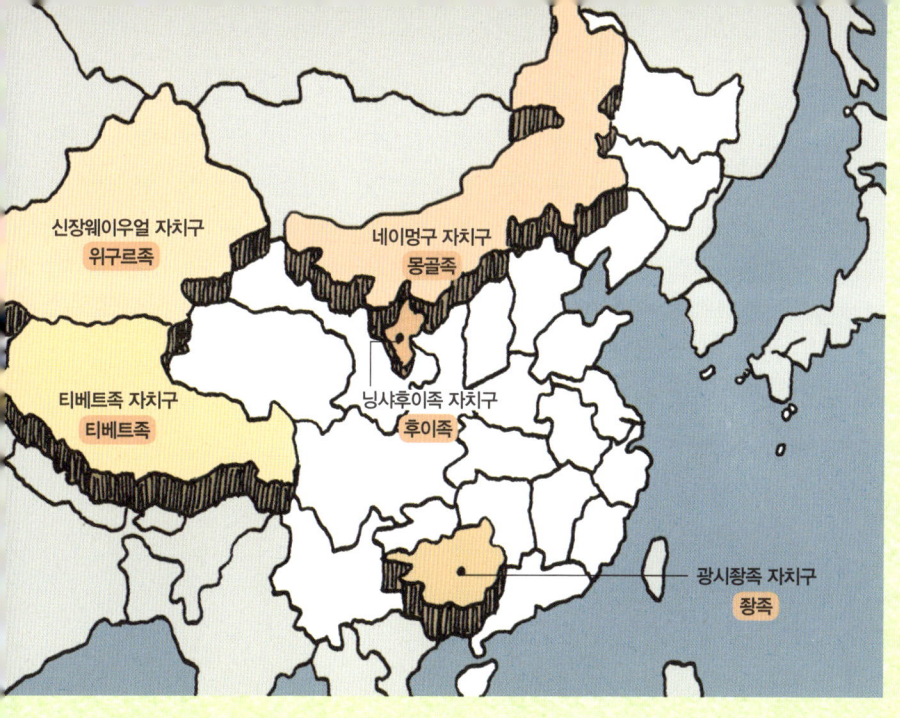

중국의 자치구 중국은 여러 민족이 함께 살고 있는 다민족 국가야. 중국은 소수 민족이 많이 사는 곳을 자치구로 지정해서 지원하고 있어. 신장에는 위구르인이 많이 살고 있는데, 한족과 다툼이 가장 심한 지역이래.

동부 해안 지역이 나날이 발전하는 것과 달리 서부 내륙 지역에 대한 투자는 인색했어. 그 결과 신장은 중국 내에서 가장 뒤처진 지역이 되었지. 이런 이유 때문에 위구르인들은 계속 독립을 외치고 있대. 중국이 이를 막자 테러까지 벌이고 있는 거야.

중국으로부터 독립하고 싶어 하는 또 하나의 지역이 티베트야. 티베트도 청나라 때 중국 땅이 되었지. 티베트 사람들은 라마교(라마 불교, 즉 티베트 불교)를 믿어. 라마교의 지도자를 달라이 라마라고 하는데, 그는 종교 지도자일 뿐 아니라 티베트의 왕이지. 14대 달라이 라마는 1959년 티베트에서 빠져나와 인도에 임시 정부를 세웠어. 그리고 지금까지 세계를 돌아다니며 티베트의 독립을 호소하고 있대.

달라이 라마 티베트 사람들은 달라이 라마가 관세음보살의 화신이며, 계속 다시 태어난다고 믿어. 달라이 라마가 죽으면 수색대가 그 무렵 태어난 아이들을 찾아다니며 환생 여부를 확인해. 지금의 달라이 라마는 14대째로, 두 살 때 환생을 인정받고 다섯 살 때 티베트 왕이 되었어. 중국과 티베트의 평화로운 공존 방법을 찾기 위해 노력했다는 공로로 1989년에 노벨 평화상을 받았지.

조선이 나라 문을 닫고 있다가 일본에게 침략을 당했다는 건 알고 있지? 조선이 일본에게 침략당하기 전에 청나라도 영국의 침략으로 나라 문을 열었어. 세계에서 가장 강하고 부유한 나라였던 청나라가 서양과 일본의 침략을 받으며 '종이호랑이' 신세가 된 거야. 중국인들은 이런 수모를 피하기 위해 온갖 노력을 기울였지만, 침략을 막기는 쉽지 않았어. 외국의 침략을 막고 새로운 나라를 세우려 했던 중국인들의 노력을 알아볼까?

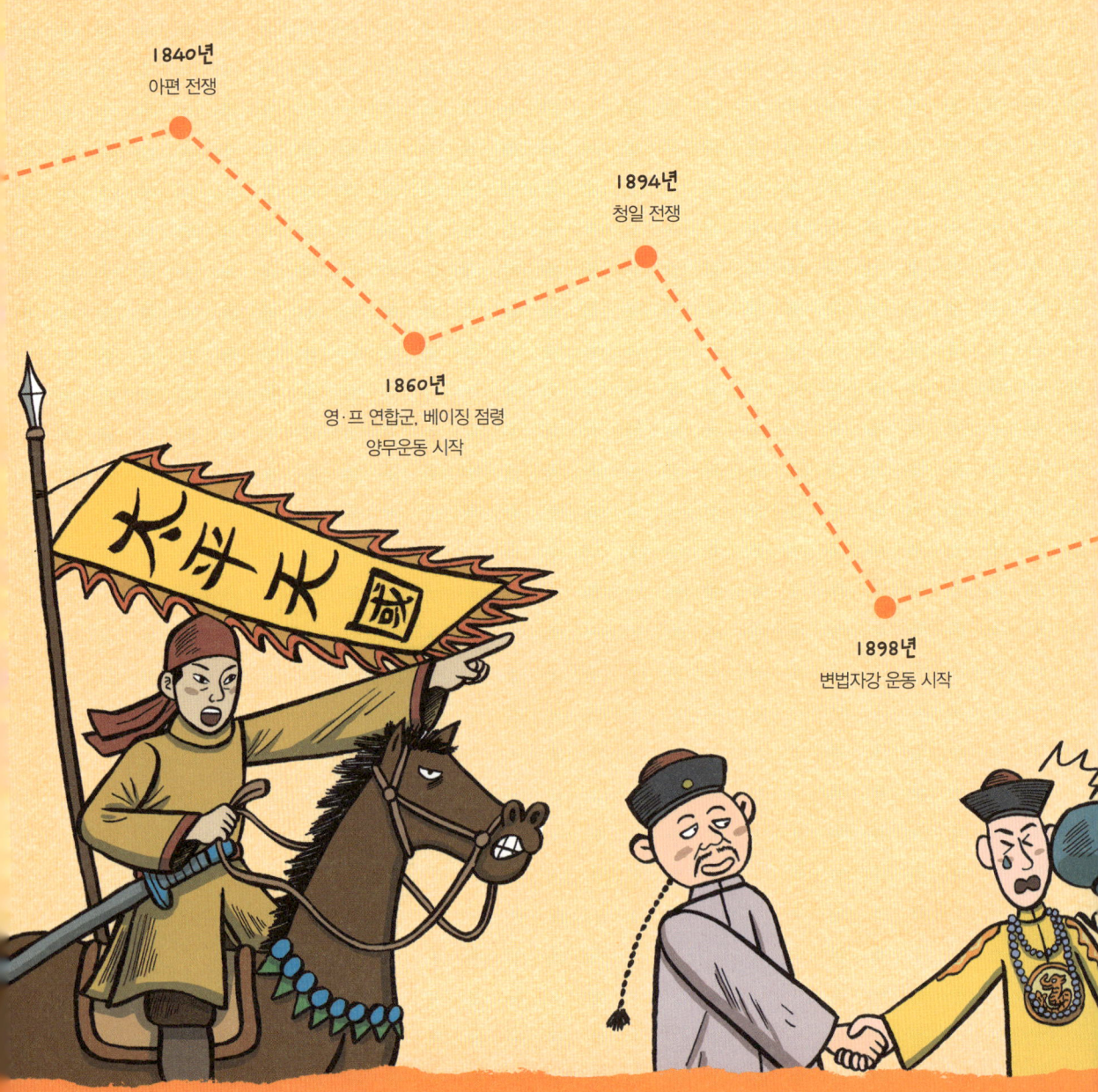

1840년
아편 전쟁

1860년
영·프 연합군, 베이징 점령
양무운동 시작

1894년
청일 전쟁

1898년
변법자강 운동 시작

6

외세에 맞서 새로운 중국을 꿈꾸다

1899년
의화단 운동

1911년
신해혁명

1912년
중화민국 수립

청나라를 굴복시킨 아편 전쟁

"서양 오랑캐가 이리도 강하다니! 우리 중국의 운명은 어찌 될까?"

1842년, 청나라는 영국과의 전쟁에서 패해 큰 걱정에 빠졌어. 영국은 청나라에서 도자기와 차, 비단을 많이 사 가고 있었어. 영국 돈이 중국으로 많이 흘러 들어갔지. 영국은 손해를 메꾸기 위해 아편을 청나라에 팔았어. 마약 말이야. 아편 중독자가 늘어나자 청나라는 아편 수입을 금지시켰어. 영국은 이걸 꼬투리 삼아 중국을 공격했지. 1840년에 '아편 전쟁'이 일어난 거야.

영국을 비롯한 서양 여러 나라는 18세기에 산업 혁명에 성공해서 크게 발전하고 있었어. 이들 나라는 값싼 원료를 들여오고 자기네 상품을 팔아먹기 위해 식민지를 늘리려 했어. 식민지에 직접 공장을 짓고 헐값으로 사람들을 부려 더 많은 이익을 얻으려고도 했지. 그러기 위해서는 총칼로 식민지를 차지해야 했어. 이런 움직임을 제국주의라고 해.

아편 무역 청나라와의 무역에서 계속 적자를 보던 영국은 인도에서 아편을 재배해 청나라에 팔았어.

아편 전쟁 아편 전쟁에서 진 청나라는 '난징 조약'을 맺어 나라 문을 열고, 영국에 막대한 배상금을 줘야 했어. 홍콩섬도 영국에 빼앗겼지.

영국은 가장 먼저 제국주의로 나아간 나라였어. 최신식 대포로 무장한 영국 군함들은 중국의 낡은 돛단배를 간단히 깨뜨렸어. 전쟁에 패한 청나라는 굉장히 불리한 조약을 맺고 나라 문을 열 수밖에 없었지.

중국이 '종이호랑이'라는 것이 드러나자 다른 나라들도 중국을 집적댔어. 영국과 프랑스는 연합군을 만들어 청나라에 또 한 번 쳐들어갔지. 이번에는 수도 베이징이 함락되었어. 서양 세력은 청나라를 협박해 많은 이익을 챙겨 갔고, 영토까지 일부 차지했대. 이제 중국은 서양 여러 나라의 먹잇감 신세가 되어 버렸어.

파괴된 원명원 베이징에 자리 잡은 청나라 황실의 정원, 원명원도 2차 아편 전쟁 때 철저히 파괴되고 약탈당했어. 전쟁에 패한 청나라는 '베이징 조약'을 맺어 나라 문을 더 활짝 열어야 했어. 주룽 반도도 영국에게 넘겨줬지. 중개인 역할을 한 러시아는 연해주 땅을 차지했어.

평등하고 평화로운 하늘나라를 만들자!

 "땅을 농민들에게 골고루 나눠 주자!"
 "모두 평등하고 평화로운 하늘나라를 만들자!"
 1851년에 '태평천국'을 만들겠다는 사람들이 들고일어났어. 청나라는 두 번의 전쟁에 패하면서 막대한 배상금을 물어 줘야 했어. 세금을 늘릴 수밖에 없었지. 세금 부담이 늘어나자 농민들의 불만도 커져 갔어.
 "만주족을 몰아내고 한족의 나라를 다시 세우자!"
 홍수취안은 이런 농민들을 부추겼고, 태평천국군은 빠르게 중국 남부를 장악해 갔어. 청나라 정부군만으로는 이 농민군을 막을 수 없었지. 태평천국군을 막은 것은 한족 관리와 지주들이었어. 자기 땅을 농민들에게 빼앗기지 않기 위해 스스로 군대를 만든 거야.

홍수취안 홍수취안은 과거에 여러 번 낙방한 유학자였어. 꿈에 상제(하느님)를 만난 뒤 태평천국을 세우기로 결심했대. '태평'은 중국의 전통적인 이상향을 나타내는 말이고, '천국'은 크리스트교의 이상향을 나타내는 말이야.

태평천국 운동 태평천국에서는 토지를 농민들에게 골고루 나눠 주고, 신분제를 없앨 뿐 아니라, 남녀평등도 실현해야 한다고 주장했어. 그러다 보니 농민의 지지를 얻어 한때 중국 땅의 절반을 차지할 정도로 커졌대.

양무운동 당시의 무기 공장 양무운동에서 가장 강조한 것은 서양 무기를 만들고 서양식 군대를 기르는 것이었어.

서양 세력들은 태평천국이 크리스트교와 비슷하다고 생각해서 처음에는 지켜보고 있었지만, 농민들이 외국에 반대한다는 것을 알고는 진압군을 도왔어. 결국 홍수취안이 병으로 죽은 뒤 태평천국 운동은 진압되고 말아. 수많은 사람의 목숨도 함께 스러졌지.

"태평천국은 겨우 막았지만, 이대로는 안 돼. 서양의 저 무서운 무기들을 봐. 우리도 서양 문물을 받아들여야만 해."

한족 관리들은 중국의 전통을 유지하면서도 서양의 기술은 받아들여야 한다고 생각했어. 군사력을 기르고 나라를 부강하게 하기 위해서는 그 길밖에 없다고 본 거야. 그래서 무기 공장을 새로 짓고, 철도를 건설하고, 신식 학교를 세웠지. 해외로 유학생도 많이 보냈어. 이런 움직임을 양무운동이라고 해.

톈진의 철도 개통식 서양 기술을 받아들이고 공업을 발전시키기 위해 광산을 개발하고 철도를 놓았어. 양무운동의 지도자 리훙장의 모습도 보여.

법을 바꿔 강한 나라를 만들자!

"아, 30년 양무운동이 헛일이었구나."

"우리를 황제로 떠받들던 마지막 나라, 조선마저 잃게 되다니……."

1894년에 조선에서 농민군이 들고일어나 동학 농민 운동을 벌이자, 조선 정부는 청나라에 도움을 요청했어. 청나라가 구원병을 보내자 일본도 조선에 군대를 보내서 청나라군을 공격했어. 청일 전쟁이 일어난 거야.

청나라는 양무운동으로 강해진 해군이 일본을 이길 수 있으리라 믿었어. 하지만 이런 믿음은 산산이 깨져 버렸어. 일본은 나라를 새롭게 바꾸고 계속 군사력을 강화하고 있었거든. 청은 일본에 크게 져 버렸어. 승리한 일본과 서양 여러 나라가 중국 땅 곳곳을 나눠 가지려 들었어.

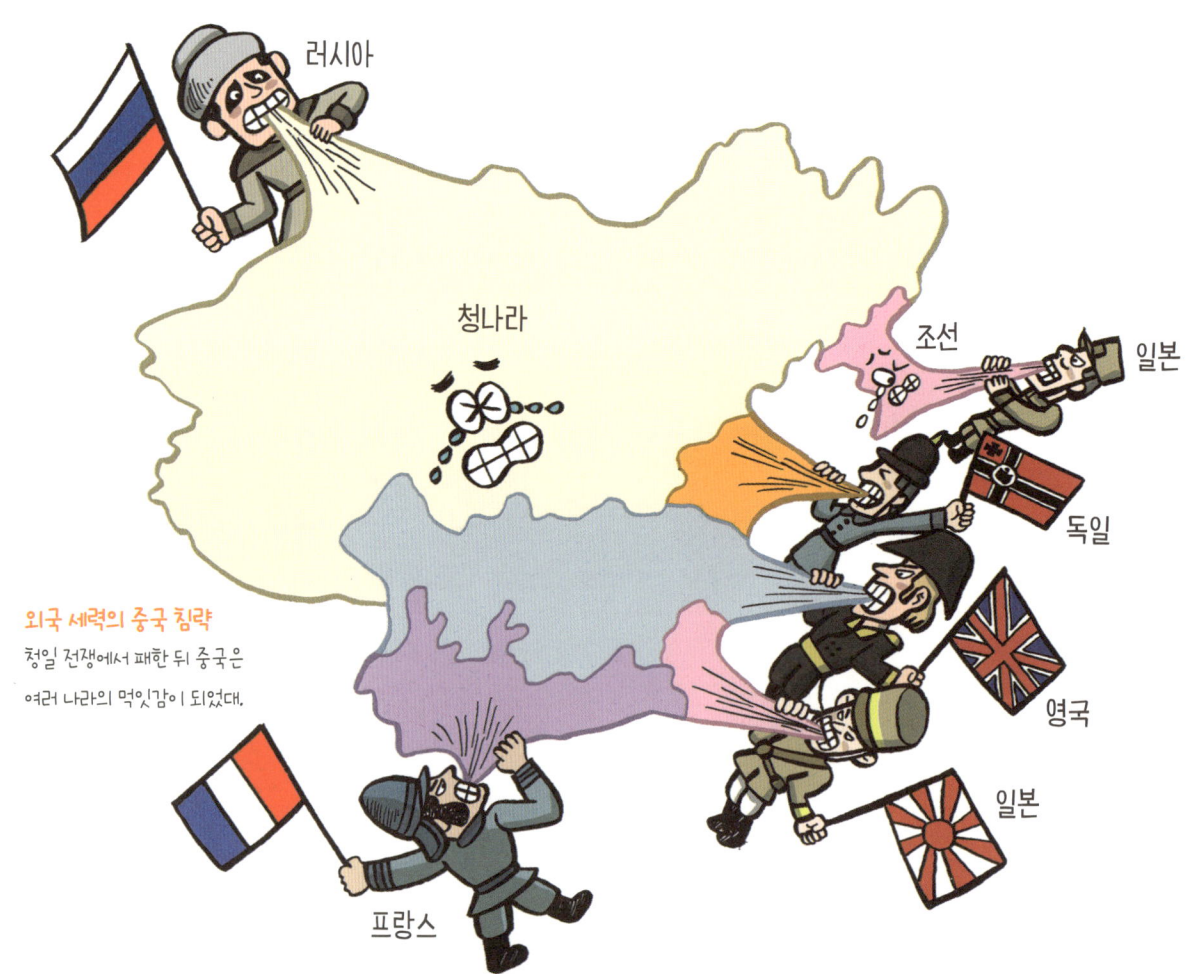

외국 세력의 중국 침략
청일 전쟁에서 패한 뒤 중국은 여러 나라의 먹잇감이 되었대.

캉유웨이 캉유웨이는 과거 시험을 보러 베이징에 와서 다른 과거 수험생들과 함께 황제에게 개혁을 요구하는 상소를 올려.

광서제 광서제는 캉유웨이의 상소를 받아들여 법을 고치는 변법 개혁을 추진하려 했어. 하지만 이 젊은 황제는 서태후 세력에게 쫓겨나는 신세가 되고 말았어.

서태후 광서제의 숙모뻘인 서태후는 세 살 된 어린 조카를 황제 자리에 앉히고서 오랫동안 나라를 주물렀어. 나중에 광서제를 쫓아내고 자신이 권력을 잡았지.

"폐하, 전통을 그대로 유지하면서 서양 기술만 조금 받아들이는 식으로는 지금의 위기를 극복할 수 없습니다. 나라를 구하기 위해서는 법과 제도를 완전히 바꿔야 합니다. 국민들이 애국심을 가지고 나랏일에 참여할 수 있도록 하는 것이 중요합니다."

캉유웨이는 중국도 일본처럼 '입헌 군주제'를 시행해야 한다고 주장했어. 국민의 대표를 뽑아 의회를 만들고, 그 의회에서 나라의 중요한 일을 결정해야 한다는 거야. 나라가 망할지도 모른다고 생각한 황제는 캉유웨이의 주장을 받아들였어. 자신의 권한을 줄이더라도 나라를 지키는 편이 낫다고 생각한 거지. 1898년에 변법 운동이 시작되었어. 하지만 다른 만주 귀족들의 생각은 달랐어.

"황제를 허수아비로 만들고 우리 만주족을 몰아내려는 음모를 두고 볼 수는 없지."

이들은 황실의 어른인 서태후를 부추겨 황제를 몰아내고 변법 운동을 짓밟았어. 개혁은 또 한 번 좌절되었어.

6 외세에 맞서 새로운 중국을 꿈꾸다

나라를 도와 서양 오랑캐를 몰아내자!

"청나라를 도와 서양 오랑캐를 몰아내자!"

"겁먹지 마라. 주문을 외면 총알을 피할 수 있다!"

서양의 침략이 점점 심해지고, 서양 물건이 넘쳐 나고, 서양인이 늘어나자 중국인들은 점점 불안해졌어. 서양인 선교사들이 중국 아이들을 납치해 간을 빼 먹었다는 소문까지 돌았대. 서양 오랑캐를 몰아내야 한다고 생각한 중국인들은 의화단에 몰려들었어. 의화단은 관우와 손오공 같은 중국의 전통 영웅을 모시는 종교였어. 이들은 권법을 익히고 주문을 외면 총알도 피할 수 있다고 가르쳤지.

많은 중국인이 서양 세력을 몰아내자며 의화단을 따랐어. 의화단은 교회를 습격하고, 선교사를 죽이고, 철도를 파괴했지. 베이징에 있는 서양 공사관도 포위하고 외교관까지 살해했대.

의화단 의화단은 침략해 오는 서양 세력과 크리스트교에 반대하고, 중국의 전통을 지키자는 종교 단체였어. 주문을 외우고 그 종이를 태운 재를 물에 타 마시면 총알로부터 몸을 지킬 수 있다고 믿었대.

"어리석은 백성들이긴 하지만, 의화단은 청을 도와 서양 오랑캐를 몰아내자고 주장하고 있다. 지금 가장 큰 골칫거리는 서양 세력이니, 의화단을 진압하기보다는 몰래 도와 이용하는 것이 좋겠다."

서태후는 수십만 명으로 불어난 의화단을 이용해 서양 세력을 몰아내려 했어. 하지만 영국, 러시아, 일본 등 8개 나라는 연합군을 구성해 중국으로 쳐들어왔어. 자기네 나라 국민들을 보호한다는 명분으로 말이야.

의화단 단원들 의화단은 청나라를 도와 중국을 지키고자 했지만 서양인에 대한 무분별한 공격은 서양 세력의 침략을 부추기는 구실이 되었어.

특히 중국 영토를 노리던 일본과 러시아가 가장 많은 군대를 보냈지. 베이징으로 들어온 연합군은 의화단에게 마구 총을 쏴 댔어. 그 결과 수많은 사람이 죽고, 의화단은 진압되었어. 서태후는 베이징을 떠나 도망쳐 버렸지.

연합군의 의화단 공격 8개국 연합군은 의화단을 진압한 뒤에도 베이징에 계속 군대를 주둔시켰어. 그리고 청나라에게서 막대한 배상금을 뜯어 갔지. 왼쪽부터 영국, 미국, 오스트레일리아(영국 식민지), 인도(영국 식민지), 독일, 프랑스, 오스트리아-헝가리, 이탈리아, 일본의 군인이야.

혁명으로 중화민국을 세우다

의화단 운동이 진압된 뒤 청나라에 대한 외국의 간섭은 더욱 심해졌어. 철도나 광산 개발 같은 돈이 되는 사업권도 마구 뺏어 갔지. 청나라 정부는 이런 침략을 막기에 너무 약하고 무능했어.

"혁명을 일으켜 새로운 나라를 세워야만 중국을 구할 수 있어."

"입헌 군주제도 약해. 국민 모두가 주인인 공화국을 세워야 해."

쑨원은 나라를 뒤엎는 혁명이 필요하다고 생각했어. 그는 일찍이 서양 문물을 받아들여 의사가 되었지만, 사람보다 먼저 나라를 구하고 싶었지. 쑨원은 일본에서 중국 혁명을 위한 단체를 만들었어.

쑨원과 뜻을 함께한 사람들은 목표를 세우고 혁명을 일으키기 위해 노력했어. 만주족이 나라를 지배하는 것에 불만이 많았던 한족 지주 중에도 혁명을 원하는 사람들이 있었어.

쑨원과 그의 동지들 쑨원은 홍콩에서 공부하면서 크리스트교를 받아들이고 의사가 되었어. 젊을 때 기대를 품었던 양무운동이 실패한 뒤 혁명이 필요하다고 생각하게 되었대. 왼쪽에서 네 번째 앉은 사람이 쑨원이야.

몇 차례 실패 끝에 드디어 남부 우창에서 봉기가 일어났어. 이 봉기는 순식간에 전국으로 퍼져 나갔고, 청나라 정부는 무너져 버렸어. 1911년, 신해혁명이 성공한 거야. 수천 년 동안 이어져 온 황제의 나라가 무너지고, 난징에서 '중화민국'이 수립되었어.

"이제 황제의 나라가 아니라 국민 모두가 다스리는 나라, 중화민국이 수립되었음을 선포합니다. 혁명 만세! 중화민국 만세!"

하지만 아직 갈 길이 멀었어. 군인을 거느리면서 지방을 나누어 지배하는 군벌 세력이 중국 곳곳을 장악했고, 외국의 침략도 계속되었지.

"새로운 나라를 만들 중심이 필요해."

쑨원과 그의 동지들은 중화민국을 지켜 나가기 위해 1912년에 국민당을 만들었어.

중화민국 탄생을 기념하는 포스터
쑨원과 위안스카이의 초상과 함께 한자와 영어로 '공화민국 만세'라고 적혀 있어.

중화민국 수립 1912년 1월 1일, 중화민국 수립이 선포되었어. 수천 년을 이어 온 황제 지배가 끝나고 국민이 주인 되는 나라가 세워진 거지. 하지만 중화민국은 곧 여러 어려움에 부딪히게 돼.

출발! 세계 속으로

중국이 서양을 만난 곳, 홍콩

오늘은 홍콩에 가 볼 거야. 홍콩 하면 뭐가 생각나니? 화려한 야경? 쇼핑 천국?

홍콩은 청나라 때까지 아주 작은 어촌이었어. 이 작은 어촌의 운명을 바꾼 것은 아편 전쟁이었지. 전쟁으로 중국의 문을 강제로 열어젖힌 영국은 이 섬을 차지해 버렸어. 나중에는 이 섬과 이어지는 주룽반도까지 빼앗았지. 영국은 이곳을 아시아의 무역 중심지로 개발했어. 그 결과 홍콩은 '아시아의 진주', '작은 영국'이라고 불릴 정도로 번성했지. '홍콩 역사 박물관'에 가면 홍콩의 역사를 실감나게 느낄 수 있어.

우리나라에서 홍콩까지는 비행기로 2~3시간밖에 안 걸려. 우리나라보다 남쪽에 있어서 겨울에도 그다지 춥지 않아. 홍콩은 오랫동안 무역 중심지로 발전했기 때문에 '쇼핑의 천국'으로 알려져 있어.

인구 밀도가 높고 많은 사람이 좁은 땅에 모여 살다 보니, 고층 빌딩도 많아. 그래서 홍콩의 풍경은 아주 복잡하고 독특해. 특히 주룽반도의 바닷가에서 건너다보는 홍콩섬의 야경과 홍콩섬 꼭대기의 빅토리아 피크에서 내려다보는 야경이 유명하지. 동양(중국)과 서양(영국)이 어우러져 독특한 모습을 보이는 멋진 곳도 많아.

아편 전쟁 직후의 홍콩 한적한 어촌이었던 홍콩은 영국의 식민지가 되면서 서양 문물을 가장 먼저 받아들이며 활기찬 항구 도시로 발전했어.

홍콩섬 야경 백만 불짜리 야경이라고 많은 사람이 감탄해. 홍콩은 이 야경을 관광 자원으로 활용하기 위해서 레이저를 이용한 공연을 매일 저녁 벌여.

홍콩의 거리 홍콩은 인구 밀도가 높은 데다가, 중국의 전통과 영국 문화가 만났기 때문에 아주 복잡하고 독특한 풍경이 펼쳐져.

중국이 공산주의 사회가 되자 많은 사람이 홍콩으로 내려왔기 때문에, 다양한 중국 요리도 맛볼 수 있어.

하지만 이제 홍콩은 다시 중국 영토가 되었어. 1997년에 영국이 홍콩을 중국에 돌려줬기 때문이야. 중국은 서양의 침략에 시달렸던 과거를 완전히 지울 수 있다고 좋아했어. 중국이 다시 강대국으로 올라서게 되었다고 생각한 거지.

홍콩 사람들은 한편으로 기뻐했지만, 또 한편으로는 영국의 지배를 받는 동안 누려 왔던 자유를 빼앗기지 않을까 불안해 했어. 홍콩의 정치적 자유를 억누르려는 공산당에 맞서 대규모 시위가 벌어지기도 했지. 홍콩은 중국의 갈 길을 보여 주는 본보기가 될 것 같아.

오늘날의 홍콩 빅토리아 항구 영국의 지배를 받는 동안 홍콩은 무역과 금융 중심지로 크게 발전했어. 중국으로 반환된 지금도 자본주의 경제 체제를 유지하고 있지.

어린이들의 세계사

중국의 어린이들, 미국으로 유학을 떠나다

양무운동이 한창이던 1872년, 태평양을 가로질러 미국으로 향하는 배 한 척이 중국을 출발했어. 이 배에는 열 살 남짓한 어린 학생 30명이 타고 있었지. 이들은 '유미유동', 그러니까 '미국으로 유학 가는 어린이들'이었어.

리훙장 등 양무운동을 이끌던 사람들은 중국의 전통을 바탕으로 서양 문물을 받아들이려고 노력했어. 마침 중국 최초의 미국 유학생인 룽훙이 중국 학생들을 대규모로 미국에 유학 보내야 한다고 주장하자, 이를 받아들여 유학생을 파견했지. 15년 동안 네 차례에 걸쳐 모두 120명의 어린이가 미국으로 건너갔어.

변발에 전통 복장을 하고 미국에 도착한 유동들은 큰 충격을 받았어. 미국이라는 새로운 나라는 놀라운 것들로 가득 차 있었거든. 기차와 자동차, 전깃불과 빌딩, 신문과 라디오, 전보와 전화 등 새로운 문물이 넘쳤어. 남녀가 함께 공부하고 환영의 인사로 서로 껴안고 뽀뽀를 하는가 하면 식사 때 포크와 나이프를 사용하기도 했지.

유미유동 미국으로 떠나기 전 찍은 기념사진이야. 변발에 전통 복장을 하고 있지? 대부분 9~15세 사이의 어린이들이었어.

　하지만 유동들은 어린 만큼 새로운 것을 빠르게 받아들였어. 변발을 옷 안으로 집어넣고 럭비를 하고, 미국인 친구들과 함께 조정 경기에 나가기도 했지. 강렬한 호기심과 사명감으로 새 학문을 스펀지처럼 흡수해서 우수한 성적도 거두었어. 이들 중 50여 명은 하버드, 예일 같은 명문 대학교에 입학하기도 했대.

　"우리 중국은 죽지 않습니다. 다만 잠이 들었을 뿐입니다. 중국은 곧 잠에서 깨어나 기필코 당당히 세계에 우뚝 설 것입니다."

　홈스테이로 머무르는 집의 가족들과 남다른 우정을 나누거나, 미국인 여성과 연애하고 결혼하는 사람도 있었어. 한 유동은 유명한 미국 작가 마크 트웨인의 딸과 결혼했대.

　이들은 중국 문화를 잊지 않기 위해 유교 경전도 함께 공부했고, 공부를 마친 이후에는 조국으로 돌아가기로 약속했어. 하지만 여전히 옛 생각에 사로잡혀 있던 청나라의 보수 세력들은 유동들의 생각이 서양 풍습에 나쁘게 물든다고 판단했지. 그래서 유학생 파견을 중단하고 이미 파견된 유학생들을 모두 본국으로 돌아오도록 했어. 야심 차게 진행되던 유학 프로젝트는 이렇게 끝나 버렸지만, 본국으로 돌아온 유동들은 중국을 새롭게 만드는 인재가 되어 곳곳에서 큰 활약을 했어.

한 걸음 더!

태평천국, 남녀평등을 주장하다

토지를 농민에게 골고루 나누어 주자거나 신분 차별을 없애자는 주장은 진나라 이후 농민 봉기군들이 줄기차게 해 오던 주장이야. 태평천국군도 같은 주장을 했지. 하지만 전혀 새로운 내용도 있었어. 바로 남녀의 차별을 없애자는 거였지.

1. 토지를 나눌 때는 남녀 구분 없이 가족 수대로 나눈다.
2. 남녀 모두 군대에 가서 각자에게 알맞은 임무를 맡는다.
3. 여자도 과거 시험을 보도록 해서 능력 있는 여성을 뽑는다.
4. 한 남자가 여러 아내를 두지 못하며 과부의 재혼을 허용한다.
5. 여성을 사고파는 것을 엄격히 금지한다.
6. 전족을 없앤다.

전족이 뭔지 아니? 중국 사람들은 여자의 발이 작으면 작을수록 아름답다고 생각했어. 그래서 아주 어릴 때부터 발을 천으로

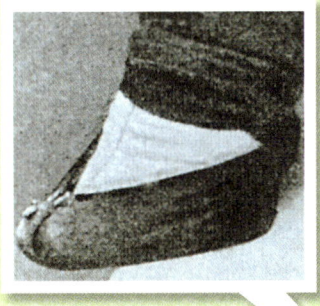

전족 발이 자라는 것을 억지로 막기 위해 저렇게 작은 신발을 신겼어. 얼마나 아플까? 저렇게 작은 발로는 걸어 다니는 것도 힘들겠지?

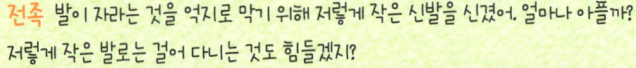

꽁꽁 싸매고 작은 신발을 신겼지. 계속 자라야 하는 발을 못 자라게 묶어 두니, 발이 뒤틀리고 기형이 되었어. 당연히 엄청난 고통이 뒤따랐지. 어른이 된 뒤에도 발이 너무 작다 보니 제대로 서기도 걷기도 달리기도 힘들었대. 그저 집안일이나 겨우 할 수 있을 정도였지.

태평천국군은 이런 전족을 없애자고 한 거야. 그리고 여성들도 관리나 장수로 뽑았대. 신분 차별, 빈부에 따른 차별뿐 아니라 남녀 차별까지 없애려고 한 거지. 이런 새로운 모습은 당시 중국에 와 있던 서양 사람에게도 놀라운 일이었어. 그들이 남긴 기록을 살펴보면 알 수 있지.

남성뿐 아니라 많은 여성이 청나라와 싸우고 있다. 전쟁터에서 위험한 임무를 기꺼이 맡고, 지휘관에까지 오른 사람도 있다. 나는 말에 올라 탄 씩씩한 여성들의 모습에 감탄했다.

태평천국군의 여성 전사 태평천국에서는 여성들도 장수나 관리가 될 수 있었대.

이럇!

오~ 원더풀~

6 외세에 맞서 새로운 중국을 꿈꾸다

우리가 일본의 지배 아래 신음하고 있을 때, 중국도 일본의 침략을 받았어. 일본은 1931년에 만주로 쳐들어갔고, 1937년에는 중국 본토에까지 들어갔지. 중국인들은 일본의 침략에 어떻게 맞서 싸웠을까? 그리고 그것은 이후 중국 역사에 어떤 영향을 끼쳤을까?

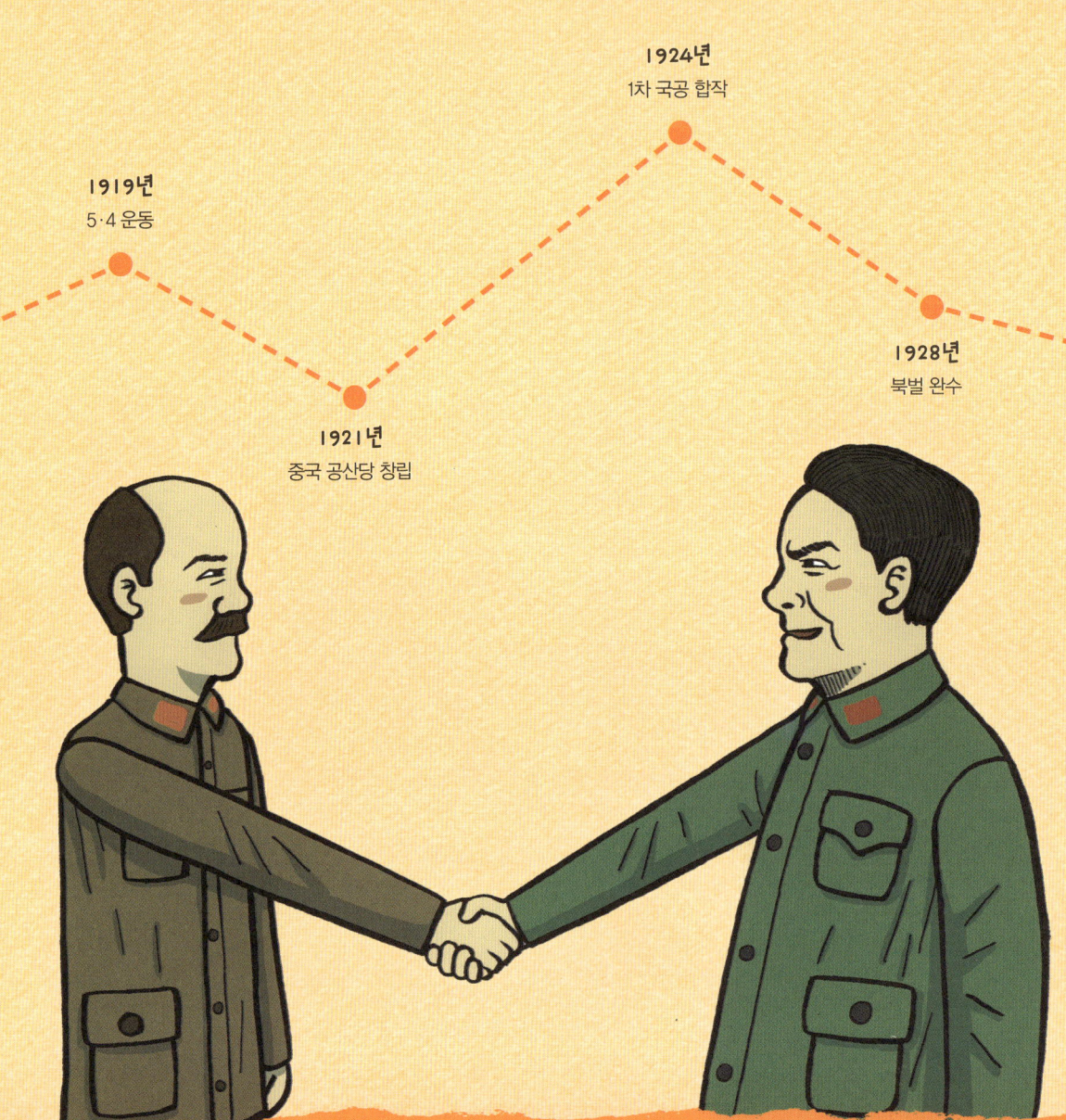

1919년
5·4 운동

1921년
중국 공산당 창립

1924년
1차 국공 합작

1928년
북벌 완수

7

국민당과 공산당이 힘을 합쳐 싸우다

1931년
일본의 만주 침략

1937년
중일 전쟁 시작, 2차 국공 합작
난징 대학살

1934년
중국 공산당 대장정 완료

1945년
중국, 일본군의 항복을 받음

과학과 민주주의를 받아들이자

"낡은 유교 전통에서 벗어나야 해."

"과학과 민주주의를 받아들여야 중국이 거듭날 수 있을 거야."

신해혁명 뒤에도 혼란이 계속되자, 중국의 지식인들은 새로운 문화를 만들자는 운동을 벌였어. 아무리 새로운 나라를 만들어도 국민들이 예전과 다름없다면 세상은 바뀌지 않는다는 것을 깨달은 거지. 이들은 낡고 거추장스러운 중국의 전통을 버리고, 과학적으로 생각하고 민주주의를 중시해야 한다고 주장했어.

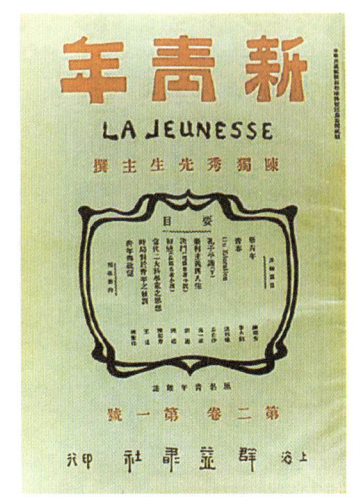

《신청년》 신문화 운동을 이끈 사람들은 《신청년》이라는 잡지를 만들어 자신들의 생각을 알렸어.

서양의 여러 이론이 소개되었는데, 그중에는 사회주의도 있었어. 땅이나 공장 같은 생산 수단을 사회가 공동으로 소유해서 평등한 세상을 만들자는 사상 말이야.

1918년 1차 세계 대전이 끝났어. 파리에서 전쟁을 마무리하는 회담이 열렸는데, 이 자리에서 '민족자결주의'가 나왔어. 각 민족의 운명은 그 민족 스스로 결정해야 한다는 거야.

"민족자결주의라니, 이제 제국주의를 포기한다는 건가?"

"우리 중국도 이 기회에 완전한 독립을 이룰 수 있겠군!"

하지만 이런 기대는 곧 깨졌어. 민족자결주의는 전쟁에서 진 나라가 지배하던 식민지에만 적용되었거든. 그러니까 패전국의 식민지만 독립시키기로 한 거야. 패전국 독일이 차지하고 있던 중국의 산둥반도는, 중국이 아니라 승전국 일본이 넘겨받았어.

일본의 21개 조 요구
일본은 1차 세계 대전 후 산둥반도에 대한 권리 등 모두 21개 조항에 이르는 요구 사항을 중국에 강요했어.

"일본이 산둥반도를 마음대로 차지하도록 두고 볼 것인가! 중국인이여, 나라의 주권을 되찾자!"

중국의 학생과 시민들은 이런 결정에 분노해서 1919년에 대규모 시위를 벌였어. 5·4 운동이 일어난 거야. 베이징에서 시작된 5·4 운동은 다른 도시로 퍼져 나갔고, 학생뿐 아니라 노동자, 상인들까지 참여해 여러 달 계속되었어.

군벌 정부는 깜짝 놀라 파리강화회의를 인정하지 않겠다고 발표할 수밖에 없었지. 시민들의 시위가 정부의 정책을 바꿔 놓은 거야. 민주주의의 힘을 맛본 거지.

5·4 운동에 참가 중인 베이징 대학 시위대 1919년 우리나라에서는 3·1 운동이 벌어졌고, 중국에서는 5·4 운동이 일어났지. 1차 세계 대전이 끝난 뒤 제국주의로부터 벗어나려고 일으킨 운동이었어.

7 국민당과 공산당이 힘을 합쳐 싸우다

군벌을 물리치기 위해 손을 잡다

"아직 중국에는 희망이 있구나. 우리 중국인은 죽지 않았어!"

쑨원은 5·4 운동에 크게 감동했어. 국민당을 강화해 국민과 함께 중국을 구하려 했지. 한편 사회주의를 받아들인 사람들은 1921년에 공산당을 만들었어. 중국 공산당은 노동자와 농민이 주인 되는 평등한 나라를 만들어야 한다고 생각했지. 하지만 당장 급한 일은 따로 있었어.

"사회주의 건설은 먼 훗날의 목표입니다. 지금 당장은 군벌을 물리치는 것이 중요합니다."

"우리는 서로 목표가 다르지만, 침략자와 손잡은 군벌을 물리쳐야 한다는 생각은 같군요."

국민당과 공산당은 서로 손을 잡았어. 1924년에 '국공 합작'이 이루어진 거야. 쑨원의 뒤를 이어 국민당을 이끌게 된 장제스는 군대를 이끌고 북쪽으로 쳐들어갔어. 군벌을 물리치고 중국을 통일하기 위해서 말이야.

장제스 쑨원이 죽은 뒤 국민당을 이끈 사람이야. 쑨원은 소련과 공산당을 친구로 생각했지만 장제스는 공산당을 적으로 여겼지.

마오쩌둥 도시의 노동자보다 농촌의 농민이 중국 혁명을 이끌어야 한다고 생각했어. 왜냐하면 중국이 아직 공업화되지 못했기 때문이지. 이런 생각은 서양의 사회주의 혁명 이론과는 다른 독창적인 것이었어.

그동안 중국에서는 노동자들이 노동조합을 만들어 파업을 벌이거나, 농민들이 농민조합을 만들어 지주에 맞서는 일이 크게 늘어났어. 노동자와 농민들이 깨어난 거야. 그 뒤에는 물론 공산당이 있었지.

"군벌을 몰아내는 일은 거의 마무리되고 있다. 이제 위험한 것은 군벌이 아니라 바로 공산당이다."

장제스는 1927년에 국공 합작을 깨 버렸어. 그리고 공산당을 공격하기 시작했어. 1928년에 중국을 모두 통일한 뒤에는 온 힘을 기울여 공산당을 깨려 들었지.

수많은 공산당원이 죽고 체포되었어. 공산당은 이에 맞서 몇 차례 봉기를 일으켰지만 모두 실패했지. 결국 공산당은 후퇴하기로 결정해. 마오쩌둥이 이끄는 공산당군은 중국 대륙을 거의 한 바퀴 돌아서 1936년에 마침내 옌안에 도착했어. 국민당군의 추격을 피해 1만 2500킬로미터나 되는 거리를 이동한 거야.

대장정 길에 오른 마오쩌둥

일본의 침략에 맞서 다시 손을 잡다

"일본이 중국에 쳐들어오는데, 우리끼리 싸우고 있을 수는 없습니다."
"국민당은 공산당을 겨눈 총부리를 일본군에게 돌려야 합니다."

대장정은 공산당에게 큰 시련이었지만 헛된 일만은 아니었어. 1931년 일본은 만주를 침략했어. 그리고 중국에까지 쳐들어오려 했지. 공산당은 국민당군에 쫓기면서도 농민들을 설득했어. 지금은 우리끼리 싸울 때가 아니라 일본과 싸워야 할 때라고 말이야. 많은 중국인이 고개를 끄덕였지.

마음이 다급해진 장제스는 1936년, 공산당 토벌을 재촉하기 위해 직접 군대를 방문했어. 그때 사령관 장쉐량이 장제스를 가둬 버렸어.

"장제스 각하, 무례함을 용서하십시오. 그러나 제 애국심을 이해해 주십시오. 지금 일본이 쳐들어오고 있는데, 국민당은 공산당 토벌에만 힘을 쏟고 있습니다. 이래서는 안 됩니다. 당장 공산당과 손잡고 일본에 맞서야 합니다."

장제스는 어쩔 수 없이 이 요구를 들어줘야 했어. 다시 한번 '국공 합작'이 이루어진 거야.

장쉐량
당장 공산당과 손잡고 일본과 싸웁시다!

장제스
그… 그럴 테니 나부터 풀어 주시오.

2차 국공 합작 2차 국공 합작을 이룬 것은 장쉐량이었어. 일본이 만주를 침략하는 과정에서 그의 아버지를 죽였기 때문에, 장쉐량은 일본에 대한 원한이 컸어. 그래서 장제스를 가두고 공산당과 손을 잡을 것을 강요했지.

예상대로 일본은 1937년 중국을 침공했어. 중일 전쟁이 일어난 거야. 중국이 국공 합작으로 힘을 모았지만, 일본의 기세는 놀라웠어. 순식간에 중국의 주요 도시를 모두 장악해 버렸지. 특히 1937년 겨울, 난징을 점령하면서는 수많은 민간인을 죽이고 도시를 불태웠어. 중국인 수십만 명이 목숨을 잃었지. 중국은 후퇴를 거듭하면서도 일본에 굴복하지 않았어.

"지금 일본이 차지한 것은 몇 개의 점(도시)과 선(도로와 철도)일 뿐이다. 우리 중국은 큰 나라다. 중국인이 스스로 굴복하지 않는 한, 일본은 결코 우리를 점령할 수 없다."

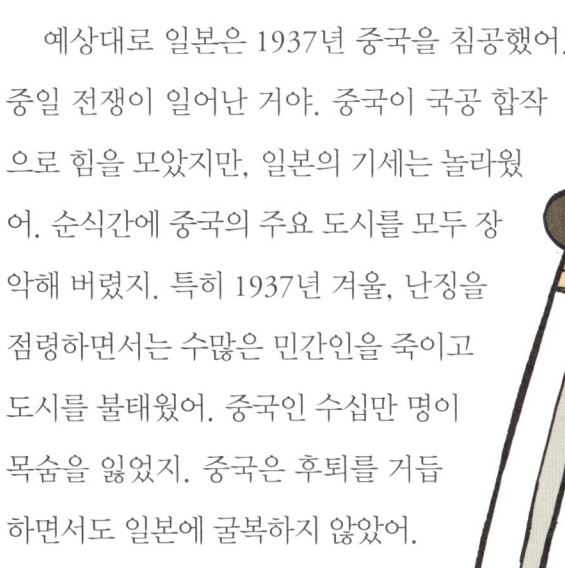

중국 대륙도 이제 우리 손에 들어왔어!

만주 사변과 중일 전쟁 1929년에 세계 대공황이 일어나자 일본 경제도 흔들렸어. 일본은 이런 위기를 벗어나기 위해 1931년에 만주를 침략했지. 그리고 1937년에는 중국에도 쳐들어갔어.

난징에 들어온 일본군

난징 대학살 일본군은 장제스 정부가 있던 난징을 점령한 뒤 잔인한 학살을 벌였어. 적게는 15만 명, 많게는 30만 명 이상이 희생되었다고 해.

연합군과 함께 일본을 몰아내다

국민당과 공산당은 힘을 합쳐 일제의 침략에 맞서 싸웠어. 일본군에 밀리면서도 결코 포기하지 않았지. 대장정으로 수세에 몰렸던 공산당은 중일 전쟁을 치르며 다시 세력을 키워 나갔어. 공산당이야말로 일제와 가장 용감히 싸우는 애국자들이라고 열심히 선전을 했거든.

1941년, 일본은 미국 하와이의 진주만 기지를 기습 공격했어. 태평양 전쟁이 시작된 거야. 중국으로선 좋은 기회였지.

"우리 중국은 침략자 일본, 독일, 이탈리아에 맞서 연합국인 미국, 영국, 프랑스, 소련과 손잡고 함께 싸울 것이다."

연합국은 흔쾌히 중국을 자기편으로 받아들였어. 미국과 영국은 중국과 맺은 불평등한 조약을 없애고, 중국에 전쟁 물자와 군사를 지원했지.

중국에 항복하는 일본 1945년 9월 9일, 일본군 총사령관이 중국 육군 사령관에게 항복하는 의식이 난징에서 치러졌어. 미국이 촬영한 이 영상은 2014년 처음 공개되었대.

끝까지 버티던 일본은 원자 폭탄을 두 번이나 맞고 소련군까지 참전하자 1945년 8월 15일에 무조건 항복을 발표했어. 9월 9일에는 일본군이 중국군에게 무기를 넘기고 항복하는 의식이 치러졌지. 많은 사람이 감격에 겨워 이 장면을 지켜봤어. 천만이 넘는 사람이 희생된 끝에 마침내 중국이 해방된 거야.

"국민당과 공산당은 서로 협력하고 내전은 절대 피한다."

"쑨원 선생의 뜻을 받들어 독립, 자유, 부강의 새로운 중국을 건설한다."

국민당과 공산당은 힘을 합쳐 새로운 나라를 건설한다는 원칙을 세웠어. 1946년까지 이 합의는 그럭저럭 유지되었지. 하지만 공산당에 반대하는 국민당 강경파들이 이를 깨 버렸어. 국민당은 곳곳에서 다시 공산당을 공격하기 시작했지.

카이로 회담에 참석한 장제스
장제스는 카이로에서 다른 연합국 지도자들을 만났어. 이 회담에서 연합국은 한국을 적절한 때에 독립시키기로 합의했지. 카이로 회담에서 한반도 문제가 논의된 것은 대한민국 임시 정부의 요청을 받은 장제스 덕분이었다고 추측해. 왼쪽부터 중국의 장제스, 미국의 루스벨트, 영국의 처칠이야.

출발! 세계 속으로

혁명과 학살의 현장, 난징

　오늘 우리가 가 볼 곳은 난징이야. 베이징과 짝을 이루는 강남의 중요 도시지. 양쯔강 유역에 자리 잡고 있어서 여름에는 무더워.

　난징은 오나라의 수도로 발전하기 시작했어. 《삼국지》의 손권이 세운 나라 말이야. 그 뒤로 난징은 남북조 시대 때 남조 여러 나라의 수도 역할을 했대. 주원장도 난징을 수도로 삼아 명나라를 세웠지. 그의 아들 영락제가 수도를 베이징으로 옮겼지만 말이야. 아편 전쟁에 패한 중국이 나라 문을 여는 조약을 맺은 곳도 난징이었고, 태평천국군이 수도로 삼았던 곳도 여기였어.

　오늘 우리가 가장 먼저 가 볼 곳은 쑨원의 무덤이야. 신해혁명이 시작된 곳은 우한이지만, 혁명으로 세운 중화민국의 수도는 바로 난징이었지. 그러니 난징은 혁명의 도시라고 할 수 있어. 신해혁명의 아버지인 쑨원이 난징에 묻힌 것도 이런 인연 때문이지.

　쑨원의 무덤인 중산묘는 황제의 무덤과 비슷할 정도로 규모가 크고 화려해. 계단을 수백 미터나 올라가야 겨우 쑨원과 만날 수 있지. 국민당과 공산당, 양쪽 모두 '나라의 아버지(국부)'로 삼은 인물이다 보니, 이렇게 큰 무덤으로 존경의 크기를 표현했나 봐. 하지만 민족, 민주, 민생이라는 삼민주의를 내세웠던 쑨원이 이렇게 호화로운 자신의 무덤을 보면 어떤 생각을 할까?

중산묘 중산은 쑨원을 다르게 부르던 이름이야. 쑨원은 중국에서도, 타이완에서도 '나라의 아버지'로 존경받고 있지.

난징 대학살 기념관 '태우고 빼앗고 죽인다.'라는 '삼광 작전'으로 수많은 난징 시민들이 무참히 학살당했어. 15~30만 명이 희생되었다고 해.

　난징은 대학살의 비극을 겪은 곳이기도 해. 중일 전쟁을 일으켜 중국을 침략해 나가던 일본군은 난징을 점령하면서 40일 만에 15만 명 이상의 난징 시민들을 학살하는 만행을 저질렀대. 태우고, 빼앗고, 죽인다는 '삼광 작전'을 펴서 도시 전체를 폐허로 만들어 버린 거야.

　중국은 이 만행을 잊지 않기 위해 '난징 대학살 기념관'을 만들었어. 학살된 양민들의 유골이 발견된 '만인갱(만 명이 묻힌 구덩이)' 위에 기념관을 세웠지. 2007년 12월, 난징 대학살 70주년을 기념해 확장한 이 기념관 안에는 3000점이 넘는 사진과 역시 3000점이 넘는 유물, 현장 복원 모형, 희생자 명단, 유골이 전시되어 있어.

　최근 일본에서는 난징 대학살을 인정하지 않는 사람들이 늘고 있대. 희생자 수가 과장되었다거나 그런 끔찍한 일은 없었다는 주장을 하기도 하지. 마치 '일본군 위안부' 문제를 외면하는 것과 비슷하지. 하지만 난징 대학살 기념관을 보고도 그런 말을 할 수 있을지 모르겠어. 과거의 잘못을 스스로 인정하고 진정으로 사과할 때에만 문제가 해결될 텐데 말이야.

난징 대학살 기념관의 전시물 난징 대학살의 끔찍했던 현장을 알려 주는 여러 유물과 자료가 전시되어 있어. 너무 잔인한 것도 많으니 고려해서 둘러보렴.

어린 홍군, 소홍귀

"4년 전에 입대를 했다고? 그럼 홍군에 들어올 때 나이가 겨우 열한 살이었다는 거야? 그리고 대장정에도 참여했고?"

"맞아요. 난 어릴 때부터 산에 나무를 하러 다녔는데, 동네 사람들이 홍군에 대해 이야기하는 걸 자주 들었어요. 홍군이 가난한 사람들을 돕는다는 말을 듣고 홍군을 좋아하게 되었죠. …… 우리 집은 지독하게 가난했어요. 모두 여섯 식구였는데 땅이 없었거든요. 소작료가 수확의 절반도 넘어서 항상 굶주렸어요. …… 어느 날 우리 마을에 홍군이 들어왔어요. 그들은 날 학교에 다니게 해 줬고, 먹을 것도 넉넉히 줬어요. 부모님께는 땅을 줬고요. 나는 망설이지 않고 세 형과 함께 홍군에 입대했어요."

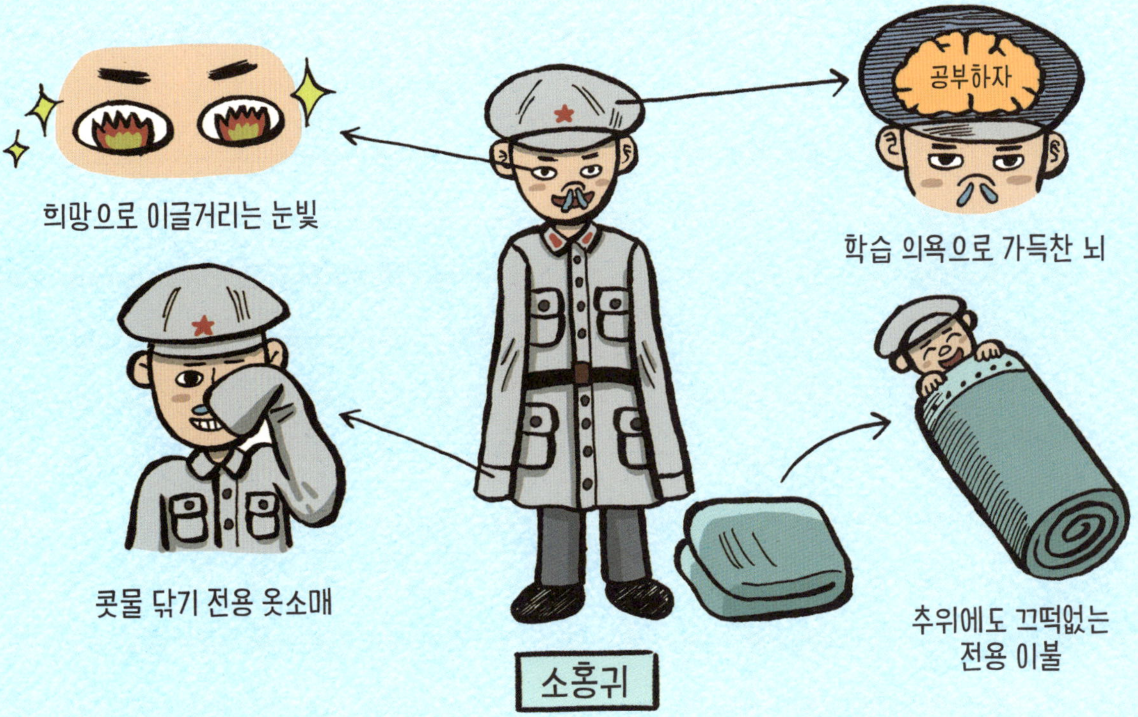

희망으로 이글거리는 눈빛

학습 의욕으로 가득찬 뇌 (공부하자)

콧물 닦기 전용 옷소매

추위에도 끄떡없는 전용 이불

소홍귀

중국 공산당의 군대인 '홍군(붉은 군대)'에는 나이 어린 병사도 많았대. 이들을 '소홍귀(어리고 붉은 귀신)'라고 불렀어. 열한 살에서 열여섯 살 사이의 이 소년 선봉대는 전령이나 취사병, 나팔수, 선전원, 비서 역할을 했대. 홍군을 취재했던 한 서양인 기자는 소홍귀에 대해 이렇게 묘사했어.

> 그들은 대부분 소매가 무릎까지 내려오고 상의가 땅에 끌릴 정도로 큰 군복을 입고 있었다. …… 코를 흘리기 일쑤였는데 옷소매로 코를 훔치고는 멋쩍게 웃곤 했다. 하지만 천하가 그들의 것이었다. 그들은 먹을 것이 풍족했고, 이불도 한 사람에 하나씩 받았으며, 지도자가 되면 권총도 가질 수 있었다.
> 소홍귀들은 참을성이 강하고 열심히 일했으며 영리했고 학습 의욕이 높았다. 그들을 보면 중국이 결코 희망 없는 나라가 아니며, 이런 젊은이들이 있다면 어떤 나라라도 결코 절망적이지 않으리라는 것을 느낄 수 있었다.

에드가 스노우와 《중국의 붉은 별》
미국인 기자였던 에드가 스노우는 중국 공산당 근거지로 들어가 이들을 직접 취재해서 《중국의 붉은 별》이라는 책을 펴냈어. 마오쩌둥과 함께 찍은 사진과 책의 표지야.

7 국민당과 공산당이 힘을 합쳐 싸우다

일본에 맞서 함께 싸운 한국인과 중국인

우리나라는 1910년 일제에게 나라를 빼앗겼어. 이후 빼앗긴 나라를 되찾기 위해 많은 사람이 독립운동을 벌였지. 이 중 일부는 탄압을 피해 해외로 나갔는데, 가장 많이 자리를 잡은 곳이 만주와 중국이었어. 총칼을 들고 일본과 싸워야 한다고 생각한 사람들(독립군)은 국내로 쳐들어오기 좋은 만주에 자리를 잡았고, 실력을 길러 외교를 통해 독립을 되찾아야 한다고 생각한 사람들(대한민국 임시 정부 등)은 상하이를 비롯한 중국에 자리를 잡았지.

1931년, 일제가 만주로 쳐들어오자, 만주에 있던 독립군은 중국인과 손잡고 일본에 맞섰어. 지청천이 이끄는 한국독립군, 양세봉이 이끄는 조선혁명군이 대표적이지. 하지만 만주가 일본에 점령된 뒤에는 대부분 중국으로 몸을 피해야 했어. 그래도 중국인과 한국인 사회주의자들은 동북항일연군을 만들어 일본에 대항했어. 동북항일연군 소속 한국인 부대는 압록강을 넘어 국내로 쳐들어오기도 했대.

1932년에 대한민국 임시 정부의 주석이었던 김구는 이봉창에게 폭탄을 건넸어. 이봉창은 일본으로 건너가 천황에게 이 폭탄을 던졌지. 곧이어 윤봉길 의사도 일본군의 승리를 축하하는 행사가 열리고 있는 상하이 훙커우 공원에서 폭탄을 던져 일본군 사령관을 죽이는 데 성공했어. 중국인들은 이 일들을 보며 한국이 항일전의 동지라는 생각을 굳혔지. 이후 장제스는 대한민국 임시 정부를 후원하게 돼.

1937년에 중일 전쟁이 일어나자 중국 본토에서도 한국인과 중국인이 힘을 합쳐 일본에 맞섰어. 김원봉은 중국 국민당의 후원을 받아 1938년에 조선의용대를 만들었고, 대한민국 임시 정부도 1940년에 한국광복군을 만들었지.

　이와 별개로 화북 지방에서는 한국인 사회주의자들이 중국 공산당군과 함께 일본과 싸우고 있었어. 이들은 일본과 싸워야겠다며 화북으로 건너온 후방의 조선의용대원 일부를 받아들였지. 1942년에 화북에서 조선의용군이 만들어진 거야. 남아 있던 조선의용대원은 한국광복군에 합류했지.

　조선의용군은 중국 공산당과 함께 최전선에서 일본군과 전투를 벌였어. 한국광복군은 중국 국민당과 함께 연합군의 일부로 전쟁에 참가했지. 1943년, 영국군의 요청으로 인도, 미얀마 전선에 대원을 파견하기도 했고, 미군 특수 부대의 지도 아래 국내 침투 작전을 계획하기도 했어. 하지만 일본이 예상보다 일찍 항복하는 바람에 이 작전은 아쉽게도 실현되지 못했어.

요즘 우리나라가 가장 많은 물건을 수출하는 나라는 어디일까? 미국? 일본? 바로 중국이야. 중국은 이제 다시 경제 대국이 되었어. 공업 생산은 세계 1위이고, 경제 규모는 미국에 이어 세계 2위이지. 인구는 13억에, 소득도 나날이 많아져서 세계 최대의 소비 시장이기도 해. 1960년까지만 해도 중국은 수천만 명이 굶어 죽을 정도로 가난했어. 이 가난한 대국이 어떻게 지금처럼 성장할 수 있었을까?

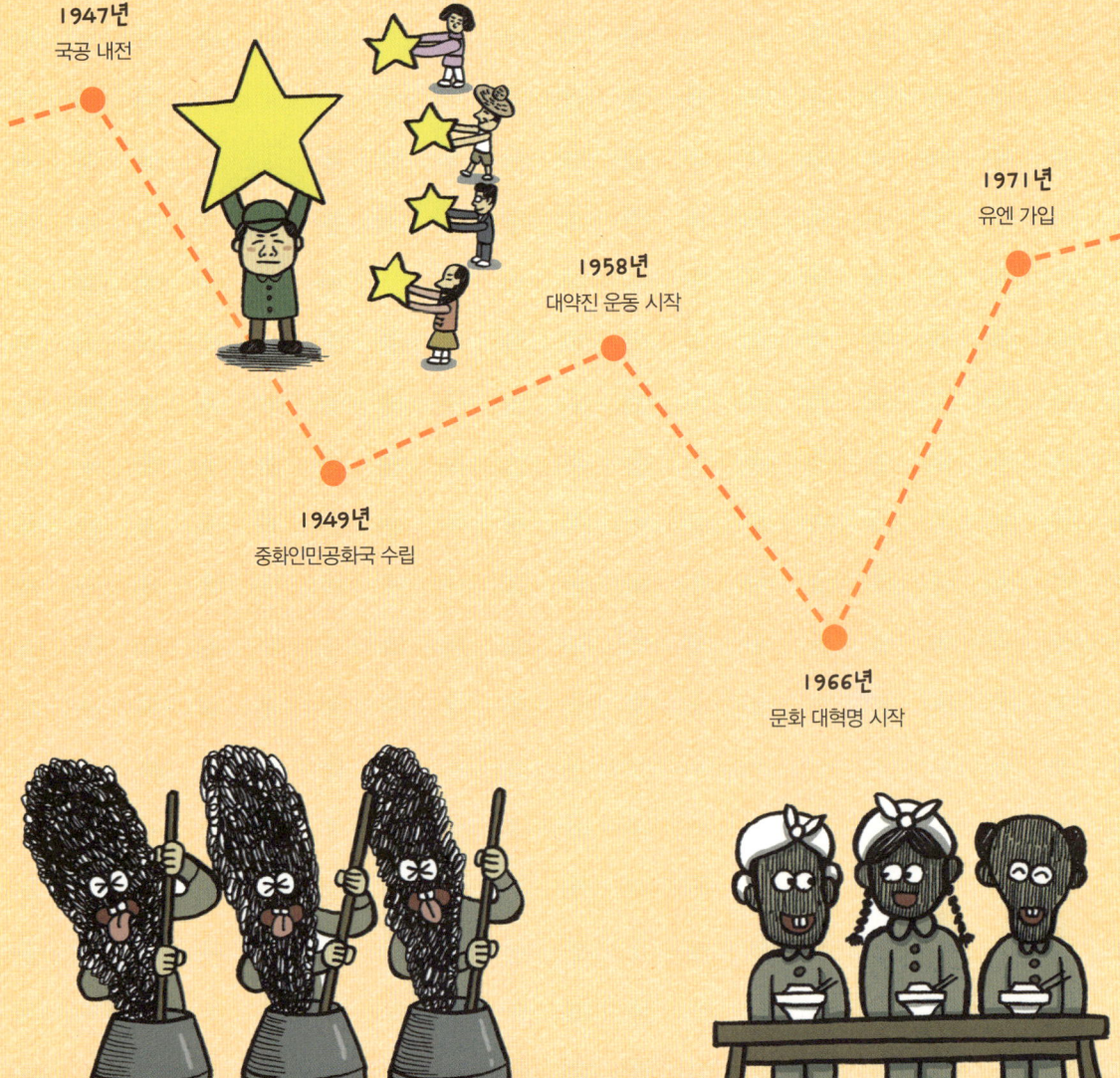

1947년
국공 내전

1958년
대약진 운동 시작

1971년
유엔 가입

1949년
중화인민공화국 수립

1966년
문화 대혁명 시작

8

다시 강대국으로
떠오른 중국

1978년
개혁 개방 정책 본격화

1989년
톈안먼 사태

2008년
베이징 올림픽 개최

1997년
홍콩 반환

중화인민공화국이 탄생하다

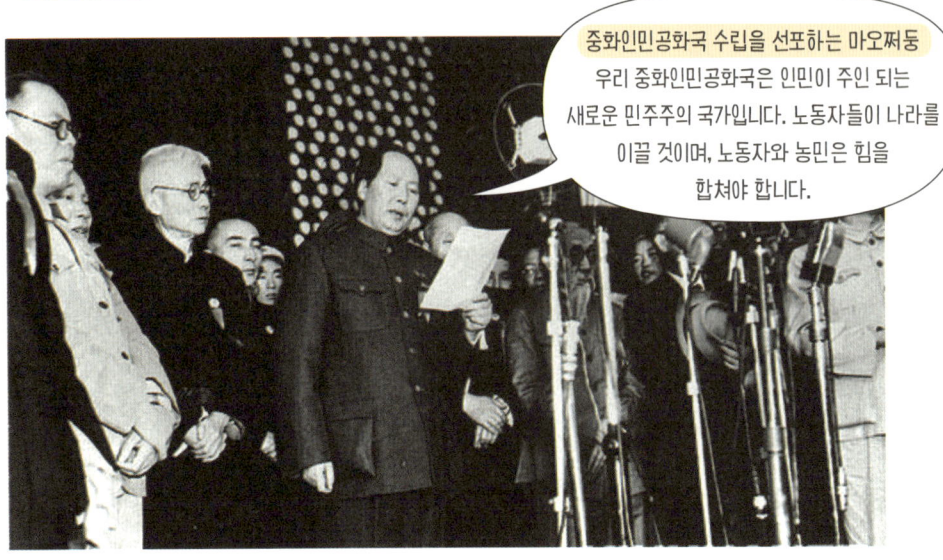

중화인민공화국 수립을 선포하는 마오쩌둥
우리 중화인민공화국은 인민이 주인 되는 새로운 민주주의 국가입니다. 노동자들이 나라를 이끌 것이며, 노동자와 농민은 힘을 합쳐야 합니다.

1949년 10월 1일, 마오쩌둥은 수많은 사람이 지켜보는 가운데 톈안먼 위에 우뚝 서서 중화인민공화국의 수립을 선포했어. 공산당이 주도하는 새로운 중국이 탄생한 거야. 1946년에 내전이 시작되었을 때만 해도 국민당군이 공산당군을 거세게 몰아붙였어. 하지만 국민당은 국민의 뜻을 외면하고 지주와 자본가의 이익만 챙겼기 때문에 비난을 많이 받고 있었어. 계속되는 부정부패와 독재에 넌덜머리를 내는 사람도 많았대.

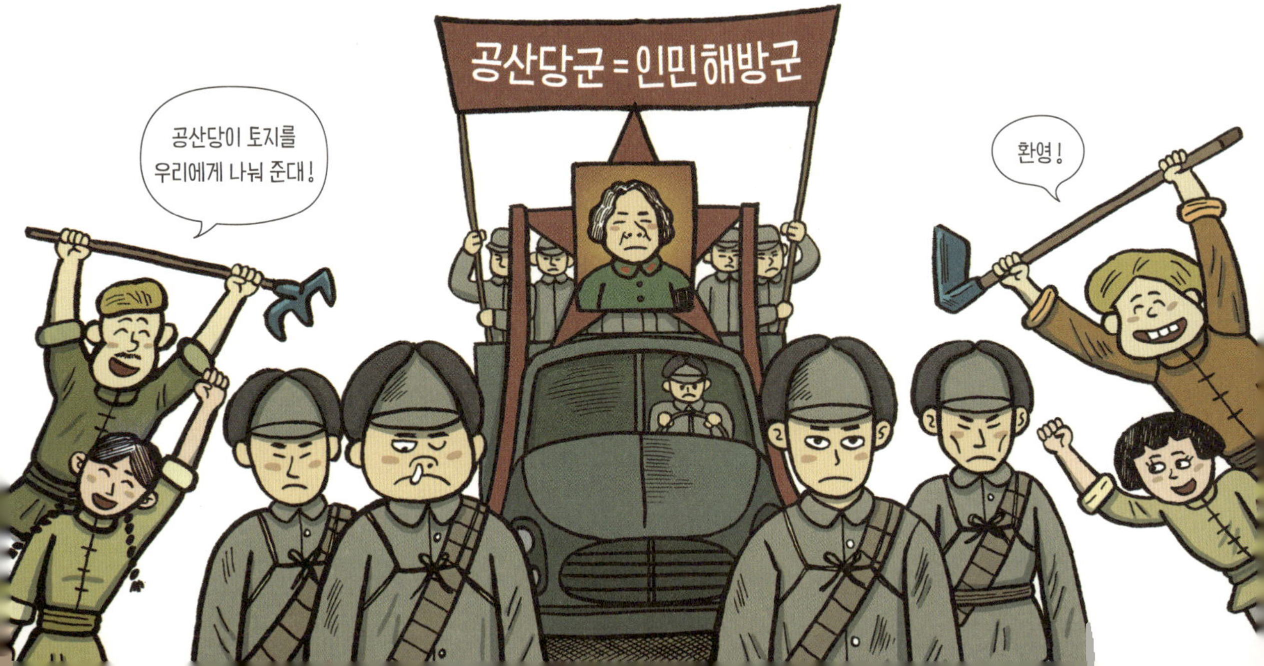
공산당군 = 인민해방군
공산당이 토지를 우리에게 나눠 준대!
환영!

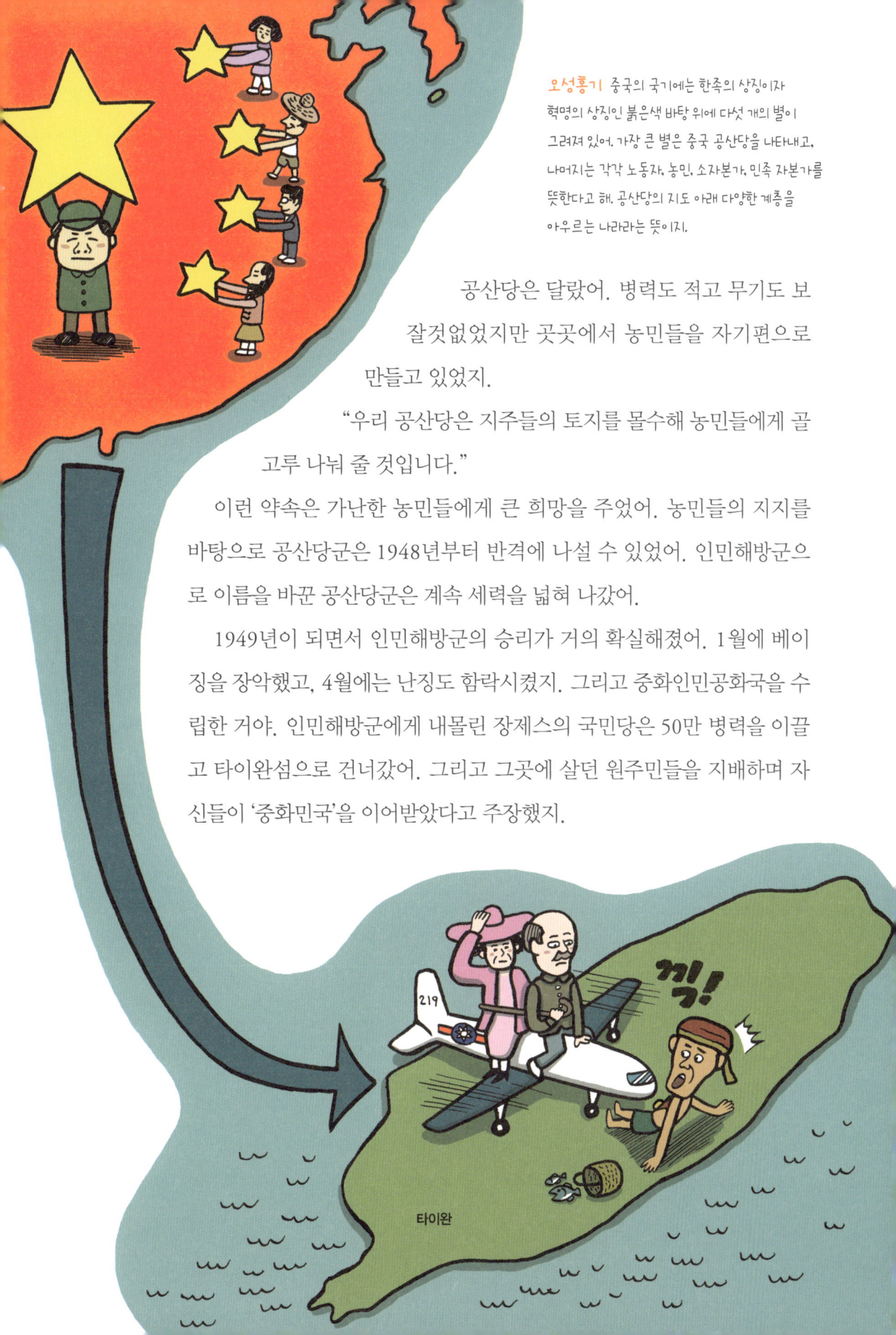

오성홍기 중국의 국기에는 한족의 상징이자 혁명의 상징인 붉은색 바탕 위에 다섯 개의 별이 그려져 있어. 가장 큰 별은 중국 공산당을 나타내고, 나머지는 각각 노동자, 농민, 소자본가, 민족 자본가를 뜻한다고 해. 공산당의 지도 아래 다양한 계층을 아우르는 나라라는 뜻이지.

공산당은 달랐어. 병력도 적고 무기도 보잘것없었지만 곳곳에서 농민들을 자기편으로 만들고 있었지.

"우리 공산당은 지주들의 토지를 몰수해 농민들에게 골고루 나눠 줄 것입니다."

이런 약속은 가난한 농민들에게 큰 희망을 주었어. 농민들의 지지를 바탕으로 공산당군은 1948년부터 반격에 나설 수 있었어. 인민해방군으로 이름을 바꾼 공산당군은 계속 세력을 넓혀 나갔어.

1949년이 되면서 인민해방군의 승리가 거의 확실해졌어. 1월에 베이징을 장악했고, 4월에는 난징도 함락시켰지. 그리고 중화인민공화국을 수립한 거야. 인민해방군에게 내몰린 장제스의 국민당은 50만 병력을 이끌고 타이완섬으로 건너갔어. 그리고 그곳에 살던 원주민들을 지배하며 자신들이 '중화민국'을 이어받았다고 주장했지.

타이완

중화인민공화국을 지키자

"자신이 농사지을 수 있는 면적보다 넓은 땅을 가지고 있으면 모두 몰수한다. 몰수한 땅은 땅 없는 농민들에게 나눠 준다."

1950년에 토지 개혁법이 발표되면서 땅 없던 농민 3억 명이 농사지을 땅을 얻었어. 자기 땅을 가지고 싶던 농민들의 오랜 꿈이 이뤄진 거야. 같은 해에 혼인법도 발표되었어. 남자는 한 명의 아내만 맞을 수 있고, 둘째 부인을 둘 수 없도록 했지. 남녀평등이 법으로 정해진 거야.

하지만 미국 등 자본주의 국가들은 중화인민공화국을 인정하지 않았어.

"중국을 대표하는 합법적인 정부는 타이완의 장제스 정부뿐이오."

중국은 이런 압력에 맞서기 위해 소련에게 접근했어. 1949년, 마오쩌둥은 대규모 사절단을 이끌고 소련을 방문했지. 소련은 같은 사회주의 국가인 중국을 최대한 지원하겠다고 약속했어. 1950년 6월, 한국 전쟁이 일어나. 김일성은 미리 중국과 소련에 전쟁 계획을 설명하고 허락을 받았대.

스탈린과 만난 마오쩌둥 2차 세계 대전이 끝나면서 미국과 소련은 자본주의 편과 사회주의 편으로 나뉘어 차가운 전쟁, 즉 '냉전'을 벌였어. 중국이 사회주의 편이 되자, 소련은 중국을 적극 지원하겠다고 약속했어.

"지금 우리 군대가 남쪽으로 내려가면 금방 한반도를 통일할 수 있습니다. 도와주십시오."

처음에는 예상대로 북한군이 승승장구했지만, 곧 미국이 개입했어. 미국은 중국과 타이완 사이에 있는 바다에 함대를 보내기도 했지. 반격에 나선 유엔군과 한국군이 38도선을 넘어 북한으로 넘어오자, 중국은 북한을 돕겠다며 지원군을 보냈어.

"옛말에 입술이 없어지면 이가 시리다고 했어. 한반도가 미국의 영향력 아래 들어가면 우리 중국도 버티기 어려워."

중국은 최소 50만 명의 지원군을 보내 북한을 도왔어. 하지만 많은 사람이 죽었고 경제적 피해도 커졌지. 중국은 타이완을 통일할 기회도 잃었고, 미국 등 자본주의 국가와 평화롭게 지낼 기회도 놓쳐 버렸어. 하지만 사회주의를 믿는 사람들 사이에서는 중국의 명성이 높아졌지.

한국 전쟁에 참전하는 인민 지원군 한국군과 유엔군이 압록강까지 치고 올라오자 중국은 1950년 10월에 참전을 결정해. 이들은 전쟁이 끝난 뒤에도 북한에 많이 남아서 복구를 도왔어. 인민 지원군이 완전히 철수한 것은 1958년이었대.

어떻게 사회주의를 건설할 것인가?

"소련처럼 공업을 발전시키고 나라 경제를 일으키자."

중국은 1953년부터 경제 개발 계획을 세워 공업을 발전시켜 나갔어. 나라가 나서서 힘쓴 덕분에 공업이 점점 발달했지. 큰 공장이나 광산은 국가가 소유했어. 농촌에서도 집단 농장을 만들어 함께 일하고 수확을 나누어 가졌지.

중국 공산당은 경제 발전에 속도를 붙이기 위해 1958년부터 '대약진 운동'을 벌였어.

"사회주의를 더욱 발전시키자. 같이 먹고 같이 일하고 같이 나눈다."

중국 공산당은 자체적으로 철을 생산하겠다며 마을마다 용광로를 만들었어. 이렇게 만든 철은 질이 형편없어서 쓸 수가 없었지. 계획에 따라 일하고 생산물을 똑같이 나누다 보니 일할 의욕도 떨어졌어.

중국의 경제 개발 계획 포스터
'소련의 선진 생산 경험을 공부해 우리 조국의 공업화를 위해 분투하자.'라고 적혀 있어.

대약진 운동과 인민공사
집단 농장 여러 개를 묶어 '인민공사'를 만들었어. 인민공사에서는 말 그대로 모든 것을 함께하는 '공산주의'를 실현하려고 했어. 식사도 공동 식당에서 함께했대.

공동생산 | 공동분배

식량 생산은 줄고, 가뭄과 병충해마저 겹쳤지. 1959년부터 1961년까지 무려 2000만 명이 굶어 죽을 정도였어.

대약진 운동은 끔찍한 실패로 끝났어. 그 책임을 지고 마오쩌둥이 물러났지. 그런 뒤로는 열심히 일한 사람이 더 많이 가질 수 있도록 제도를 고쳤어. 경제는 다시 살아났지만 사회주의, 공산주의가 최고라고 배워 온 젊은이들은 혼란을 느꼈지.

1966년, 마오쩌둥은 중국이 사회주의가 아닌 잘못된 길로 가고 있다고 주장했어. 젊은이들은 마오쩌둥의 말을 듣고 거리로 나와 시위를 벌였어.

"사회주의를 지키자! 자본주의 세력을 몰아내자! 낡은 전통을 없애자!"

새로운 사회를 만들기 위해 '문화 대혁명'을 이루어야 한다고 외친 거야. 젊은이들은 지식인과 전문가들이 자본주의에 물들었다며 공격했고, 낡은 전통의 잔재를 없애자며 귀중한 문화재까지 마구 파괴했어. 그 틈을 타고 마오쩌둥이 다시 권력을 잡았지. 하지만 대가는 너무 컸어. 모든 권위가 무너졌고, 문화가 파괴되었어.

문화 대혁명 마오쩌둥을 따르는 젊은이들은 반대 세력을 '미국의 앞잡이' 혹은 '자본주의 세력'으로 몰아 공개적으로 비난했어. 유교 사당이나 절의 불상이 훼손되기도 하고 황제의 묘가 파헤쳐지기도 했지.

개혁 개방 정책을 추진하다

"경제를 발전시키고 현대화해야 사회주의도 이룰 수 있습니다."
"경제도 중요하지만 사회주의를 지키는 것이 더 중요합니다."

문화 대혁명 이후에도 중국의 갈 길을 두고 대립이 계속되었어. 그렇지만 마오쩌둥이 살아 있는 동안에는 사회주의를 지키는 것이 최우선이었지. 1976년에 마오쩌둥이 세상을 떠나자 덩샤오핑이 돌아왔어. 그는 중국의 현대화를 강조하다 마오쩌둥에게 두 번이나 쫓겨났던 인물이었어.

"검은 고양이든 흰 고양이든 쥐를 잘 잡는 고양이가 좋은 고양이죠."

덩샤오핑은 실용적인 사람이었어. 인민을 잘 살게 하는 것이 먼저라고 생각했지. 1978년, 중국 공산당은 문화 대혁명이 끝났다고 선언하고, 개혁 개방으로 현대화를 추진하겠다고 나섰어.

덩샤오핑 마오쩌둥과 함께 대장정과 항일 전쟁을 치렀고 1952년에 중국 부총리가 되었어. 마오쩌둥이 죽은 뒤 1981년부터 다시 중국을 이끌었지.

"농민들은 수확한 식량을 시장에 내다 팔 수 있다."

"작은 공장이나 가게는 개인이 운영할 수 있다."

"경제특구를 만들겠다. 그곳에서는 외국 기업들이 자유롭게 공장이나 기업을 운영할 수 있다."

덩샤오핑은 외교에서도 대립보다는 평화를 택했어. 오랫동안 으르렁거렸던 미국과 1979년에 외교 관계를 수립했지. 타이완을 침략하지 않겠다고 약속하고 경제 교류도 제안했어.

이런 정책은 중국에 놀라운 변화를 가져왔어. 농촌에서는 식량 생산이 빠르게 늘어났지. 도시에서도 많은 기업이 생겨나 서로 경쟁했어. 부유한 도시, 성공한 기업가가 나왔고, 노동자나 농민의 소득도 높아졌지. 사회주의 시장 경제는 나날이 발전해 갔어.

경제특구 선전 경제특구에서는 자본주의 나라와 마찬가지로 기업 활동의 자유가 보장돼. 이 때문에 세계 일류 기업들이 들어왔고 중국 기업들도 이를 따라 배우고 있지. 홍콩과 가까운 선전은 가장 먼저 경제특구가 된 도시로, 중국에서 1인당 소득이 가장 높은 지역이야.

중국, 다시 날아오를 수 있을까?

"가난한 농민과 노동자들을 구하라! 관리들의 부정부패를 처벌하라! 언론의 자유를 확대하라!"

1989년, 톈안먼 광장에 수많은 학생과 시민이 모여 구호를 외쳤어. 개혁 개방 정책으로 경제가 발전하면서 문제점도 많아졌지. 빈부 격차가 커졌고, 부정부패도 심해졌어. 이를 해결하려면 중국 공산당의 독재를 풀고 민주주의를 확대해야 한다고 생각하는 사람이 많았지. 하지만 중국 공산당은 생각이 달랐어. 동유럽에서 시위가 일어나 공산당 정권이 무너지고, 소련마저 흔들리는 것을 보고 큰 위기를 느꼈지.

"시위대는 우리 공산당과 사회주의를 무너뜨려 중국을 서양 자본주의 세력에게 팔아넘기려는 무리들이다."

덩샤오핑은 진압을 명령했어. 탱크를 앞세운 군인들이 시위대를 공격했고, 수백 명이 죽고 만여 명이 다치는 끔찍한 일이 일어났지. 사람들은 큰 충격에 빠졌어. 인민을 억압하면서 무슨 개혁 개방이냐며 비난하는 사람도 많았지. 반대로 개혁 개방이 사회주의 중국을 흔든다며 비난하는 사람도 있었어.

톈안먼 시위 톈안먼에 모인 사람들은 인권 보장, 언론 자유를 주장했어. 중국 정부는 1989년 6월 4일에 군대를 동원해 이 시위대를 무자비하게 진압해 버렸어.

홍콩 반환식 1997년 7월 1일, 영국에 빼앗긴 홍콩이 중국 품으로 다시 돌아왔어. 대신 중국은 홍콩의 자본주의 체제를 건드리지 않겠다고 약속했지.

베이징 올림픽 2008년에 베이징에서 올림픽이 열렸어. 중국은 이 올림픽을 통해 다시 강대국이 되었음을 세계에 알렸지. 금메달 수에서도 1등이었어.

하지만 덩샤오핑은 1992년에 다시 한 번 개혁 개방을 강조하고 나섰어.

"자본주의에도 계획이 있는 것처럼, 사회주의에도 시장이 있어야 합니다. 사회주의니 자본주의니 따지지 말고, 어떻게 하는 것이 생산력 발전, 국력 향상, 인민 생활 개선에 유리한지 논의합시다."

이후에 외국인 투자가 다시 늘었고, 경제는 빠르게 되살아났어. 2010년대에 들어 중국은 경제 규모로만 보았을 때 미국 다음가는 세계 2위의 경제 대국이 되었어. 공업 생산만 따지면 세계 최대이지. '세계의 공장'이라고 불릴 만해. 1인당 국민 소득은 아직 80위권이지만, 인구가 13억을 넘는 데다가, 해마다 소득이 늘고 있어서 세계 최대 소비 시장이기도 해. 우리나라의 최대 무역 상대국이기도 하지.

하지만 톈안먼에서 외쳤던 문제는 여전히 남아 있어. 중국이 앞으로 계속 발전하려면 민주주의를 확대하는 것이 꼭 필요하다고 생각하는 사람이 많아. 도시와 농촌, 동부와 서부 사이의 빈부 격차 문제도 심각하지. 위구르족이나 티베트족 같은 소수 민족을 잘 아우르는 것도 남겨진 과제야. 중국은 이런 여러 가지 문제를 잘 극복하고 다시 한 번 날아오를 수 있을까? 지금 세계는 중국을 지켜보고 있어.

출발! 세계 속으로

개혁 개방의 상징, 상하이

양쯔강 하류에 자리 잡은 중국 최대의 도시. 어딘지 알겠니? 바로 상하이야.

상하이의 오늘을 상징하는 것은 고층 빌딩과 화려한 조명, 그리고 하늘을 찌를 듯 올라간 동방명주탑이지. 하지만 화려한 고층 빌딩 숲 건너편에는 오래되어 보이는 서양 건축물들이 즐비하게 늘어서 있지. 이 묘한 대비가 사람들의 눈길을 끌어.

상하이는 작은 어촌 마을이었어. 이곳이 중요해진 것은 아편 전쟁 이후였지. 전쟁에 패한 중국이 외국에게 문을 열어 준 다섯 항구 중 하나였거든. 외국 상인과 물건이 들어오면서 상하이는 변화하기 시작했어. 서양인들은 이곳에 아예 자리를 잡고 살려고 했어. 강대국들은 중국을 협박해서 상하이 땅을 넘겨받았지. 이렇게 외국에 넘겨준 땅을 '조계'라고 불러.

영국, 프랑스, 미국 등은 상하이의 알짜배기 땅을 조계로 차지하고, 이곳을 자기들 마음대로 개발했어. 화려한 카페와 클럽, 호텔, 공원 등이 만들어졌지. 상하이의 조계 지역은 중국 안의 서양이 되었어. 외국의 공사관들도 이곳에 자리를 잡았지. 중국인들은 조계 지역 안에 함부로 들어올 수도 없었대.

상하이 와이탄 지역 조계가 있던 곳으로 서양식 옛 건물이 줄지어 늘어서 있어.

상하이가 새롭게 주목받은 것은 1990년대 이후야. 중국 정부는 서양 조계 지역의 건너편, 푸동 지역을 집중적으로 개발하기 시작했어. 일찍부터 세계를 향해 열려 있던 상하이를 개혁 개방의 중심으로 만들려고 한 거지. 고층 빌딩들이 서기 시작했고, 많은 기업이 들어왔어. 1994년에는 상하이의 번영을 상징하는 동방명주탑도 완성했어. 2010년에는 상하이 엑스포도 열려서 그 명성이 더 높아졌지.

대한민국 임시 정부 청사 대한민국 임시 정부가 상하이에 자리 잡은 것도 이곳이 외교 중심지였기 때문이야.

오늘날 상하이는 중국에서 가장 부유한 지역 중 하나야. 하지만 부작용도 점점 늘고 있어. 가장 심각한 문제는 빈부 격차야. 너도나도 돈을 벌기 위해 상하이로 몰려드는데, 땅값이 너무 올라 살 집을 구하기도 힘들대. 중국의 번영을 상징하는 도시, 상하이가 이 문제를 어떻게 해결할지 지켜볼 일이야.

동방명주탑과 상하이의 야경 와이탄 건너편 동방명주탑과 고층 빌딩은 현대화된 상하이를 상징해.

어린이들의 세계사

소황제, 새 시대의 주인공?

"우리 아이에게만큼은 최고의 것을 주고 싶어요."

'소황제', '소공주'라는 말 들어 봤니? 중국에서는 1979년부터 인구 증가를 막기 위해 1가구 1자녀 원칙을 강조했어. 두 번째 태어나는 자녀부터는 국가가 혜택을 전혀 주지 않고, 오히려 불이익을 줘서 자녀를 더 갖지 못하도록 유도했지. 그 결과 대부분의 가정에서 어쩔 수 없이 한 자녀만 두게 되었대.

그런데 비슷한 시기부터 개혁 개방 정책이 본격화되면서 중국 여기저기서 부자가 된 사람이 많아졌어. 어느 정도 경제적 기반을 갖춘 부모들은 하나뿐인 자식에게 모든 것을 해 주고 싶어 했지. 맛있는 음식을 먹이고 좋은 옷을 입히며 명문 학교에서 최고의 교육을 시키려고 했어. 한마디로 마치 황제나 공주처럼 떠받들며 키웠다는 거야.

이런 혜택을 누리며 성장한 아이들은 지식수준이 높고 창의력이나 표현력도 뛰어나서 이전 세대와는 다른 모습을 보였어. 물질적 풍요에 익숙해지면서 고급 제품을 알아보는 안목도 생겼고 소비 수준도 높았지.

1가구 1자녀 정책을 선전하는 포스터 우리나라도 1970년대에 '둘만 낳아 잘 기르자.'라는 정책을 폈지만 중국은 이보다 훨씬 강력하게 인구를 통제했어.

반면에 의지가 약하고 다른 사람에 대한 배려가 부족하며 자신이 누리는 풍요를 당연하게 생각하는 등의 부작용도 생겨났어. 이들 중에는 성인이 되어서 공부도 일도 농사도 장사도 하지 않은 채 부모의 재산에 기대어 먹고 노는 사람들도 있었어. 이들을 '사불청년'이라고 부른대.

　소황제, 사불청년이라 불리던 이들도 이제 30~40대 장년이 되었어. 1가구 1자녀 원칙도 느슨해져서 요즘 중국에서는 자녀를 둘 이상 낳는 집도 많아졌대. 소황제의 장단점에는 중국 사회의 문제점이 그대로 담겨 있어. 경제적으로 풍요해졌지만 그로 인한 가치관의 혼란, 극심한 빈부 격차는 중국이 해결해야 할 과제로 남아 있지.

소황제 시대 소황제는 어쩌면 일부 부유층의 문제이고, 대다수 사람들은 빈부 격차 심화, 취업난 등 어려움을 겪기도 했어.

한 걸음 더!

또 하나의 중국, 타이완

1894년, 청일 전쟁에서 승리한 일본은 청에 타이완을 넘겨줄 것을 요구했어. 타이완인들은 일본의 침략에 맞서 전쟁을 벌였지만 패배했지. 일본은 1945년까지 타이완을 식민지로 다스렸어. 1945년에 일본이 패망하자 타이완은 다시 중국 땅이 되었어. 중국에서 건너온 국민당 관리들이 타이완을 다스렸지. 하지만 중국에서 건너온 사람들과 타이완 원주민은 사이가 좋지 않았어. 중국에서 온 사람들이 타이완 원주민들을 친일 세력 취급하며 낮춰 봤거든.

1947년, 몰래 담배를 팔던 한 할머니가 단속반에 걸렸어. 단속반은 할머니를 마구 때렸대. 사람들은 이 모습을 보고 분노했어. 중국에서 건너온 사람들이 타이완 사람들을 업신여기는 것에 대해 평소에 쌓아 왔던 불만이 폭발한 거지. 사람들이 몰려들어 항의 시위를 벌였고, 경찰과 군인이 출동해 이를 진압하면서 많은 사람이 죽고 다쳤어. 이를 2·28 사건이라고 해.

1949년에 장제스 정부가 타이완으로 들어온 뒤에도 원주민에 대한 차별은 계속되었어.

2·28 평화공원 타이완이 민주화된 뒤 2·28 사건에서 국가가 잘못한 것을 밝히고 희생자를 위로하는 공원과 기념관도 세워졌어.

중정 기념관 타이완의 수도인 타이베이의 중심에는 장제스를 기리는 거대한 중정 기념관이 자리 잡고 있어.

천등 축제 우리나라로 치면 정월대보름인 원소절을 맞아 타이완 곳곳에서는 하늘로 등불을 띄워 올리는 천등 축제가 열려.

　　타이완의 국민당 정부는 계엄령을 내리고 군인을 동원해 타이완을 다스렸어. 중국 공산당의 침입에 대비해야 한다는 명분으로 말이야. 국민당은 독재 정치를 펴면서 대신 경제 개발에 힘을 쏟았어.

　　처음에는 미국, 일본 등 자본주의 국가들이 일방적으로 국민당 편을 들어 줬지. 중화인민공화국을 애써 무시하고 타이완의 중화민국을 합법 정부라고 인정해 줬거든. 하지만 1970년대 들어 일본과 미국이 연달아 중국과 손을 잡으면서 타이완은 고립되었어. 중국은 자신들과 친구가 되려면 타이완과 관계를 끊으라고 요구했지. 오랫동안 타이완을 지지해 왔던 우리나라도 1992년 중국과 수교했어.

　　이런 상황에서 타이완은 새로운 길을 찾아 나섰어. 1987년에는 계엄령을 폐지했고, 1996년에는 총통 직선제를 실시했지. 민주주의를 확대한 거야. 2001년에는 국민당이 아닌 다른 당이 선거에 승리해서 정권 교체가 이루어졌지. 동시에 중국과 대결하는 정책을 접어 두고 화해, 공존 정책으로 돌아섰어. 무역과 관광, 투자 등 경제 교류도 활발해졌지. 또 하나의 중국, 타이완의 앞날도 관심 있게 지켜봐야겠어.

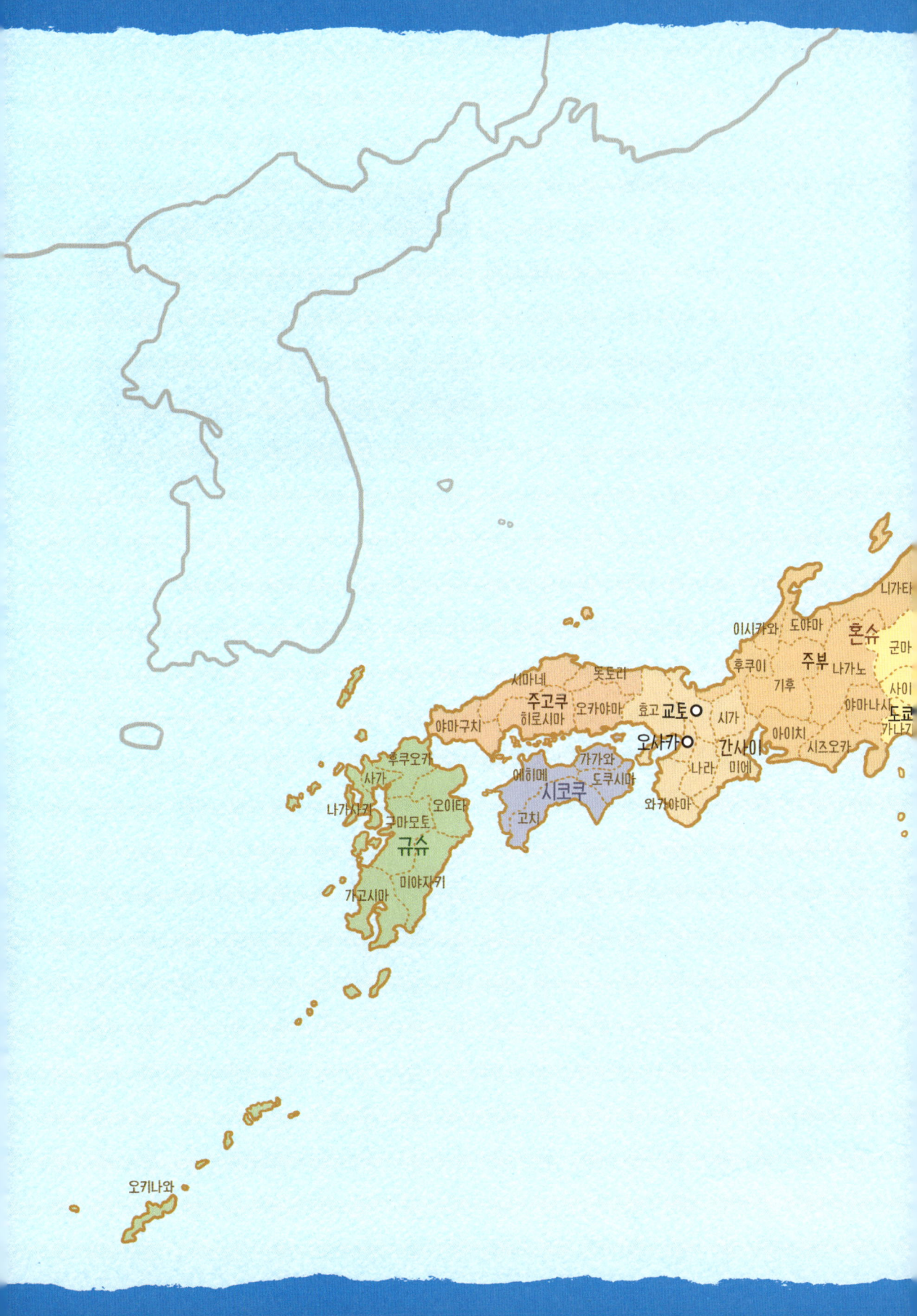

일본

자, 중국 역사를 살펴봤으니 이제 다른 나라에도 가 볼까? 우리와 오랫동안 교류해 온 또 하나의 이웃 나라, 어디일까? 맞아, 바다 건너 일본이야. '일본' 하면 어떤 생각이 드니? 재미있는 애니메이션을 만드는 나라? 지진이 많이 나는 나라? 우리나라를 침략했던 나쁜 나라? 일본은 바다를 사이에 두고 우리와 이웃하고 있어. 오랫동안 서로 영향을 주고받으며 살아왔지. 물론 항상 사이가 좋았던 것은 아니야. 특히 35년의 일제 강점기는 우리 민족에게 큰 상처를 주었지. 하지만 일본은 오늘날 세계적인 경제 대국이고 아시아에서 가장 잘사는 나라야. 우리가 배워야 할 점도 많지. 안 좋은 생각은 잠시 제쳐 두고, 객관적인 눈으로 일본의 역사를 알아볼까?

일본의 고대 문화가 고구려, 백제, 신라의 영향을 받았다는 이야기 혹시 들어 봤니? 삼국 시대 우리 조상들은 바다 건너 일본에 불교와 한자, 유교를 전해 주었단다. 하지만 그걸로 우쭐할 필요는 없어. 우리 조상들은 불교와 한자, 유교를 중국에서 받아들였으니까. 이것만 봐도 한국, 중국, 일본은 옛날부터 아주 가까운 사이였다는 걸 알 수 있지? 우리 역사와도 맞물려 돌아가는 일본의 역사, 그 속으로 들어가 볼까?

기원전 1만 년경
조몬 시대 시작

기원전 3세기경
야요이 시대 시작

3세기경
야마타이국 수립

4~6세기경
야마토 정권 수립

9
일본 문화의 시작

593년
쇼토쿠 태자의 통치

673년
덴무 덴노 즉위

645년
다이카 개신

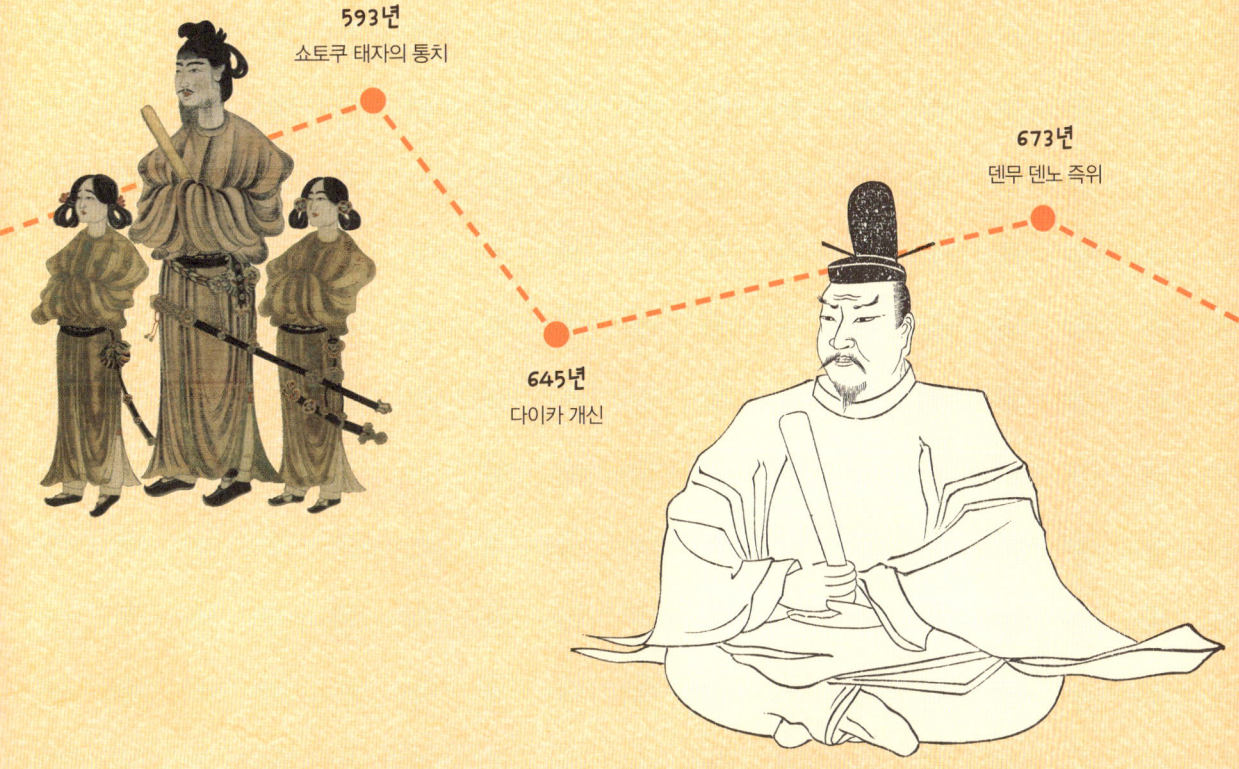

바다 건너온 사람들이 벼농사를 시작하다

빙하기가 끝난 1만 년 전, 얼음이 녹아 바닷물이 높아지면서 일본은 완전한 섬이 되었어. 사람들은 배를 만들고 그물을 짜 물고기를 잡고 조개도 주워 먹었지. 날이 따뜻해지자 숲이 살아나면서 먹을 것이 많아졌어. 도토리를 주워 가루로 만들어 먹기도 했지. 용감한 사람들은 바다 건너 한반도까지 가서 빛나는 돌 같은 귀한 물건을 구해 오기도 했어. 아직 농사를 짓기 전이었지만 다양한 토기를 만들어 썼지.

물론 일본 땅에는 그전부터 사람들이 살고 있었어. 빙하기까지만 해도 한반도와 이어져 있었으니 당연한 일이겠지. 하지만 그 흔적을 찾기는 쉽지 않아. 화산과 지진, 태풍 피해가 잦았기 때문일 거야.

기원전 3세기에 새로운 변화가 나타났어. 벼농사를 짓고, 청동기와 철

조몬 토기 신석기 시대의 토기는 새끼줄 무늬가 찍혀 있는 경우가 많아서 '조몬 토기'라고 불러. 이 시대 사람들은 도토리 가루를 많이 먹었는데, 떫은맛이 강해서 그대로는 못 먹고, 여러 번 물에 담궈 떫은맛을 없애야 했지. 그래서 길쭉한 모양의 토기가 많아. 조몬 토기를 만들어 사용하던 신석기 시대를 조몬 시대라고 해.

조몬 시대 토우 조몬 시대에는 풍요를 빌고 나쁜 기운을 막기 위해 진흙으로 빚은 인형을 많이 만들었어. 조몬 시대 진흙 인형은 지금 봐도 참 재미있는 모양이 많아.

기를 사용하게 된 거야. 한반도나 중국 남부에서 사람들이 바다를 건너 일본으로 넘어오면서 생긴 변화였어. '바다 건너온 사람(도라이진)'들이 벼농사 기술이나 금속 제조 기술을 전해 준 거야. 토기 제조 기술도 새로워져서, 더 단단하고 더 얇은 토기를 만들었지.

가난했지만 평화롭던 이전 시대와 달리, 이때부터 무서운 전쟁이 시작되었어. 철제 농기구로 벼농사를 지으면서 생산량이 많아지자, 남는 식량을 누가 차지할 것인가를 두고 다툼이 벌어진 거야. 싸움에 이긴 쪽이 더 많은 것을 차지하면서 부자와 가난한 자의 구분도 생겼어. 철제 무기로 무장한 힘센 부족은 약한 부족을 정복하고 포로들을 노예로 부렸지. 지배하는 자와 지배당하는 자가 생겨난 거야. 힘센 부족은 점점 정복 지역을 넓혀 국가로까지 발전해 나갔어.

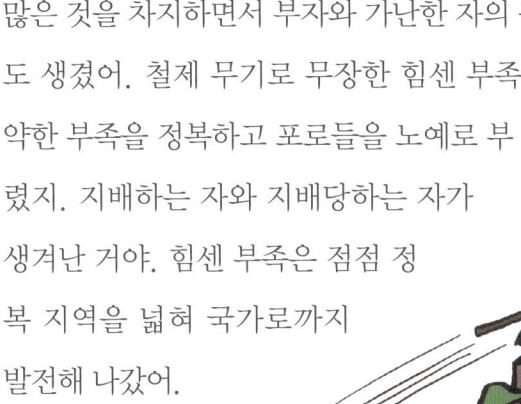

청동기와 철기의 사용 바다 건너온 사람들이 청동기와 철기 기술을 한꺼번에 전해 줬어.

야요이 토기 기원전 3세기 이후에 만들어진 더 얇고 단단한 토기를 '야요이 토기'라고 불러. 야요이 토기를 만들어 쓰던 시대를 야요이 시대라고 하는데, 이때부터 벼농사가 시작되고 금속을 사용하게 돼.

벼농사의 전래 벼농사는 중국 남부에서 직접, 또는 한반도를 거쳐 일본으로 들어왔어.

9 일본 문화의 시작

나라가 서고 왕이 등장하다

"하늘에 맹세코 히미코 여왕님께 충성을 다하겠습니다."

규슈 등 일본 서쪽 지역에는 부족들 간의 전쟁을 거쳐 100개 정도의 작은 나라가 생겼어. 이 나라들은 서로 치열하게 싸우며 세력을 키워 나갔지. 끝까지 살아남은 나라는 20~30개 정도였어.

살아남은 나라들은 더 이상의 전쟁을 피하기 위해 뜻을 모았고, 히미코 여왕을 떠받들어 '야마타이국'을 세웠어. 그러니까 야마타이국은 여러 작은 나라가 함께 세운 나라야. 중국과 한반도에서는 이들을 '왜'라고 불렀어.

히미코 여왕은 하늘에 제사를 지내고 중국에 사신을 보내 자신의 힘을 세상에 알렸지. 작은 나라의 왕들은 히미코 여왕을 최고의 왕이자 제사장으로 떠받들고, 자기 지역은 각자 알아서 다스렸어.

중국이 왜에게 보낸 금 도장 작은 나라의 왕 중에는 중국에 사신을 보내 인정을 받으려 한 경우도 있어. 후쿠오카에서 발견된 이 금 도장은 한나라 황제가 왜의 노국왕에게 보낸 거야.

요시노가리 유적 야요이 시대 후기의 유적이야. 흙으로 성을 쌓고 주변에 못을 파서 적의 침입을 막으려 한 것을 보면, 전쟁이 많았다는 것을 알 수 있어. 이런 전쟁을 거쳐 야마타이국 같은 국가가 등장했지.

야마타이국과 야마토국 야마타이국은 우리나라로 치면 삼한, 부여 같은 연맹 왕국과 비슷하고, 야마토국은 고구려, 백제, 신라 같은 중앙 집권 국가와 비교할 수 있어.

4~6세기에는 좀 더 크고 강한 나라가 등장했어. 바로 '야마토국'이야. 야마토국은 지금의 나라 지역에서 성장해 여러 지역을 정복해 나갔어. 그리고 야마타이국과 달리 정복한 지역을 직접 다스렸지. 작은 나라의 왕들은 항복해서 야마토국의 신하가 되었어. 왕의 힘은 이전보다 훨씬 커졌지.

"임금님은 왕 중의 왕, 오키미(대왕님)이십니다."

나라 지역 근처에 남아 있는 거대한 무덤들은 오키미의 힘을 잘 보여 주지. 예를 들어 다이센 고분은 높이 35미터, 길이 486미터로, 약 15년 동안 1000여 명이 만들었어. 이런 무덤이 한두 개가 아니야. 오키미는 자신을 따르는 신하들에게 성씨를 주었어. 성씨를 받은 가문은 귀족이 되어 대대로 관직을 얻을 수 있었지.

다이센 고분 앞쪽은 모나고 뒤쪽은 둥근 모양인데, 규모가 엄청나지? 둥근 곳이 무덤이고, 모난 부분은 제사를 지내던 곳이야. 우리나라에서도 신라의 왕들은 초기에 거대한 고분을 많이 만들었어.

불교를 받아들여 왕권을 강화하다

야마토국은 중국과 한반도로부터 기술과 문화를 적극적으로 받아들였어. 가야에서 덩이쇠와 철제 무기를 수입했고 그 대가로 군사를 보내 삼국의 경쟁에 끼어들기도 했지. 백제를 통해서는 불교를 받아들였어. 백제인의 후손으로 귀족이 된 소가씨는 이렇게 주장했어.

덩이쇠 일본은 처음에 가야에서 질 좋은 철을 수입하다가 점점 스스로 만들게 되었어.

"지금 우리나라는 부족마다, 지방마다 다른 신을 믿고, 저마다 다른 방식으로 제사를 지내고 있습니다. 이래서는 나라를 하나로 다스리기 어렵습니다. 불교를 받아들여 이런 문제를 해결해야 합니다."

하지만 부족의 독자성을 지키고 싶던 다른 귀족들은 불교를 받아들이는 데 반대했지.

"불교는 외국의 종교입니다. 우리 전통을 버린다면 신의 노여움을 살 것입니다."

이런 다툼은 전쟁으로까지 번졌어. 그리고 전쟁의 승자는 소가씨였어. 이제 소가씨는 왕을 마음대로 갈아 치울 정도로 힘이 세졌고, 외손자 쇼토쿠를 태자로 내세워 나라를 이끌었어.

쇼토쿠 태자 가운데 서 있는 사람이 쇼토쿠 태자야. 소가씨의 후원으로 권력을 잡고, 불교문화를 꽃피웠어. 우리나라에서도 귀족들이 불교 도입을 반대했었다는 거 아니? 신라 이차돈 설화를 보면 알 수 있지.

쇼토쿠 태자는 아스카를 수도로 정하고, 나라 다스리는 원칙을 정했어.

"첫째, 서로 화합하는 마음을 가질 것. 둘째, 불교를 믿을 것. 셋째, 오키미를 받들 것……."

쇼토쿠 태자는 관리들의 옷 색깔을 구분해 윗사람과 아랫사람의 구별을 확실히 했지. 밖으로는 고구려, 백제, 신라와 고루 친하게 지내고, 수나라에도 사신을 보냈어. 불교도 더욱 발전시켰지. 한반도에서 목수와 기와 기술자, 그림 기술자 등을 초청해 큰 절을 여럿 세웠어. 607년, 오랜 공사 끝에 크고 화려한 절이 완성되었지.

"불교의 법이 널리 융성하기를 바라며, 이 절의 이름을 '호류지(법륭사)'라 하겠노라."

쇼토쿠 태자는 호류지 외에도 일곱 개의 절을 더 세웠어. 귀족들도 자기 조상을 모시는 절을 곳곳에 세웠어. 불교는 나날이 번성해 갔어. 쇼토쿠 태자 때부터 꽃핀 야마토국의 불교문화를 '아스카 문화'라고 해. 아스카 문화는 한반도의 영향을 많이 받았어.

호류지 5층 목탑 호류지의 목탑은 백제의 목탑을 본뜬 것으로 보여. 현재 남아 있는 것 중 세계에서 가장 오래된 목조 건축물이야.

덴노(천황), 신의 후손을 자처하다

"당나라가 신라와 손잡고 백제와 고구려를 칠 것이라고 합니다."
"소가씨는 백제 편이니 다음에는 당나라가 우릴 공격하지 않을까요?"

소가씨의 힘이 커진 만큼 적도 많아졌어. 645년, 왕실과 귀족들이 힘을 합쳐 소가씨를 무너뜨렸어. 왕을 중심으로 나라의 힘을 다시 모아야 한다는 생각이 커졌지. 그래서 당나라의 제도를 받아들이고 중국 황제처럼 연호를 사용했어. 이 개혁을 '다이카 개신'이라고 하는데, '다이카'는 처음 정한 연호 이름이야. 연호란 황제가 정하는 해를 세는 이름인데, 연호를 발표한 해가 다이카 원년, 그 다음 해는 다이카 1년이 되는 거지.

왕은 "모든 땅과 백성은 나라의 것으로, 왕이 지배한다."라고 발표하고, 귀족이나 지방 세력이 차지하고 있던 땅과 백성을 직접 다스리겠다고 나섰어. 백제가 망한 뒤 백제 부흥 운동이 일어나자, 왕은 백제에 3만 명의 지원병을 보냈어. 소가씨가 무너지고 난 뒤에도 야마토국과 백제의 관계는 계속되었거든.

소가씨를 제거하다 아래의 흰옷 입은 사람들이 소가씨이고, 위에서 이를 지켜보는 사람들이 왕족과 귀족들이야. 이들은 소가씨를 제거하고 왕의 힘을 한층 키우는 개혁 정책을 폈어.

백강 전투 일본은 백제 부흥 운동을 돕기 위해 3만 명의 병력을 보냈지만, 당나라·신라 연합군에게 패배했어.

663년, 당나라·신라 연합군과 백제·야마토국 연합군이 백강에서 전쟁을 치렀지. 결과는 당나라·신라 연합군의 승리였어. 이 전쟁에서 패배하자 왕의 권위가 땅에 떨어졌어. 반란이 일어났고, 국왕군과 반란군 사이에 치열한 전쟁이 벌어졌지. 결국 반란군이 승리해 새로운 왕이 즉위했어. 새로운 왕은 귀족 세력을 억누르고 왕권을 강화하려 했지.

"이제 우리나라를 '일본'이라 부르도록 하라."

"왕은 하늘의 후손이니 '덴노(천황)'라 부르도록 하라."

이에 따라 새로운 왕은 '덴무 덴노(천무 천황)'라는 이름을 얻었지. 덴무 덴노는 여기서 그치지 않고 신도를 정비했어. '신도'란 여러 자연신, 조상신을 섬기는 일본의 고유 종교야. 신도의 사당을 '신사'라고 하는데, 덴무 덴노는 전국의 신사를 덴노 아래 두도록 했지. 그러고는 자신이 태양신 '아마테라스 오미카미'의 후손이라고 자처했어.

이제부터 덴노라고 불러!

덴무 덴노 이때부터 '덴노(천황)'라는 이름을 공식적으로 사용하기 시작했어.

일본의 불교문화가 시작된 곳, 아스카

　아스카는 오사카에서 가까운 시골 마을이야. 조그맣고 한적하지. 하지만 예전에 이곳은 한반도에서 건너온 도라이진들이 정착한 곳으로, 쇼토쿠 태자가 나중에 수도로 삼아 불교문화를 꽃피운 곳이기도 해.

　타치바나데라(귤사)는 쇼토쿠 태자가 태어나고 자란 곳이야. 귤을 처음 들여와 재배한 곳이라 전해지는데, 나중에 쇼토쿠 태자는 이곳에 절을 세웠지. 그래서 이 절 본당에는 부처가 아니라 쇼토쿠 태자상이 앉아 있어.

　쇼토쿠 태자를 뒷받침한 귀족 가문이 있었지? 맞아, 소가씨야. 아스카에는 소가씨가 자신들의 복을 빌기 위해 지은 절도 있어. 바로 아스카데라(비조사)야. 이 절의 원래 이름은 '불법을 흥하게 한다.'는 뜻의 호코지(법흥사)야. 일본에서 가장 오래된 불교 사찰이라고 볼 수 있어. 이 절은 백제의 후원으로 지어졌어. 백제에서 승려 6명을 비롯해 기와 기술자, 그림 기술자 등을 여럿 보내 주었대. 절이 완성된 뒤 열린 기념식에 소가씨를 비롯한 100여 명이 모두 백제 옷을 입고 참석했다고 해. 나중에 고구려 승려 혜자와 백제 승려 혜총이 이곳에 살면서 불교를 전하기도 했지.

아스카데라 백제계로 알려진 소가씨가 세운 절이야. 이 절을 시작으로 여러 귀족 가문들이 자기 집안의 복을 비는 절을 세우기 시작했대.

한반도와 일본의 문화 교류를 보여 주는 유적은 또 있어. 바로 다카마쓰 고분이야. 이 고분은 벽화로 유명해. 사방 벽에 현무, 청룡, 백호를 그려 놓았고, 귀족 부인이 나들이하는 장면도 그려져 있는데, 부인의 옷차림이며 머리 모양, 그림 솜씨가 모두 고구려 고분 벽화와 비슷하지.

아스카 시대는 소가씨가 몰락하고 백제가 멸망하면서 저물었다고 볼 수 있어. 새로운 시대를 연 사람은 덴무 덴노였지. 그런데 덴무 덴노의 능도 바로 아스카에 있어. 이 능에 올라 아스카를 바라보면, 그 옛날 바다를 건너 새로운 땅을 찾아 나섰던 도라이진들을 상상해 볼 수 있을 거야.

고구려 수산리 고분 벽화

다카마쓰 고분 벽화

덴무 덴노 능 덴무 덴노는 최초로 '일본'이라는 나라 이름을 정한 왕이야. 부인인 지토 덴노 능도 같이 있단다.

한 걸음 더!

일본 문화는 모두 우리가 전해 줬다?

아스카 문화는 백제, 고구려, 신라의 영향을 많이 받았어. 특히 고류지(광륭사)에 있는 목조 미륵보살 반가사유상을 보면 우리나라 삼국 시대의 금동 미륵보살 반가사유상과 놀라울 정도로 닮았지. 재료가 된 나무도 우리나라에서 나는 적송이래.

이런 걸 보면서 괜히 어깨가 으쓱해지는 친구가 많을 거야. "일본의 고대 문화는 모두 우리나라가 전해 준 거야."라고 우쭐대고 싶은 마음이 들지도 몰라. 하지만 이런 생각은 굉장히 위험해. 사람들이 오가고 물자를 교류하다 보면 문화도 자연스럽게 전해지고 섞이곤 해. 그런 일에 우월감이나 열등감을 가질 필요는 없어.

우리나라 삼국 시대를 예로 들어 볼까? 삼국의 문화는 중국을 통해 들어온 새로

금동 미륵보살 반가사유상(왼쪽)과 고류지 목조 미륵보살 반가사유상(오른쪽)
고류지의 반가사유상은 일본의 국보일 뿐 아니라 세계적으로도 유명한 불교 예술품이야. 자세며 옷 주름 표현이 삼국 시대의 금동 반가사유상과 아주 비슷해.

운 종교, 불교의 영향을 많이 받았어. 또 유교와 당나라 제도를 받아들여 정치를 안정시켰고, 한자를 받아들여 기록을 남겼지. 그렇다면 삼국의 문화는 모두 중국으로부터 전해진 모조품 같은 것일까?

당연히 그건 아니야. 처음에는 중국의 문화를 거의 그대로 받아들였겠지만, 차츰 그것을 우리 실정에 맞게 새롭게 만들어 나갔을 거야. 그러면서 중국과는 다른 독특한 문화가 만들어진 거지. 새로운 문화를 받아들이는 것도 그것을 받아들일 만한 마음과 힘이 뒷받침되어야 할 수 있는 일이야.

일본도 마찬가지야. 처음에는 중국이나 한반도의 문화를 그대로 받아들였지만, 점점 자신들의 색을 입히고 발전시키면서 독창적인 문화를 만들어 나갔어. 그 결과 일본은 삼국과 구분되는 독특한 문화를 만들 수 있었지. 이런 사정을 이해하지 못하고 '일본의 고대 문화는 모두 우리가 전해 준 것'이라고 으스대다가는, 우리도 똑같은 이야기를 듣게 될지 몰라.

북위의 불상(왼쪽)과 고구려 연가7년명 금동불입상(오른쪽) 북조를 통일한 북위는 불교를 널리 퍼뜨렸다고 중국 편에서 배웠지? 이 시기에 고구려, 백제, 신라도 중국을 통해 불교를 받아들였어. 이 때문에 고구려의 연가7년명 금동불입상은 중국 북위의 불상과 많이 닮았어.

우리나라와 일본은 오래 전부터 중국 문화를 받아들였기 때문에 비슷한 면이 많아. 가장 대표적인 것은 한자야. '동경(東京)'이라는 한자를 중국인들은 '둥징'이라고 읽고, 우리는 '동경', 일본인들은 '도쿄'라고 읽지. 모두 '동쪽의 수도'라는 뜻이야. 하지만 일본도 우리나라의 한글처럼 나중에는 자기 나라 글자를 따로 만들었지. 일본 글자를 본 적 있니? 바로 가나 문자야. 일본은 우리보다 훨씬 일찍 글자를 만들었어. 그 이유가 뭘까?

710년
헤이조쿄로 수도 옮김(나라 시대)

794년
헤이안쿄로 수도 옮김(헤이안 시대)

752년
도다이지 다이부츠 완성

894년
견당사 마지막 파견

10
덴노와 귀족, 그리고 무사

11세기 초
《겐지 모노가타리》 완성

1192년
가마쿠라 바쿠후 성립

불교와 신도가 섞이다

옛날 하늘의 신이 이자나기라는 남자 신과 이자나미라는 여자 신을 만들었어. 이들이 결혼해 여러 신을 낳았는데, 불의 신을 낳던 중 이자나미가 죽고 말았어. 슬픔에 빠진 이자나기의 왼쪽 눈에서 태양의 신이, 오른쪽 눈에서 달의 신이, 코에서는 폭풍의 신이 나왔대.

이자나기는 첫째에게 하늘나라를, 둘째에게 밤을, 셋째에게 바다를 다스리게 했지.

첫째 아마테라스 오미카미는 손자에게 거울과 칼, 옥을 주면서 지상 세계로 내려가 사람들을 다스리게 했어. 이들이 일본에 내려와 나중에 나라를 세우고 최초의 덴노가 되었대.

한마디로 덴노는 신의 후손이라는 말이지. 이런 신화를 바탕으로 역사적 사실을 덧붙여 《일본서기》, 《고사기》 같은 역사책이 편찬되었어. 덴노의 권위는 더욱 튼튼해졌지.

일본의 창세 신화 일본의 창세 신화는 우리 단군 신화와 닮은 점이 많아. 하늘에서 내려온 신이 나라를 세웠다는 점도 그렇고, 세 가지 신비한 물건을 가지고 내려왔다는 점도 그렇지.

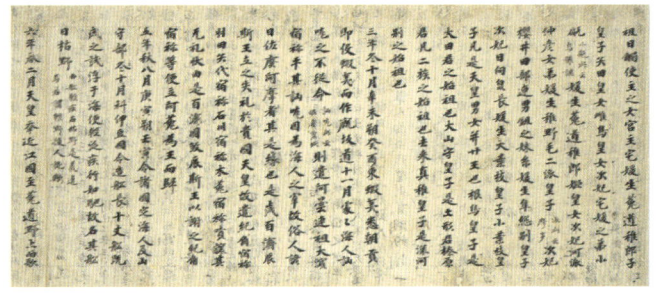

《일본서기》 현재까지 남아 있는 것 중에서 가장 오래된 일본 역사서야. 일본 건국 신화 등의 내용을 담아 총 30권으로 이루어져 있대.

"지금까지의 수도는 너무 좁다. 새로운 수도를 건설하도록 하라."

덴노의 힘이 커지자 그 힘을 모아 새로운 수도인 '헤이조쿄(평경성)'를 건설했어. 화려한 궁궐 앞쪽으로 남북을 가르는 큰길을 만들고, 그 양쪽으로 바둑판처럼 길이 이어졌지. 당나라의 수도 장안성을 본떠 만든 거야.

"부처님의 힘으로 이 나라가 평안하기를 빕니다."

752년, 덴노와 승려 그리고 귀족 등 1만 명이 넘는 사람이 '도다이지(동대사)'에 모였어. 앉은키가 16미터에 무게가 250톤이나 되는 금동 다이부츠(대불)를 모시는 행사가 열렸거든. 신라도 700명의 사신을 보내 이 행사를 축하했어.

덴노뿐만 아니라 귀족들도 절 짓는 일에 적극적이었기 때문에 나라 안에 큰 절이 많이 생겨났어. 절에 부처님을 모시면서 신도의 신들도 함께 모시는 경우가 많았어. 불교와 신도가 하나로 섞이게 된 거야.

도다이지와 다이부츠 16미터나 되는 다이부츠를 모시기 위해 건물도 엄청난 크기로 지었어. 지금 건물은 나중에 다시 지은 건데 원래는 이것보다 더 컸다고 해.

귀족이 덴노를 허수아비로 만들다

왕실과 귀족들은 복을 빌기 위해 앞다투어 절을 후원했어. 절은 큰 힘을 갖게 되었고 많은 땅을 차지했지. 귀족들도 꾸준히 자기 땅을 넓혀 나갔어. 반대로 농민들은 아무리 열심히 농사를 지어도 늘 쪼들렸어. 고향을 떠나 떠돌아다니는 농민도 많아졌지. 질병과 재해까지 겹쳤어.

"나라가 어지러운 것은 왕궁 터가 좋지 않아서다. 수도를 옮기겠노라."

794년, 덴노는 지금의 교토 지역에 새로운 수도 '헤이안쿄(평안성)'를 건설했어. 나라의 평안을 빌면서 말이야. 하지만 농민들의 어려운 처지는 좀처럼 나아지지 않았어.

"뼈 빠지게 일해도 세금 내고 나면 남는 게 없으니……."

"세금을 못 내 잡혀갈 판이니, 귀족에게 땅과 몸을 맡기는 게 낫겠어."

헤이안쿄 당나라의 장안성을 본떠 바둑판 모양으로 만들었어.

내 땅은 원래 내 땅! 농민 땅도 다 내 땅!

귀족들은 몰락한 농민들의 땅까지 차지해서 더욱 땅을 넓혀 나갔지. '나라 안의 땅은 모두 덴노의 것'이라는 말은 헛말이 되었어.

"이럴 바에는 법을 고쳐 세금이라도 제대로 걷는 게 낫겠군. 앞으로 개간한 땅은 개인이 가질 수 있도록 하라."

귀족들은 농민들을 동원해 더 많은 땅을 개간하고 농장을 넓혀 나갔지. 귀족의 힘은 점점 커졌고, 반대로 덴노의 힘은 점점 약해졌어.

이 시대의 가장 힘센 귀족 가문은 '후지와라씨'였어. 후지와라씨는 딸을 덴노와 결혼시켜 권력을 독차지했어. 자기 딸이 낳은 아들이 덴노 자리를 물려받게 하고, 어린 덴노를 대신해 자신이 뒤에서 정치를 이끌어 나갔지.

덴노가 어른이 된 뒤에도 후지와라씨는 최고 관직에 올라 나랏일을 마음대로 처리했어. 이런 일이 거의 100년 이상 계속되었대. 덴노는 허수아비가 되었지.

후지와라씨의 셋칸 정치 후지와라씨는 덴노가 어릴 때는 셋쇼, 덴노가 어른이 되면 간바쿠라는 관직에 올라 덴노 대신 나라를 다스렸어. 그래서 이 시대의 정치를 '셋칸 정치'라고 해. 가마에 탄 덴노가 간바쿠를 만나러 가는 모습이 담긴 그림을 보면 둘의 권력 관계를 알 수 있지.

일본의 전통문화가 만들어지다

"당나라에 가서 앞선 문물을 배워 오리라."
"인도에서 들어온 새로운 불경도 가져와야지."

일본은 한반도를 통해 문화를 전해 받는 것에 만족하지 않고, 당나라에 직접 사신을 보내 선진 문물을 배웠어. 630년부터 894년까지 16차례 사신이 건너갔는데, 한 번에 많으면 500명이 넘는 사람을 파견했지. 이들은 20년 정도씩 당나라에 머물면서 새로운 문물을 배웠어. 하지만 9세기에 이르면서 이렇게 대규모로 사신을 파견하는 일은 사라졌어.

"당나라에 사신을 보내는 데 비용이 너무 많이 들어."
"이제 더 이상 배울 것도 없는걸. 우리 것을 잘 다듬는 편이 더 나아."

견당사의 이동 경로와 견당사 배 당나라는 주변 여러 나라의 모델이 되었어. 일본도 견당사를 보내 당나라의 문화를 열심히 배워 갔대.

히라가나	가타카나
安 → 安 → あ	阿 → ア
以 → 以 → い	伊 → イ
宇 → 宇 → う	宇 → ウ
衣 → 衣 → え	江 → エ
於 → 於 → お	於 → オ

한자와 가나 문자 히라가나는 한자를 흘려 써서 만든 글자이고, 가타카나는 한자의 일부분을 따서 만든 글자야.

이런 자신감은 독자적인 문자를 발명하는 것으로 이어졌어. 한자를 변형시켜 만든 '가나' 문자가 9세기 말에 탄생했지. 처음에 귀족들은 가나 문자를 업신여기고 한자를 계속 썼어. 하지만 가나 문자는 여성과 서민들 사이에서 점점 퍼져 나갔어.

특히 헤이안의 황궁에 살던 한 궁녀가 쓴 《겐지 모노가타리(겐지 이야기)》는 큰 인기를 끌었어. 이 소설은 황족인 겐지가 여러 여성을 만나 사랑을 나누는 이야기야. 전체 54권에 등장인물만 400명이 넘는데, 그 안에 헤이안 시대 귀족들의 생활 모습이 담겨 있지. 《겐지 모노가타리》는 지금까지도 일본을 대표하는 문학 작품으로 남아 있어.

소설뿐 아니라 가나 문자로 쓴 시도 유행했어. 30자쯤 되는 짧은 정형시 '와카'를 통해 자신의 마음을 전하는 것이 당시 귀족들의 연애 방법이었대. 일본인들은 이렇게 자기 문화에 대한 자부심을 키워 갔지.

《겐지 모노가타리》 삽화 일부 고을 수령의 딸로 태어나 결혼 후 남편이 일찍 죽자 궁궐에 가정교사로 들어간 무라사키 시키부라는 궁녀가 쓴 소설이야.

무사 계급이 성장하다

개간한 땅을 소유할 수 있게 되면서 귀족이 가진 땅은 점점 많아졌어. 농민들도 세금을 피하기 위해 귀족에게 땅을 맡기는 경우가 많았지. 귀족은 영주가 되었고, 자기 땅을 지키기 위해 무사들을 길렀어. 무사들은 대부분 농민 출신이었지만, 장수는 황족이나 귀족이 맡는 경우가 많았지.

"영주님 곁에서 영주님을 지키는 것이 우리의 사명이지."

그래서 무사를 '가까이에서 모시는 사람', 즉 '사무라이'라고 불러. 무사는 원래 귀족인 영주들을 지키는 사람들이었지만, 나중에는 귀족을 위협하는 세력이 되었어. 무력을 가지고 있었기 때문이야. 어느새 귀족들은 무사들의 눈치를 보게 되었어.

"우리 시중이나 들던 무사가 나라를 좌우하다니. 세상이 어찌 되려고!"

겐페이 전쟁 미나모토 가문과 다이라 가문의 전쟁을 두 가문의 이름을 따서 겐페이 전쟁이라고 불러.

귀족들의 탄식에도 무사들의 힘은 계속 커져 갔어. 특히 미나모토 가문과 다이라 가문은 많은 무사를 거느리고 힘을 키웠어. 두 가문은 황실의 친척이었기 때문에 세력을 모으기에 좋았지.

두 세력은 천하를 놓고 10년 동안이나 전쟁을 벌였어. 최후의 승자는 미나모토 가문의 요리토모였지.

1192년, 요리토모는 가마쿠라 지역에 무사 정부를 세웠어. '가마쿠라 바쿠후'가 수립된 거야. 그리고 자신은 '장군'을 뜻하는 '쇼군'이 되었지. 헤이안에는 여전히 덴노의 정부가 있고 쇼군은 덴노가 임명하는 모양새였지만, 실제 나라를 다스린 것은 덴노가 아닌 쇼군이었어.

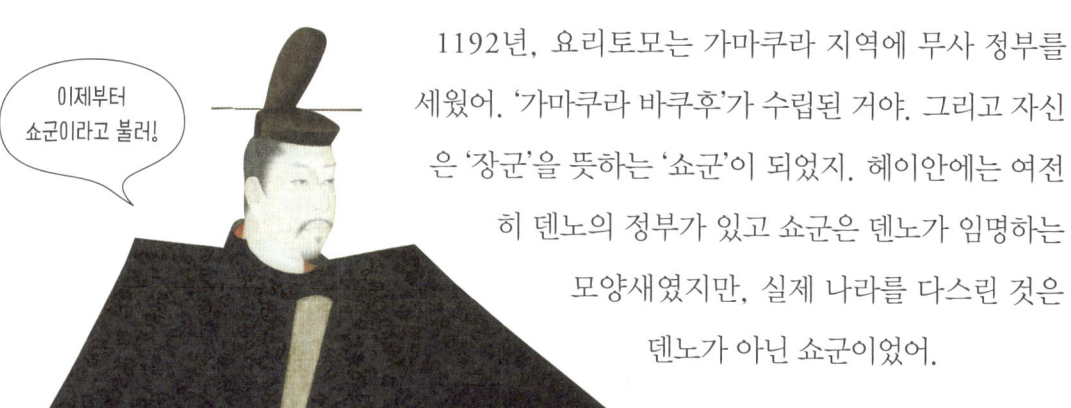

이제부터 쇼군이라고 불러!

미나모토 요리토모 최초로 바쿠후를 열고 쇼군이 되어 무사 정권을 세웠어. 바쿠후는 원래 '장수가 머무르기 위해 전쟁터에 세우던 임시 천막'을 가리키던 말이야.

10 덴노와 귀족, 그리고 무사 **169**

출발! 세계 속으로

헤이안 시대의 영광을 찾아 교토로

교토는 일본 서부 간사이 지방에 자리 잡은 오래된 도시야. 이 도시는 유적과 문화재가 많은 것으로 유명해. 우리나라의 경주와 비슷하다고 할까? 1000년 이상 덴노의 궁궐이 있던 도시니 그 흔적이 많이 남아 있겠지? 바쿠후 정부가 등장하면서 수도의 기능은 사라졌지만, 그래도 덴노가 머무르는 도시라는 명성은 여전했지.

교토가 수도가 된 것은 794년에 헤이안쿄가 건설되면서부터야. 헤이안쿄도 당나라 장안성을 본떠서 바둑판 모양으로 만들어졌는데, 지금 교토에서는 당시의 모습을 찾아보기 힘들어. 그래도 덴노가 머물렀던 '고쇼'는 복원해 놓았어. 화려하지는 않지만 웅장하고 단정한 건물들을 보면 덴노의 권위가 느껴져.

고쇼 주변에는 관청과 귀족의 호화로운 집들이 즐비했대. 지금 그 자리에는 '교엔'이라는 공원이 만들어졌어. 봄철 벚꽃이 필 때나 가을 단풍이 들 때 얼마나 아름다운지 몰라.

교토 고쇼 헤이안쿄가 건설된 794년부터 메이지 덴노가 도쿄로 옮겨 간 1877년까지 1000년간 교토는 덴노의 궁궐이 있는 도시였어. 1877년 이후 교토의 궁궐은 비게 되었고 지금 그 주변은 공원이 되었어.

덴노와 귀족들이 후원해서 지어진 오래된 절도 많아. '기요미즈데라(청수사)'는 특히 경치가 아름답기로 유명해서 늘 관광객들로 붐비지. 이곳의 가을 단풍은 일본에서도 최고로 꼽혀.

기요미즈데라에는 오토와 폭포가 있는데, 그 물을 마시면 건강, 학업, 연애에 효험이 있다는 이야기가 전해지기도 해. 절 이름도 여기서 나왔지. 사람들은 물을 마시며 소원을 빌기 위해 줄을 선단다.

오토와 폭포 원래 폭포가 있었다고 하는데 지금은 마치 약수터 같지? 폭포를 발견한 스님이 이곳에 관음상을 모신 것이 절의 시작이래.

도쿄가 일본의 수도가 되기 전까지 1000년 동안 덴노가 머물렀던 도시, 교토는 옛 수도의 정취와 일본의 역사를 생생하게 체험할 수 있는 도시야.

기요미즈데라 깎아지른 절벽 위로 튀어나와 있는 툇마루가 멋지지? 여기서 교토를 내려다보려는 관광객들로 늘 붐빈단다.

어린이들의 세계사

가마쿠라 바쿠후를 세운 미나모토 형제의 비극

미나모토 가문과 다이라 가문의 경쟁은 오랫동안 계속되었어. 미나모토 요리토모의 아버지도 권력을 차지하기 위해 병사를 일으켰지. 열세 살의 어린 나이였던 요리토모는 아버지를 따라 전쟁터에 나갔어. 하지만 전쟁에 참패해 도망쳤고, 그 과정에서 아버지와 두 형은 목숨을 잃었어. 요리토모도 사로잡혀 죽임을 당할 뻔했는데, 다행히 목숨을 건진 대신 변방으로 유배를 갔지.

요리토모에게는 요시츠네라는 이름의 배다른 동생이 한 명 있었어. 당시 두 살배기 어린아이였던 요시츠네도 어머니와 함께 적에게 사로잡혀 절에 보내졌지.

요리토모는 어른이 되어 집안을 다시 세우기 위해 병사를 일으켰어. 이 소식을 들은 동생 요시츠네도 형을 도우려고 전쟁에 나섰지. 타고난 지략가인 요시츠네는 전쟁에서 큰 공을 세웠어. 폭풍이 휘몰아치는 바다를 필사적으로 건너 적을 물리친 거야.

하지만 형은 동생을 반기지 않았어. 잘생기고 능력도 뛰어난 동생을 질투하고 견제한 거야. 동생은 형에게 자신을 믿어 달라는 편지를 써 보내기도 했지만 소용없는 일이었어. 결국 요리토모가 자신을 없애려 하자 어쩔 수 없이 요시츠네도 병사를 모아 대항해야 했지. 하지만 역부족이었던 요시츠네는 스스로 목숨을 끊고 말았어.

참 냉정한 형이고 불쌍한 동생이지? 형에게 죽임을 당한 동생을 가엽게 여기는 마음 때문인지 일본인들은 요시츠네를 진정한 영웅으로 여긴대.

미나모토 요시츠네 요리토모와 요시츠네 형제의 이야기는 일본인들이 무척 좋아해서 소설, 드라마, 만화로도 여러 번 만들어졌어. 요시츠네가 죽지 않고 홋카이도를 거쳐 몽골로 건너가 칭기즈 칸이 되었다는 이야기까지 만들어졌을 정도야.

한 걸음 더!

신도, 일본의 전통 종교

일본에 가면 곳곳에서 '신사'를 볼 수 있어. 얼핏 절처럼 보이지만 신사는 '신도'라는 일본 전통 종교의 사당이야. 신사 앞에는 새를 상징하는 '도리이'가 있어. 이 도리이 아래를 지나 석등이 늘어선 길을 따라가면 '고마이누'라는 돌사자상이 양쪽에 있지. '고마이누'는 '고려의 개'라고 해석하기도 해. 한반도에서 건너간 사람들의 흔적으로 보여. 이곳을 지나 안으로 들어가면 마당 가운데에 부정한 것을 씻어 내는 '데미즈야'가 있어. 마시는 물이 아니고 손과 입을 씻는 물이야.

사당 건물 앞에는 헌금 함과 종이 매달린 줄이 있어. 사람들은 헌금 함에 돈을 넣고 줄을 당겨 종을 치면서 기도를 하지. 종을 쳐서 신을 부른 뒤 소원을 말하는 거야. 두 번 머리를 조아려 절하면서 소원을 읊조리고, 두 번 손뼉을 친 다음 다시 한 번 머리를 조아리고 물러나지.

신사의 구조

- 도리이
- 석등
- 고마이누
- 사당
- 데미즈야

신사에 참배하는 사람들 이런저런 신들을 모신 신사가 곳곳에 있어서 일본인들은 일상적으로 신사에 참배를 해. 특히 새해를 맞을 때면 유명한 신사는 인파로 가득하지.

신도는 아주 오래전에 생겨났어. 일본은 화산이 많고 지진도 자주 일어나는 거 알고 있지? 예부터 태풍이나 해일 피해를 입는 경우도 많았어. 무시무시한 자연재해 앞에서 인간의 힘은 보잘것없었고, 그래서 신에게 의지하기 시작했지. 태양의 신, 구름의 신, 바다의 신, 바람의 신 등등 자연의 모든 것을 신으로 떠받들었지.

이것만으로도 미덥지 않았던 사람들은 자신의 조상도 신으로 떠받들기 시작했어. 일본 영화나 만화를 보면, 죽은 이의 영혼을 기리는 작은 사당을 방 한쪽에 모셔 두고 그 앞에서 손뼉을 치거나 머리를 조아리는 장면이 종종 나와. 죽은 이를 추모하는 것이기도 하지만, 죽은 이에게 가족을 보호하고 복을 달라고 기도하는 것이기도 해.

신도는 일정한 계율이나 경전이 없어. "난 신도를 믿어."라고 말하는 일본인도 거의 없어. 하지만 일본인들의 생활 속에는 알게 모르게 신도가 깊이 뿌리내리고 있단다.

마츠리 일본 곳곳에서 다양한 축제, '마츠리'가 벌어지는데, 이 역시 신에게 제사를 드리던 데서 비롯되었어.

10 덴노와 귀족, 그리고 무사

칼 한 자루에 목숨을 걸고, 뛰어난 검술로 적을 베는 무사! 일본은 오랫동안 무사들이 나라를 지배해 왔어. 때로는 권력을 잡기 위해 서로 치열한 전쟁을 벌이면서 말이야. 그래서 오늘날의 일본인들에게도 명예를 소중히 여기고, 명예를 더럽히면 죽음으로 치욕을 씻어야 한다는 생각이 이어지고 있다고 하지. 무사들이 어떻게 나라를 차지하게 되었는지, 또 어떻게 나라를 다스렸는지 함께 알아볼까?

1274년
고려·원 연합군의 1차 침입

1333년
가마쿠라 바쿠후 멸망

1336년
무로마치 바쿠후 수립
남북조 분열

11
무사 정부, 바쿠후의 수립

1397년
킨가쿠지 건립

1467년
오닌의 난

1392년
남북조 통일

가마쿠라 바쿠후, 몽골의 침략을 물리치다

황실과 귀족들은 무사의 지배를 순순히 인정할 수 없었어. 마침 집안 싸움으로 바쿠후의 쇼군이 암살되고 후계자마저 정하지 못하자, 1221년 덴노는 바쿠후에 전쟁을 선포했어.

"역적 가마쿠라 바쿠후를 무너뜨려라. 승리하면 큰 상을 내릴 것이다."

많은 무사가 상금을 탐내 덴노 편에 섰어. 바쿠후의 위기를 구한 사람은 요리토모의 아내 마사코였어. 마사코는 흩어졌던 무사들을 모아 덴노의 군대를 물리쳤지. 이후 미나모토씨가 계속 쇼군을 이었지만, 마사코의 집안인 호조씨가 대대로 최고 관직에 올라 가마쿠라 바쿠후를 다스렸지.

1274년, 가마쿠라 바쿠후에 다시 위기가 찾아왔어. 고려와 원나라(몽골) 연합군이 쳐들어온 거야. 일본이 남송과 계속 왕래하는 것에 화가 난 원나라가 고려와 함께 2만 3000명의 군대를 이끌고 쳐들어온 거지. 일본은 처음으로 외부의 적을 맞게 되었어.

"침략자들에 맞서 일본을 지키자!"

바쿠후는 무사들을 앞세워 전쟁터에 나섰어. 하지만 화약과 대포를 앞세운 적을 막기는 쉽지 않았지. 일본을 구한 것은 밤새 불어온 태풍이었어. 해일과 태풍으로 배가 부서지고 군인들이 물에 빠져 죽자 연합군은 물러날 수밖에 없었지.

화가 난 원나라는 1281년에 무려 14만 명의 대군을 이끌고 다시 쳐들어왔어. 이번에도 하늘이 일본을 도왔어. 또다시 불어온 태풍에 원나라와 고려 연합군이 큰 피해를 입고 물러났지. 일본인들은 두 번이나 일본을 구해 준 이 태풍을 신의 바람, '가미카제(신풍)'라며 고마워했어.

〈몽고습래회사〉 몽골에 맞서 싸우는 일본 무사의 모습을 그린 13세기 그림이야.

으악! 올 때마다 태풍이라니!

가미카제!

가미카제!

-→ 원의 1차 침략
-→ 원의 2차 침략

무로마치 바쿠후가 수립되다

몽골과 고려 연합군을 물리치기는 했지만 전쟁이 끝나자 가마쿠라 바쿠후는 휘청댔어. 전쟁에 많은 돈을 쓴 장수들이 바쿠후에 불만을 품은 거야.

"목숨을 바쳐 싸웠는데, 아무 보상도 없어."

"새롭게 차지한 땅이 없으니 나눠 줄 땅도 없겠지."

이 틈을 타 덴노가 바쿠후에 맞서 일어났어. 많은 무사가 덴노의 편에 섰고, 결국 가마쿠라 바쿠후는 무너져 버렸지.

"이제 다시 덴노가 다스리는 나라를 만들겠노라."

하지만 불가능한 일이었어. 무사들은 보상을 바라고 덴노 편을 들었는데, 덴노는 무사들에게 충분한 땅과 상금을 줄 여력이 없었거든.

고다이고 덴노 고다이고 덴노는 가마쿠라 바쿠후를 무너뜨리고 덴노 정부를 다시 세우는 데 성공했어. 하지만 아시카가 다카우지에게 쫓겨나고 말았지. 그는 남쪽으로 도망가 새로운 정부를 세웠지만, 오래가지는 못했어.

무로마치 바쿠후의 수립

아시카가 다카우지 가마쿠라 바쿠후를 무너뜨리는 데 큰 공을 세웠지만, 덴노에게 인정을 받지 못하자 반란을 일으켜 무로마치 바쿠후를 세웠어.

"누구 덕분에 권력을 잡았는데, 우리를 무시하다니……."

가마쿠라 바쿠후를 무너뜨리는 데 큰 공을 세운 아시카가 다카우지가 불만에 찬 무사들을 모아 덴노에 맞섰어.

"무사들이여, 일어나라! 바쿠후를 다시 세우자."

1336년, 다카우지는 덴노를 쫓아내고 새로운 덴노를 세운 뒤 쇼군 자리를 차지했어. 다카우지의 집이 교토의 무로마치에 있었기 때문에 '무로마치 바쿠후'라고 불렸지. 한때 덴노가 달아나 새로운 정부를 세운 적도 있지만, 무로마치 바쿠후는 곧 이를 진압하고 안정을 이루었어.

무사 문화가 발달하다

거느리는 무사가 많고 힘이 센 장수들은 영주, 즉 '다이묘'가 되었어. 이들은 쇼군에 충성을 맹세하는 대신 지역을 다스릴 권한을 받았지. 다이묘는 자기 영토의 농민을 다스리면서 세금을 걷었어. 높은 성을 쌓아 전쟁에 대비하기도 했지.

"무사의 최고 명예는 주인께 충성을 다하는 것이다."

무사들은 자신이 섬기는 다이묘에게 충성하는 것을 가장 중요하게 여겼어. 만약 명예를 더럽히면 자결을 해서라도 빚을 갚아야 한다고 생각했지.

무사들은 전쟁터에서 실력을 발휘하기 위해 평소 열심히 무예를 연습하고, 어떤 상황에서도 마음을 고요하게 유지할 수 있도록 노력했지. 이를 위해 차를 마시거나 꽃나무를 다듬거나 정원을 가꾸기도 했어. 특히 격식을 갖춰 차를 마시는 '다도'가 크게 유행했어.

중세 일본의 신분제

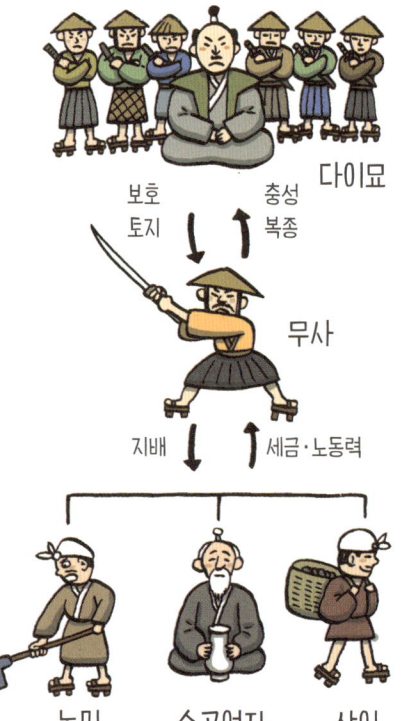

무사 무사들은 언제든지 전쟁에 나갈 수 있도록 수련하고 준비해야 했어.

무예 연습을 하는 무사들 무사들은 평소 무예를 닦아 전쟁에 대비했어.

마음을 가라앉히고 명상, 참선하는 것을 중요하게 여기는 불교인 선종도 유행했어. 무사들은 마음 수련을 위해 선종을 받아들였지.

"칼뿐 아니라 마음까지 다스릴 수 있어야 진정한 무사이다."

하지만 무엇보다 무사들의 최고 목표는 전쟁에서 적을 많이 죽이고 공을 세우는 것이었어.

1397년, 교토 북부에 호화롭기 그지없는 저택이 세워졌어. 무로마치 바쿠후의 3대 쇼군이 지은 집이었지. 이 저택에는 잘 가꾼 정원과 호수, 그리고 금박을 입힌 누각이 있었어. 나중에 이 저택은 '킨가쿠지(금각사)'라는 이름의 절이 되었어. 거대한 숲을 축소시켜 놓은 듯 잘 가꿔진 정원과 호수, 다도를 즐길 수 있는 멋진 방……. 주인이 죽은 뒤 기증되어 절이 된 이 저택은 무사 문화를 상징하는 문화유산이 되었어.

킨가쿠지 무사들은 항상 고요한 마음을 유지하기 위해 다도와 정원 가꾸기 등을 취미로 삼았어. 킨가쿠지는 무사 문화를 대표하는 화려하면서도 단정한 저택이야.

무사들 간의 전쟁, 온 나라가 전쟁터로

무로마치 바쿠후는 한동안 안정을 누렸지만, 다이묘들의 힘이 점점 커지면서 위기가 찾아왔어. 다이묘들이 바쿠후의 말을 잘 듣지 않게 된 거야. 게다가 쇼군 자리를 둘러싸고 후계 싸움이 벌어졌지.

다이묘들은 두 편으로 나뉘어 큰 전쟁을 벌였어. 한 편이 16만의 병사를 모아 교토로 모이자, 다른 편은 9만의 병사를 모아 들판에 진을 쳤지. 이 전쟁은 무려 11년 동안이나 계속되었어.

긴 전쟁은 모든 것을 무너뜨렸어. 집과 절이 불탔고, 쇼군의 권위는 땅에 떨어졌지. 쇼군은 온 나라는커녕 교토도 제대로 다스리기 어려웠어. 세금도 잘 걷히지 않아 돈이 없어서 덴노 즉위식을 못 할 정도였지.

쇼군의 힘이 약해지면서 다이묘도 흔들리기 시작했어. 부하들이 다이묘들을 배신하고 땅을 빼앗아 차지했지. 더 이상 쇼군의 부하인가 아닌가는 중요하지 않았어. 다른 무사를 물리치고 자기 땅을 지킬 수 있는 힘이 있는가가 중요했지. 무로마치 바쿠후는 이렇게 무너졌어.

오닌의 난 쇼군의 후계자를 둘러싸고 11년 동안이나 계속된 전쟁이야. 동군은 24개국에서 16만의 병사를 모았고, 서군은 20개국에서 9만의 병사를 모아 전쟁을 벌였어.

전국 시대 전국 시대에 살아남기 위해서는 힘이 필요했어. 다이묘들은 전쟁에서 이기고 영토를 넓히기 위해 필사적으로 노력했지.

자기 힘으로 스스로 다이묘가 된 무사들은 영토를 넓히기 위해 끊임없이 전쟁을 벌였어. 온 나라가 전쟁터가 되었지. '전국 시대'가 시작된 거야. 새로운 다이묘들은 영토를 지키고 살아남기 위해 치열한 경쟁을 벌였어. 토지를 철저히 조사해 세금을 거두고, 농민들이 이사하는 것을 금지했지. 혹시 세금을 안 내고 도망가는 사람이 있으면 온 마을이 함께 책임지도록 했어. 도시를 건설해 상공업을 발전시키고, 능력 있는 신하들을 등용하려 노력했지.

농민들 중에는 이 틈에 칼을 차고 전쟁에 나가 무사가 되는 사람도 많아졌어. 힘을 키운 다이묘들 중에는 천하를 통일하려는 야망을 가진 사람도 생겨났어.

미야모토 무사시 일본에서 '칼의 성인'으로 떠받드는 미야모토 무사시도 전국 시대의 무사였어. 그는 60여 차례의 대결에서 한 번도 진 적이 없다고 해.

출발! 세계 속으로

무사 정권이 시작된 곳, 가마쿠라

도쿄에서 전철을 타고 한 시간 정도 거리에 가마쿠라가 있어. 가마쿠라는 미나모토 가문이 쇼군이 되어 처음으로 바쿠후를 세운 곳이어서 그 시절의 유적이 많이 남아 있어. 가장 유명한 것은 바로 '가마쿠라 다이부츠'야.

원래 나무로 만든 불상이었는데, 태풍으로 부서지자 청동으로 다시 만들었어. 극락세계를 다스리는 아미타불로, 높이 13.4미터에 무게는 무려 121톤이나 되지. 일본 불상 중에 도다이지 다이부츠 다음으로 큰 불상이야.

다이부츠에서 멀지 않은 곳에 '쓰루가오카하치만 신궁'이 있어. 가마쿠라 바쿠후를 세운 미나모토 요리토모가 무예의 신인 하치만을 모신 신사로, 가마쿠라의 상징이라고 할 수 있지.

이곳에서는 지금도 9월마다 사냥복 차림을 한 기사가 말을 탄 채 250미터의 직선 코스를 달리며 세 개의 화살을 쏘아 과녁을 맞히는 무예 대결이 펼쳐져. 이 광경을 보러 많은 관광객이 몰려들지.

겐초지(건장사)도 가 볼 만해. 이 절은 쇼군의 뒤에서 바쿠후 정부를 쥐락펴락한 호조 가문이 나라의 평

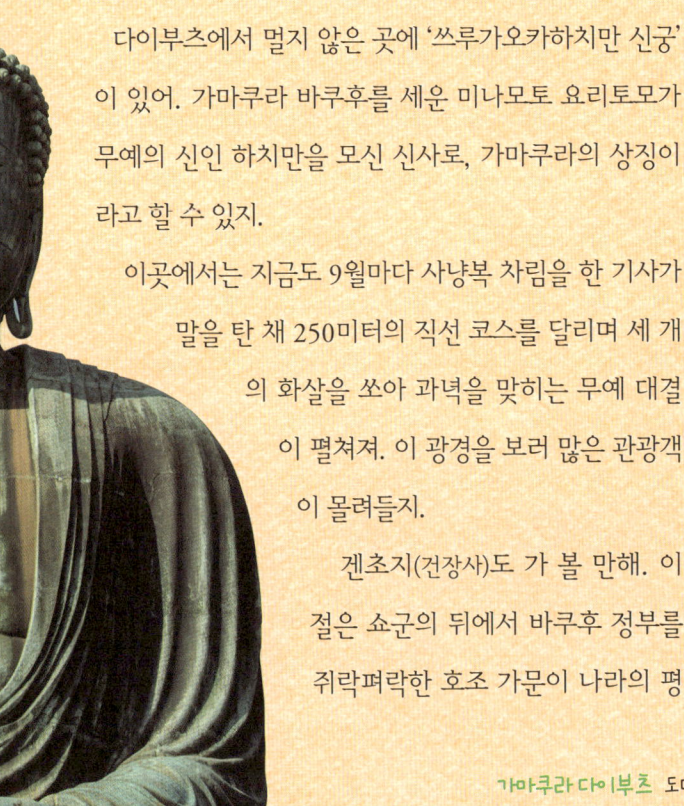

가마쿠라 다이부츠 도다이지 다이부츠와 다르게 야외에 있고 불상 안으로 들어가 볼 수 있어. 가마쿠라 바쿠후의 번영을 기원하기 위해 만들었대.

쓰루가오카하치만 신궁 신사 중에서 덴노와 관계 깊은 곳을 신궁이라고 높여 불러. 하치만은 나라를 지키는 수호신이자 무예의 신이래.

야부사메 말을 타고 달리면서 활을 쏘는 무예 대결인 야부사메는 여러 신사에서 벌어지는데, 가마쿠라의 쓰루가오카하치만 신궁이 가장 유명해.

안과 집안의 번영을 빌기 위해 세운 절이야. 잘나갈 때는 1200명이 넘는 승려가 머무를 정도로 번성했어. 하지만 전국 시대를 거치면서 파괴되어서 지금의 건물은 에도 바쿠후 시절에 다시 지은 거야.

    이외에도 가마쿠라에는 무사 문화를 보여 주는 잘 가꿔진 정원이 많아. 이런 정원들을 거닐다 보면 마치 무사들이 마음을 수양하던 과거로 돌아간 것 같은 기분을 느낄 수 있을 거야.

겐초지 가마쿠라 바쿠후의 숨은 실력자였던 호조 가문이 세운 절로, 화려하지 않지만 단정하고 소박한 아름다움을 느낄 수 있어.

한 걸음 더!

무사 시대의 꽃, 성

일본에 가면 여러 도시에서 높다란 성을 발견할 수 있어. 예를 들어 오사카에 가면 도요토미 히데요시가 지었다는 오사카성이 있지. 지금은 웅장하고 아름다운 모습을 보기 위해 많은 사람이 찾는 관광 명소가 되었지만, 원래는 영주들이 머물면서 지방을 다스리던 곳이었어. 뿐만 아니라 전쟁이 나면 마지막까지 버티며 싸우는 요새이기도 했지.

그렇기 때문에 성에는 방어에 필요한 여러 장치가 있어. 성 주변에는 인공 연못(해자)을 파서 적이 함부로 건너오지 못하도록 했지. 성벽에는 총과 활, 포를 쏘기 위해 만든 구멍과 홈이 있고, 뜨거운 물이나 기름을 퍼붓기 위해 만든 긴 홈도 있지. 적이 성벽을 기어오를 수 없게 안쪽으로 움푹 들어가도록 만들어졌어.

성의 경계가 되는 연못의 안쪽에는 영주의 신하들과 상급 무사들이 살았고, 바깥쪽에는 상인과 기술자, 하급 무사들이 살았어. 상인들이 자리 잡은 성 바깥쪽 지역에

는 시장이 번성하기도 했어. 이런 곳을 '조카마치(성 아랫마을)'라고 해.

성안으로 들어가면 좁고 복잡한 길이 계속 이어져 있어. 바닥이 마루로 되어 있어 삐걱거리는 소리 없이 몰래 지날 수 없지. 이 길을 지나지 않고는 안으로 들어갈 수 없기 때문에 이곳에서 최후의 결전이 벌어지곤 했어. 전투에 대비해 곳곳에 무기를 숨겨 두었고, 한편에는 식량을 보관하는 창고도 있어.

천수각 천수각은 성의 중심으로 성의 주인이 머무르는 곳이야. 그만큼 여러 가지 방어 수단을 갖추고 있어.

성의 중심에는 '천수각'이라는 높고 화려한 건물이 있어. 천수각 꼭대기까지 가는 길은 그야말로 미로 같아. 여러 개의 문이 있는데, 겨우 한 사람씩 드나들 수 있을 정도로 좁아. 모두 적을 막기 위한 수단이지. 침입한 적들이 천수각 꼭대기까지 가려면 그야말로 엄청난 희생을 각오해야 했겠지?

오사카성 도요토미 히데요시가 15년에 걸쳐 만든 성이야. 이중으로 성을 둘러싸서 절대 함락되지 않도록 했어. 하지만 도쿠가와 이에야스는 화해의 표시로 바깥쪽 연못 하나를 메우게 해 달라고 부탁해서 해자를 메운 다음 오사카성을 함락시켰대.

'도요토미 히데요시'라고 들어 봤니? 맞아, 임진왜란을 일으킨 사람. 우리에겐 참 나쁜 사람이지만, 일본 사람들은 그를 전국 시대를 통일한 영웅으로 떠받들지. 도요토미 히데요시의 뒤를 이어 도쿠가와 이에야스가 '에도 바쿠후'를 세웠어. 이때부터 에도(오늘날의 도쿄)는 대도시로 번성했지. 그 시대에 인구수가 100만에 이를 정도였다고 하니 대단하지? 에도 바쿠후는 어떻게 번영했을까?

1573년
무로마치 바쿠후 멸망

1592년
임진왜란 시작

1590년
도요토미 히데요시, 전국 통일

1603년
도쿠가와 이에야스, 에도 바쿠후 수립

12
에도 바쿠후의 번성

1635년
산킨고타이 제도 확립

1787년
간세이 개혁

1688~1703년
겐로쿠 문화 전성기

1811년
마지막 조선통신사 일본에 옴

전국 시대를 통일하다

전쟁과 혼란이 계속되는 가운데 천하를 통일하겠다는 야망을 가진 무사들이 속속 등장했어. 일부 다이묘들은 포르투갈 상인과 교류하면서 크리스트교, 조총 등의 서양 문물도 받아들였어. 특히 오다 노부나가는 조총 부대를 잘 훈련시켜 빠르게 세력을 키워 나갔지.

조총 조총은 가볍고 누구나 조작이 간편하며 살상력이 크다는 장점이 있지만 총알을 넣고 쏘는 데 시간이 오래 걸린다는 단점이 있었어. 오다 노부나가는 조총 부대를 세 줄로 배치해 이 문제를 해결했어. 첫째 줄이 총을 쏘는 동안 둘째 줄, 셋째 줄이 총을 쏠 준비를 하게 해서 끊임없이 공격할 수 있었지.

"이제 일본 서부를 장악했으니 전국 통일은 시간문제야."

하지만 오다 노부나가는 부하에게 배신당해 허무하게 죽고 말았어.

노부나가의 뒤를 이은 인물은 그의 부하였던 도요토미 히데요시야. 히데요시는 보잘것없는 신분으로 태어났지만 충성을 다해 노부나가의 마음을 얻었어.

내 비록 전국 통일을 이루지 못했지만, 히데요시 자네를 믿네!

1582년 주고쿠 정복

1585년 시코쿠 정복

1585년 기이 정복

1587년 규슈 정복

오다 노부나가 전국 시대 통일 전쟁을 시작해 새로운 터를 닦은 인물로 평가 받고 있어.

"오다 노부나가 님의 뜻을 이어 천하를 통일하겠다. 나를 따르라!"

히데요시는 상인과 기술자들을 전쟁에 끌어들였어. 상인들을 적진에 보내 쌀을 사 모으도록 해서 그 지역의 식량이 부족하도록 만들었지. 기술자들을 시켜 둑을 쌓아 성 주위를 물로 포위하기도 했어. 영주들은 치밀한 히데요시 군대의 공격에 차례차례 무너졌어. 1590년, 히데요시는 마침내 전국을 통일할 수 있었지.

천하를 통일한 히데요시는 철저한 토지 조사를 통해 쌀 수확량을 가늠하고, 이를 기준으로 부하들에게 땅을 나누어 주었어.

"만 석의 쌀이 나오는 땅을 내려 주었으니, 그에 걸맞은 군사와 선물을 바치도록 하라."

다이묘가 된 부하들은 농민들에게도 이 기준에 따라 세금을 내도록 했지. 덕분에 나라 살림이 다시 넉넉해졌어. 또한 히데요시는 무사, 농민, 수공업자, 상인의 신분을 엄격히 정해서 서로 침범하지 못하게 했어. 농민들이 가진 무기는 몰수했고, 무사만 칼을 찰 수 있도록 했지. 이때부터 대대로 신분과 직업이 세습되었어.

1590년 오우슈 정복

1590년 오다와라 정복

노부나가님! 제가 드디어 전국을 통일했습니다!

■ 오다 노부나가의 정복지
← 도요토미 히데요시의 진로

도요토미 히데요시 도요토미 히데요시는 추운 겨울 오다 노부나가의 신발이 차가워지지 않도록 품에 안고 기다릴 정도로 충성을 다해 후계자가 되었어.

도요토미 히데요시, 조선을 침략하다

임진왜란 당시 부산 동래성 전투
전쟁 초기, 일본은 조총을 앞세워 파죽지세로 조선을 점령해 나갔어.

전쟁은 끝났지만 세상은 여전히 어수선했어. 전국 시대를 거치면서 무사가 많아졌고, 무사들은 더 넓은 땅을 원했지.

"또 우리끼리 싸우지 않으려면 바깥으로 눈을 돌려야 해. 조선을 넘어 명나라까지 정복하는 거야!"

도요토미 히데요시는 조선과 명나라를 침략할 계획을 꾸몄어. 총과 화약을 팔아 돈을 벌던 상인들도 이 계획에 적극 찬성했지.

1592년, 16만의 대군이 바다를 건너 조선으로 쳐들어갔어. 일본군은 부산을 점령한 뒤 곧바로 북쪽으로 진격해 불과 20일 만에 수도 한양을 점령했지. 히데요시는 명나라를 정복하는 것도 시간문제라며 큰소리를 쳤어.

이순신과 조선 수군 일본의 조선 침략을 끝까지 막은 것은 이순신이 이끄는 조선 수군이었어. 튼튼한 배와 더 멀리 나가는 대포는 조선 수군의 힘이었지.

> 젠장! 이순신이다! 후퇴!

> 살고자 하면 죽을 것이요, 죽고자 하면 살 것이다!

둥 둥 둥 둥

하지만 육지와 달리 바다에서는 계속 패전 소식이 전해졌어. 이순신이 이끄는 조선 수군의 활약 때문이었지. 게다가 조선 곳곳에서 의병이 일어났고, 명나라가 조선에 지원병을 보내면서 전쟁이 길어졌어.

"한 사람당 조선 병사 세 명의 코를 베어 와라. 많으면 많을수록 상을 내릴 것이다."

일본군은 자신의 공을 과시하기 위해 조선인의 코나 귀를 잘랐어. 또 많은 조선인을 포로로 잡아가기도 했지. 조선인 포로들은 일본인의 노예가 되었는데, 이 중 다시 포르투갈 상인에 팔려서 인도나 동남아시아, 심지어 유럽으로 끌려간 사람들도 있었대.

포로들 중에는 유학자나 도자기 기술자들도 있었어. 일본은 이들을 우대했는데, 특히 도자기 기술자들에게는 일본에 정착할 수 있는 지원을 아끼지 않았지. 이들이 도자기를 생산해 내면서 훗날 일본은 도자기 수출국이 될 수 있었어.

아리타 도자기 조선에서 끌려간 150명의 도공 중 이삼평은 아리타에서 백자를 만들 수 있는 흙을 발견해 '아리타 도자기'를 만들어 냈어. 이 도자기는 유럽에까지 수출되었는데, 이마리 항구에서 배에 실었기 때문에 '이마리 도자기'라고도 해.

귀 무덤 교토의 귀 무덤에만 조선인의 귀와 코 3~5만 개가 묻혀 있다고 해.

에도 바쿠후가 서다

도요토미 히데요시가 어린 아들을 남기고 죽자, 조선에 있던 일본군에 철수 명령이 떨어졌어. 7년간의 긴 전쟁이 끝났지만 조선 정벌에는 실패했기 때문에 전쟁에 참여한 장수들이 나누어 가질 땅이 없었지.

"전쟁에 모든 걸 쏟아부었는데, 남는 게 없다니."

도쿠가와 이에야스 "떡메는 노부나가가 치고, 반죽은 히데요시가 빚고, 떡은 이에야스가 먹었다."라는 말이 있어. 노부나가가 일본 통일의 기반을 마련했다면 히데요시가 통일을 가능하게 했고, 그 결과를 차지한 것은 이에야스라는 뜻이야.

불만에 찬 무사들을 모아 도요토미 히데요시 정권을 무너뜨린 사람은 도쿠가와 이에야스야. 이에야스는 전쟁에 참여하지 않고 에도 지방을 개척하면서 힘을 키웠어. 그리고 결국 히데요시의 어린 아들을 무찌르고 천하를 차지했지. 그는 에도에 바쿠후를 세우고 쇼군이 되었어. 그리고 도요토미 히데요시 정권 편에 섰던 다이묘들의 땅을 몰수해서 자기편 다이묘들에게 나눠 주었어.

세키가하라 전투 도요토미 히데요시의 아들 히데요리가 이끌던 군대와 도쿠가와 이에야스의 군대가 세키가하라에서 전투를 벌였어. 이 전투에서 이에야스가 승리해 천하를 얻었지.

에도 바쿠후가 직접 다스리는 땅에서 생산되는 쌀만 400만 석이었어. 무역이 허용되는 나가사키도 직접 지배해 많은 이익을 챙겼고, 오사카, 교토 같은 상업 도시는 물론 주요 광산도 직접 다스렸지. 이 때문에 다이묘들이 넘볼 수 없을 정도로 쇼군의 힘이 커졌어. 그런데도 바쿠후는 계속해서 다이묘들을 감시했어.

"다이묘들의 결혼은 모두 바쿠후의 허락을 받도록 하라."

"다이묘들은 성을 새로 쌓거나 고칠 수 없다."

"다이묘들은 모두 2년 중 1년은 에도에 와서 살도록 하라."

다이묘는 자기 땅에서는 '작은 쇼군'처럼 행세했지만, 진짜 쇼군 앞에서는 머리를 조아려야 했지. 특히 1년 간격으로 에도에 가서 살아야 하는 법은 다이묘들에게 큰 족쇄였어.

"사쓰마에서 에도까지 4000리나 되는데, 이렇게 오가려니 죽을 맛이야."

"에도에서 다이묘의 품위를 지키며 살려니 드는 돈이 장난이 아니야."

산킨코타이 행렬 2년 중 1년은 에도에 가서 살아야 하는 '산킨코타이' 제도는 다이묘들에게 큰 고역이었어. 하지만 이 제도로 인해 에도를 중심으로 전국을 연결하는 다섯 개의 도로망이 생겼고, 상업이 크게 발전했어.

에도 바쿠후가 번영을 누리다

다이묘들이 수시로 에도를 오가면서 지방과 에도를 잇는 도로가 발달했어. 또 물자의 왕래가 활발해지고 화폐가 통일되어, 일본은 하나의 큰 시장이 되었지. 특히 에도는 바쿠후의 신하들뿐 아니라 다이묘들과 그 가족, 그리고 그들에게 물건을 제공하는 상인들까지 모여들면서 크게 발전했어. 에도의 인구는 100만에 육박했지.

동쪽에 에도가 있다면 서쪽에는 오사카가 있었어. 오사카는 상업의 중심 도시로 번성했지. 전국에서 오사카로 모인 물건들은 배에 실려 다시 전국으로 팔려 나갔어. 시장 주변에는 큰 창고가 즐비했고, 특히 쌀 시장이 가장 컸어. 덴노가 있는 교토도 수공업이 발달하면서 활기를 되찾았어. 덴노의 궁궐과 유명한 신사, 절을 찾아오는 관광객들로 붐볐지.

이렇게 경제가 발전하면서 상인들의 힘이 커졌어. 도시에 사는 상인을 '조닌'이라고 불렀는데, 조닌 중에는 바쿠후와 다이묘에게 돈을 빌려줄 정도로 돈이 많은 대상인이 생길 정도였어.

미쓰이 포목점 교토와 에도에 포목점을 열어 번성한 미쓰이 가문은 나중에 재벌이 되었고, 지금도 은행, 물산 등 여러 기업을 거느리고 있어.

《해체신서》 서양의 해부학 책을 일본어로 번역한 책이야. 1774년에 네덜란드어를 번역한 책이 나왔다니 놀랍지?

나가사키

전국 시대에 몇몇 다이묘들은 포르투갈, 에스파냐와 교류했어. 조총과 화약을 수입하고 무역을 하기 위해서였지. 포르투갈, 에스파냐는 선교사를 보내 크리스트교를 전파하려고 했어. 바쿠후는 이를 가만두지 않았지.

"크리스트교는 신분의 차이를 없애자는 사악한 종교다. 크리스트교를 믿는 사람을 모두 찾아내 처형하라. 서양과의 교류는 중단한다."

많은 사람이 크리스트교도로 몰려 목숨을 잃었어. 하지만 서양의 왕래를 완전히 막은 것은 아니었어. 크리스트교를 전파할 생각이 없던 네덜란드와는 나가사키를 통해 교류를 이어 나갔지. 이들을 통해 서양 의학이나 천문학, 지리학, 역사 지식이 들어왔어. 네덜란드에서 들어온 책이 번역되면서 네덜란드 학문, 즉 '난학'을 연구하는 사람도 많아졌어.

에도의 시장 풍경 파리나 런던의 인구가 50만 정도에 불과하던 시기, 에도의 인구는 100만을 육박했어. 한양의 인구는 당시 20만 정도였지.

오사카의 도지마 쌀 시장 100여 개의 창고와 전국에서 몰려든 상인들로 북적거리던 도지마 쌀 시장은 전국 쌀값의 기준이 되었지.

도시가 문화 중심지가 되다

에도와 오사카, 교토 같은 대도시를 중심으로 상업이 번성하면서 새로운 문화가 꽃폈어. 성 바깥쪽 상인들이 사는 지역(조카마치)은 시장이 번성했어. 도시에 사는 상인, 즉 조닌들은 돈을 많이 벌어 힘을 키워 갔어. 조닌들은 자기 자식들을 번듯하게 가르치고 싶었어. 그래서 서민 자녀들을 위한 학교 '데라코야'가 생겨났지. 우리나라 서당처럼 말이야.

"이번에는 〈주신구라〉가 공연된다며?"

"요즘 가장 인기 높은 가부키 공연이지."

가부키는 노래(가), 무용(부), 연기(키)를 함께 선보이는 연극이야.

오늘 공연 어땠어?

내 의상이 또 유행이겠군!

가부키 극장과 배우들 시민들은 값싼 2등석에 앉았지만, 귀족이나 돈 많은 조닌은 비싼 1등석에 앉아 가부키를 구경했어. 진한 분장을 하고 과장된 동작으로 연기하는 가부키 배우들은 당시에 엄청난 스타였대.

우키요에 가부키 배우, 미인, 명승지의 풍경을 우키요에로 많이 그렸어.

가부키 공연은 귀족과 무사부터 조닌과 서민까지, 많은 사람에게 인기가 높았어. 가부키 배우의 화장이나 머리 모양, 옷차림을 따라 할 정도였지. 바쿠후는 사치를 부추긴다며 이를 금지했지만, 소용이 없었어.

"이 그림 좀 보게. 표정을 제대로 그리지 않았나?"

"그러게, 멋진 그림이야. 내 방에 걸어 놓아야겠어."

가부키가 인기를 끌면서 가부키 배우들을 그려 목판으로 찍은 그림도 유행했어. 이런 그림을 '우키요에'라고 했지. 우키요에는 목판으로 찍어 냈기 때문에 대량 생산이 가능했어. 처음에는 가부키 배우들을 주로 그렸지만, 나중에는 사람들이 꼭 가 보고 싶어 하는 후지산 같은 곳의 풍경도 많이 그렸어. 사람들은 이런 그림을 보며 배우들에 열광하고 가 보지 못한 곳을 꿈꾸었지.

고흐의 〈비 내리는 다리〉 오래되어 버려진 우키요에 종이는 도자기를 싸는 포장지로 재활용되는 경우가 많았어. 일본 도자기를 수입하던 유럽 사람들은 포장지의 우키요에를 보고 깜짝 놀랐대. 고흐나 고갱, 모네 등의 인상파 화가들은 우키요에를 따라 그리기도 했지.

출발! 세계 속으로

천하의 부엌, 오사카

   일본의 동쪽(간토)을 대표하는 도시가 도쿄라면 서쪽(간사이)을 대표하는 도시는 오사카야. 간토와 간사이는 라이벌 의식이 강해. 도쿄의 야구 팀인 요미우리 자이언츠와 오사카 야구 팀 한신 타이거즈의 대결은 일본에서 큰 화제가 될 정도지.

   도쿄가 정치의 중심지라면 오사카는 경제의 중심지라고 할 수 있어. 도요토미 히데요시가 오사카성을 짓고 이곳을 수도로 삼으면서 번성하기 시작했지. 전국의 쌀과 물자가 오사카로 모였다가 다시 에도로, 그리고 전국으로 흩어졌어. 이를 위해 물길을 내고 운하를 만들었지. '물의 도시'라는 별명은 그래서 생긴 거야.

   쌀뿐만 아니라 온갖 식품, 물자가 모이면서 오사카는 '천하의 부엌'이라는 별명을 얻었어. 지금도 오사카에는 도톤보리를 비롯해 큰 시장이 많고, 유명하고 맛있는 음

오사카 운하 쌀을 비롯해 전국의 물자가 오사카로 모였다가 배를 통해 다시 전국으로 유통되었기 때문에 오사카 곳곳에 운하가 만들어졌어. 지금도 그 흔적을 볼 수 있단다.

식점도 많지. 길거리 음식도 발달했는데, 밀가루 반죽에 야채와 고기를 넣고 구운 '오코노미야키'나 문어를 넣어 만든 빵인 '타코야키' 모두 오사카 음식이야.

오사카는 그렇게 '상인의 도시'로 번성했어. 오사카 상인은 유대인 상인만큼 철저하다고 소문났지. 특히 '요도야 조안'이라는 상인의 이야기는 유명해.

도톤보리의 타코야키 가게 도톤보리는 오사카의 대표적인 시장 거리로, 많은 먹을거리를 맛볼 수 있어.

세키가하라 전투가 벌어졌을 때 조안은 도쿠가와 이에야스 편에 서서 군수 물자를 공급했어. 전쟁에서 이긴 이에야스는 조안에게 소원을 말해 보라고 했지. 조안은 어떤 소원을 말했을까? 전쟁터에 버려진 시체들을 자신이 치우고 싶다고 했대. 이상한 소원이지?

하지만 무사들이 입고 있던 갑옷이나 칼, 창 등의 무기는 아주 비싼 물건이었어. 이런 물건들을 챙겨서 조안은 엄청난 부자가 되었지. 조안은 이 돈으로 오사카에서 많은 사업을 벌였어. 오사카에 가면 그의 이름을 딴 다리 '요도야바시'가 있지.

오사카 역사박물관 외부와 내부 오사카성 바로 옆에 오사카 역사박물관이 있어. 이곳에는 오사카의 역사를 체험할 수 있는 다양한 전시가 마련되어 있어.

어린이들의 세계사

일본식 서당, 데라코야에서 가장 중요했던 과목은?

"그렇게 계산이 느려서야 어떻게 집안일을 물려받을 수 있겠느냐?"
"죄송합니다. 더 열심히 배우겠습니다."

돈 많은 조닌들은 자식 교육에 관심이 많았어. 그래서 에도 시대에는 조닌의 자식들을 위한 학교, 데라코야가 많이 생겨났지.

데라코야의 교사는 주로 마을의 학식 있는 사람, 승려, 신사의 신관들, 아니면 몰락한 무사들이었어. 아이가 일곱 살이 되면 아버지가 술을 한 병 사 들고 선생님을 찾아가 아이를 인사시키지. 선생님이 허락하면 바로 다음 날부터 수업을 들을 수 있었어.

데라코야의 수업은 쉬운 교재를 정해 그것을 읽고 쓰고 외우는 식이었어. 유교 도덕도 공부했지만, 과거나 취직 시험을 보려던 것이 아니었기 때문에 그렇게 엄격하지는 않았지.

헤헤~

으앙, 아빠! 쟤는 술이 크잖아!

음, 새 학생들이 찾아왔군. 새 술도 왔군.

데라코야 우에다 지방에 있던 한 데라코야에는 1830년 무렵 남학생 50명, 여학생 30명이 다녔대.

서당과 달리 데라코야에서는 여학생도 함께 공부했어. 여학생들에게는 다도와 꽃꽂이 같은 것을 가르쳤다고 해.

하지만 뭐니 뭐니 해도 데라코야에서 가장 중시한 과목은 바로 주산이었어. 조닌들은 대부분 상인이었고, 조닌의 자식들은 가업을 물려받아야 했기 때문이야. 당시 주판은 꽤나 비싸고 귀했지만, 훌륭한 상인이 되기 위해서는 꼭 갖추어야 할 물건이었지. 조닌들은 자식들에게 귀한 주판을 사 주었어. 훌륭한 상인이 되어 집안을 더욱 부유하게 일으키기를 바라면서 말이야.

주판 주판은 중국에서 들어왔는데, 처음에는 위에 두 개, 아래에 다섯 개의 돌이 있었어. 메이지 시대에 위가 하나로 줄고, 나중에는 지금처럼 아래도 네 개로 줄었지.

한 걸음 더!

<주신구라> 이야기로 만든 가부키 장면 47명의 무사들은 복수심을 감추고 1년간 흥청망청 지냈대. 사람들의 비난을 들으면서도 그들에 대한 경계심이 없어질 때까지 기다린 거야. <주신구라> 이야기는 메이지 유신 이후 충성심을 강조하면서 더욱 널리 퍼지게 되었어.

무사들, 목숨으로 의리를 지키다
<주신구라> 이야기

우리나라의 <흥부전>이나 <홍길동전>처럼, <주신구라>는 일본인이라면 누구나 잘 아는 옛이야기야. 그런데 이 이야기는 실제로 있었던 일을 바탕으로 하고 있다고 해.

정부의 높은 관리가 지방의 다이묘에게 누명을 씌워 땅을 빼앗고 배를 갈라 자살하도록 강요한 일이 있었어. 이 소식을 들은 다이묘의 부하들은 주인의 원수를 갚고 명예를 회복하기 위해 복수를 결심했지.

1702년, 에도의 한 여관에 47명의 무사가 모여들었어.

"드디어 우리 주군의 원수를 갚을 날이 왔군."

"오늘의 복수는 순수하게 주군의 명예를 회복하기 위한 것이다. 그러니 일이 성공하면 모두 자결해 우리의 의리를 세상에 보여 주자!"

무사들은 관리의 집에 침입해 그를 죽이고 그 시신을 주군의 무덤 앞에 바친 뒤, 약속대로 배를 갈라 자결했어. 47명의 무사 모두가 말이야.

어때? 끔찍하지? 하지만 당시 이 소식을 들은 에도 사람들은 그 무사들의 충성심과 의리를 크게 칭찬했대. 이 이야기는 널리 퍼져 나갔고, 그림이나 인형극, 가부키로도 만들어졌지. 주군을 향한 충성을 지키고, 명예를 더럽히지 않으며, 명예를 더럽힌 이에게 복수하고 할복 자결하는 무사들. 당시 이런 것을 무사의 길, 즉 '무사도'라고 하며 강조했던 거야.

한 걸음 더!

조선통신사, 한일을 잇다

　도쿠가와 이에야스는 임진왜란 후 조선에 외교 관계를 다시 맺자고 요청했어. 조선도 자신을 새로운 쇼군으로 인정한다는 것을 일본인들에게 보여 주고 싶었던 거야. 오랫동안 조선과 교류해 오던 쓰시마섬의 영주가 중간에서 다리를 놓았지.

　조선은 일본이 다시 침략할지 살피고, 전쟁 때 끌려간 포로들도 데려오기 위해 이 요청을 받아들였어. 그리고 쇼군의 요청대로 '조선통신사'라는 사신 일행을 파견했지. 이들은 1636년부터 1811년까지 모두 아홉 번 파견되었어.

　조선통신사는 관리, 그림 기술자, 통역관, 군인, 문인, 악기 연주자, 150명의 뱃사공 등 총 500명이 함께한 대규모 사절단이었어. 정3품의 높은 관리가 이끌었는데, 배 6척에 사람과 물자를 싣고, 왕복 6개월에서 1년에 걸쳐 일본을 다녀오는 힘든 여정을 치렀지.

〈조선통신사 내조도〉 조선통신사 행렬은 당시 큰 구경거리였어. 무예를 숭상했지만 문학, 유학이 크게 발달하지는 못했던 일본에서 조선통신사가 가져온 책이나 글씨, 그림은 큰 인기를 끌었어.

조선통신사의 경로 조선통신사 일행은 조선 임금의 편지(국서)와 인삼, 호피(호랑이 가죽), 화문석(돗자리) 등의 선물을 가지고 일본으로 갔어.

    일본은 조선통신사를 아주 풍성하게 대접했어. 영주들은 음식과 잠자리를 제공하고, 그림이나 글씨를 얻으려 했지. 500명의 통신사 행렬은 그 자체로 큰 구경거리이기도 했어. 바쿠후는 통신사 일행을 맞이하기 위해 1400척의 배와 1만여 명의 사람을 동원했어. 접대비가 무려 100만 냥에 이르렀는데, 당시 바쿠후의 1년 예산에 맞먹는 돈이었지. 조선통신사 방문에 이렇게 많은 돈을 들인 이유는 뭘까? 이웃 나라에서도 이렇게 엄청난 규모로 축하하러 올 만큼 쇼군의 힘이 강하다는 것을 사람들에게 보여 주려는 목적이었어.

    하지만 쇼군의 지위가 안정되고 난 뒤에는 그렇게 많은 돈을 쓸 필요가 없어졌어. 비용이 너무 많이 들어서 영주들의 불만도 커졌지. 결국 1811년을 끝으로 조선통신사 파견은 사라지게 되었어.

일본은 우리나라를 침략해 식민지로 만들었어. 청나라와 러시아를 물리치고 말이야. 일본은 어떻게 이런 나라들과 싸워 이길 만큼 강한 나라가 되었을까? 궁금하지? 하지만 조금 바꿔 생각해 보자. 힘이 세다고 다른 나라를 침략하고 차지하는 건 과연 좋은 일일까? 어떻게 생각하니?

1854년
미일 화친 조약 맺고 문호 개방

1868년
메이지 정부 수립

1889년
대일본제국헌법 제정

1894년
청일 전쟁

13
메이지 유신 이후 침략자가 된 일본

1904년
러일 전쟁

1910년
대한 제국 병합

1905년
을사조약 강요

서양의 압력에 나라 문을 열다

"흑선이 나타났다! 미국이 함대를 보내 나라 문을 열라고 한다."

1853년, 에도에서 가까운 항구에 4척의 시커먼 증기선이 도착했어. 페리가 이끄는 미국 함대였지. 페리는 나라 문을 열고 무역을 하자고 일본에 요구했어. 바쿠후는 다음 해에 답을 주기로 하고 페리 함대를 돌려보냈지.

"서양 오랑캐에게 나라 문을 열 수는 없습니다."

"하지만 저들의 요구를 거절했다간 중국처럼 아편 전쟁 같은 난리가 날지도 모릅니다."

"저들의 대포를 당하기는 어렵소. 전쟁을 피하려면 요구를 들어줍시다."

결국 바쿠후는 1854년 미국과 화친 조약을 맺고 나라 문을 열기로 했어. 몇 년 뒤 항구를 더 많이 열라는 미국의 위협으로 또다시 불평등 조약을 맺었지.

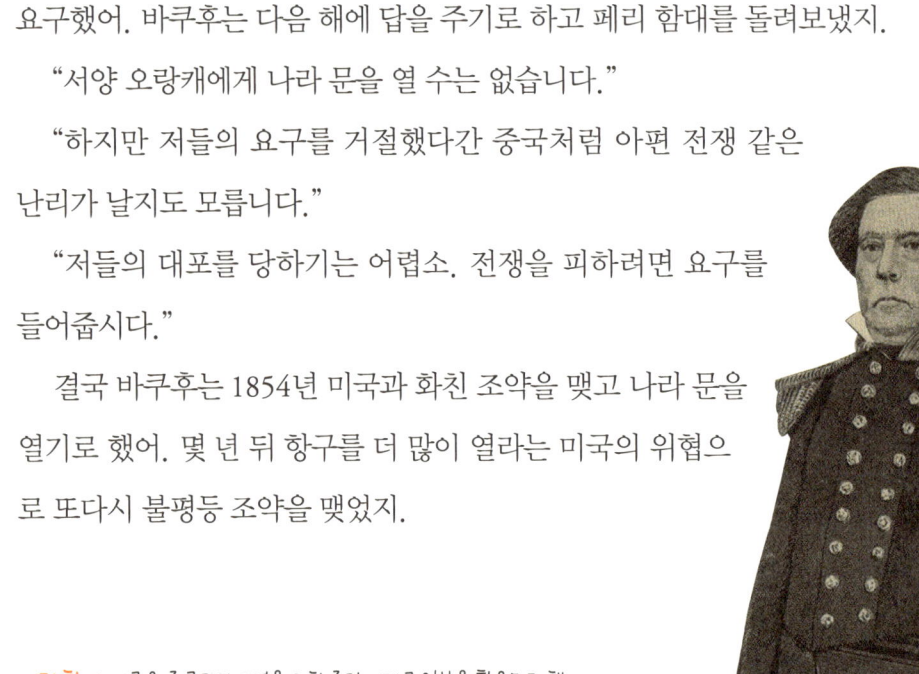

나라 문을 여시오!

페리 함대 미국은 중국과의 교역을 위한 중간 기지로 일본을 활용하려 했어. 고래를 잡으러 오가는 미국 포경선에 석탄과 식료품을 제공하라고도 요구했지.

그 결과 서양 물건이 수입되면서 수공업자들이 망하고, 금이 빠져나가 나라 살림이 어려워졌어.

"바쿠후는 덴노의 허락 없이 서양 오랑캐에 굴복해 나라 문을 열었소."

"이건 무효입니다. 덴노를 중심으로 뭉쳐 서양 오랑캐를 물리쳐야 하오!"

"바쿠후를 무너뜨리고 덴노를 다시 세웁시다!"

하급 무사들은 바쿠후를 무너뜨리고 덴노를 중심으로 새로운 나라를 세워야 한다고 외치고 다녔어.

나라를 지켜야 합니다!

요시다 쇼인 덴노를 중심으로 뭉쳐 서양 오랑캐를 물리쳐야 한다고 가르친 사람이야.

서양 세력과의 충돌 바쿠후를 무너뜨려야 한다고 가장 강하게 주장한 이들은 조슈와 사쓰마 지역 사람들이었어. 이 지역 무사들은 서양 세력과 직접 전쟁을 벌였다가 패한 뒤, 서양 문물을 배워야 한다고 생각하게 되었지. 아래는 영국을 비롯한 4개국이 조슈 지역의 시모노세키 포대 대포를 점령한 모습이야.

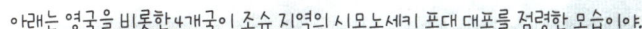

메이지 유신, 다시 덴노의 나라를 만들다

   1866년, 바쿠후군은 "바쿠후를 무너뜨리고 덴노를 세우자."라고 외치는 무사들을 정벌하려 했어. 하지만 오히려 전쟁에 지고 말았지. 쇼군은 이듬해 덴노에게 권력을 넘긴다고 발표했어. 바쿠후가 무너진 거야.

   1868년, 새로운 정부는 에도를 수도로 정하고 이름을 '도쿄'로 고쳤어. 그리고 전년에 새로 덴노가 된 소년 메이지가 교토를 출발해 도쿄로 들어왔지. 화려한 가마와 예복을 갖춰 입은 3000명의 행렬은 큰 볼거리였어. 다이묘들은 덴노에게 엎드려 절하며 충성을 맹세했지.

   "세상이 바뀌긴 바뀌었나 봐! 이젠 쇼군과 다이묘가 아니라 덴노 폐하와 관리들이 나라를 다스린다잖아. 덴노 폐하 만세!"

메이지 덴노

도쿄에 들어오는 덴노 덴노의 행차는 일본인들에게 새로운 시대가 열렸다는 것을 보여 주기 위한 이벤트였어.

덴노가 나가신다. 길을 비켜라!

덴노 폐하 만세!

이와쿠라 사절단 외무 장관 등 100여 명이 2년 동안 미국, 영국, 프랑스, 독일 등을 둘러보고 보고서를 써서 올렸어.

메이지 유신을 성공시킨 사람들은 나라의 힘을 덴노에게 모으기 위해 애썼어. 다이묘가 다스리던 토지와 백성은 이제 모두 덴노의 것이 되었지. 지방 제도를 고쳐 전국을 중앙 정부가 직접 다스리게 했어. 만 20세 이상의 남자는 모두 군대에 가도록 하고, 신분제를 고쳐 무사들의 특권도 없앴지.

서양을 몰아내야 한다고 주장했던 사람들도 생각을 바꿨어. 서양을 몰아내기 위해서라도 서양 문물을 배워야 한다고 판단한 거야. 인재 100여 명이 선발되어 2년 동안 전 세계를 돌아보았어. 이들이 써낸 보고서에는 앞으로 일본이 가야 할 길이 담겨 있었어.

곳곳에 공장과 학교, 서양식 건물이 들어섰고, 철도와 도로가 놓였지. 신식 군대가 만들어졌고, 신문이나 잡지도 발행되었어. 머리를 자르고 양복을 입는 사람도 많아졌고, 식사로 빵과 고기를 먹는 사람도 늘어났어. 일본은 빠르게 변해 갔어.

메이지 시대의 도쿄 일본의 전통과 새로운 서양 문물이 뒤섞인 탓에 혼란스럽기도 했지만 활기찬 모습이었어.

메이지 헌법을 만들다

"칼도 못 차게 하는 것은 우리를 평민과 똑같이 취급하는 거야."

"다이묘들에게는 보상금을 준다는데, 우리는 그런 것도 없고……."

메이지 유신 이후 무사들은 불만이 많았어. 칼을 차고 세상을 호령하던 자신들의 권한이 모두 사라졌기 때문이야. 몰락한 무사들은 1877년에 정부군에 맞서 반란을 일으키기도 했지. 하지만 새로운 무기로 무장한 정부군을 이길 수는 없었어.

새로운 시대에 발맞추어 국민들에게 더 많은 자유와 권리를 줘야 한다고 주장하는 사람도 나타났어.

"국민의 기본권을 보장하는 헌법을 만들자!"

"국민의 대표를 뽑아 의회를 구성하자!"

세이난 전쟁 메이지 유신 이후 불만을 가진 무사들이 정부에 맞서 반란을 일으켰어.

자유 민권 운동 자유와 권리의 확대를 주장하는 이들은 많은 사람의 지지를 받았어.

정부는 이들의 요구를 어느 정도 수용할 수밖에 없었어. 이토 히로부미를 비롯한 정부 대신들은 유럽 나라들의 헌법을 연구해 일본 헌법을 만들어 냈어. 1889년에 '메이지 헌법'이 세상에 나왔지.

"1조, 일본 제국은 덴노가 통치한다."

"2조, 덴노는 신성하여 침범할 수 없다."

메이지 헌법은 국민의 자유나 권리보다 덴노의 권한을 우선으로 하는 이상한 헌법이었어. 의원은 선거로 뽑도록 했지만, 투표권은 1년에 15엔 이상 세금을 내는 만 30세 이상 남자들에게만 줬지.

국민의 기본권 보장과 삼권 분립에 대한 내용도 있었지만, 진짜 민주주의가 시작되었다고 보기는 어려웠어. 하지만 일본은 헌법을 만들고 의회를 구성함으로써 새로운 나라로 거듭날 수 있었어.

메이지 헌법 선포식 메이지 헌법은 1946년 평화 헌법이 만들어질 때까지 계속 일본을 지배했어.

13 메이지 유신 이후 침략자가 된 일본

주변을 침략해 힘을 키우다

　메이지 정부는 영토를 넓히기 위해 애썼어. 먼저 북쪽의 홋카이도를 확실한 일본 영토로 만들었지. 이곳은 원래 아이누인들이 살던 땅이었는데, 바쿠후 시대부터 일본인이 들어가 살기 시작했어. 그러다가 메이지 유신 이후에 본격적으로 개척에 나섰던 거지.

　남쪽으로는 류큐 왕국을 무너뜨려 오키나와현으로 만들었어. 류큐 왕국은 청나라, 조선, 일본과 왕래하던 독립 왕국이었지만, 결국 일본의 한 지방이 되었지. 류큐 왕국을 차지함으로써 일본의 바다 영토는 크게 넓어졌어.

　타이완에도 눈독을 들였어. 당시 타이완은 청나라 영토였지만, 원주민과 중국인들이 섞여 살고 있었지. 일본은 작은 꼬투리를 잡아 타이완을 공격하고 자기 땅으로 삼으려 했어.

　조선도 가만두지 않았어. 일본은 군함 운요호를 강화도 앞바다에 보내 일부러 조선군과 충돌하게 했지. 그리고 이를 구실로 협상을 요구했어. 군대를 보내 대포를 쏘면서 말이야. 자신들이 당한 방법을 그대로 써서 조선에게 나라 문을 열라고 강요한 거지. 1876년, 조선은 일본과 조일 수호 조규(강화도 조약)를 맺어 나라 문을 열었어. 이 조약은 일방적으로 조선에 불리한 불평등 조약이었어.

　이런 사건을 거치면서 일본은 점점 자신감을 얻었지. 조선을 침략해 무사들의 불만을 달래자는 이야기까지 나올 정도였어.

홋카이도 침략 본토에서 건너온 사람들은 원래 홋카이도에 살고 있던 아이누인들을 몰아내고 그곳을 다스렸어.

홋카이도의 아이누인

조선 침략 일본은 조선과 강화도 조약을 맺은 뒤 조선 해안을 자유롭게 측량할 수 있는 권한, 일본인은 조선 법을 적용 받지 않는 권한 등 여러 특권을 얻었어. 불평등 조약이었지.

강화도 사건

홋카이도

조선
• 한성

청

일본

타이완 침략 일본은 타이완을 공격해 점령한 적도 있었어. 결국 청일 전쟁 이후 타이완을 청나라로부터 빼앗는 데 성공하지.

오키나와 침략 오키나와는 원래 류큐 왕국이었다가 메이지 유신 이후 일본의 일부가 되었어.

오키나와

타이완

타이완의 원주민

에도를 방문한 류큐 왕국의 사절단

청과 러시아를 물리치고, 조선을 식민지로 삼다

청일 전쟁 일본은 청일 전쟁을 문명국 일본과 야만국 청나라 사이의 전쟁이라고 선전했어.

1894년, 동학 농민 운동이 일어나자 조선 정부는 청나라에 도움을 요청했어. 청이 구원병을 파견하자 일본도 조선에 군대를 보냈어. 이 기회에 청을 물리치고 조선을 차지하려 했지.

전쟁에 대비해 해군력을 2.5배나 늘린 일본은 잇달아 대승을 거두었어. 청은 어쩔 수 없이 굴욕적인 조약을 맺고 전쟁을 끝내야 했지. 그 결과 일본은 랴오둥반도와 타이완을 차지하게 되었어. 그리고 일본 정부 예산의 4배에 이르는 막대한 배상금을 받아 냈지. 이 돈은 일본의 철강, 군수 산업을 발전시키는 종잣돈이 되었어. 일본 국민들은 환호했지.

"우리 일본이 중국을 넘어서는 강대국이 되다니, 감개무량하군."

"전쟁이란 게 이렇게 좋은 것이구먼."

하지만 일본은 끝내 랴오둥반도를 차지할 수 없었어. 러시아가 프랑스와 독일을 부추겨 일본에 압력을 넣었기 때문이지. 이를 본 조선 정부도 일본의 위협을 피해 러시아에 접근하기 시작했어.

"이러다간 다 잡은 고기인 조선까지 놓치겠어."

"러시아를 물리쳐야 아시아를 우리가 차지할 수 있어."

이런 때에 영국이 일본 편을 들고 나섰어. 러시아가 남쪽으로 내려오는 것을 막기 위해서였지. 미국도 일본을 지원했어. 일본은 두 강대국의 든든한 지원을 바탕으로 1904년에 러일 전쟁을 시작했어.

2년 동안 계속된 전쟁의 승패는 해전에서 갈렸어. 러시아가 자랑하던 발틱 함대가 일본 해군에 전멸하고 만 거야. 게다가 전쟁에 지친 러시아에서 혁명이 일어났어. 결국 러시아는 조선을 포기하겠다고 약속할 수밖에 없었지. 일본은 전쟁에 승리한 뒤 곧바로 을사조약을 강요해 조선의 외교권을 빼앗아 버렸어.

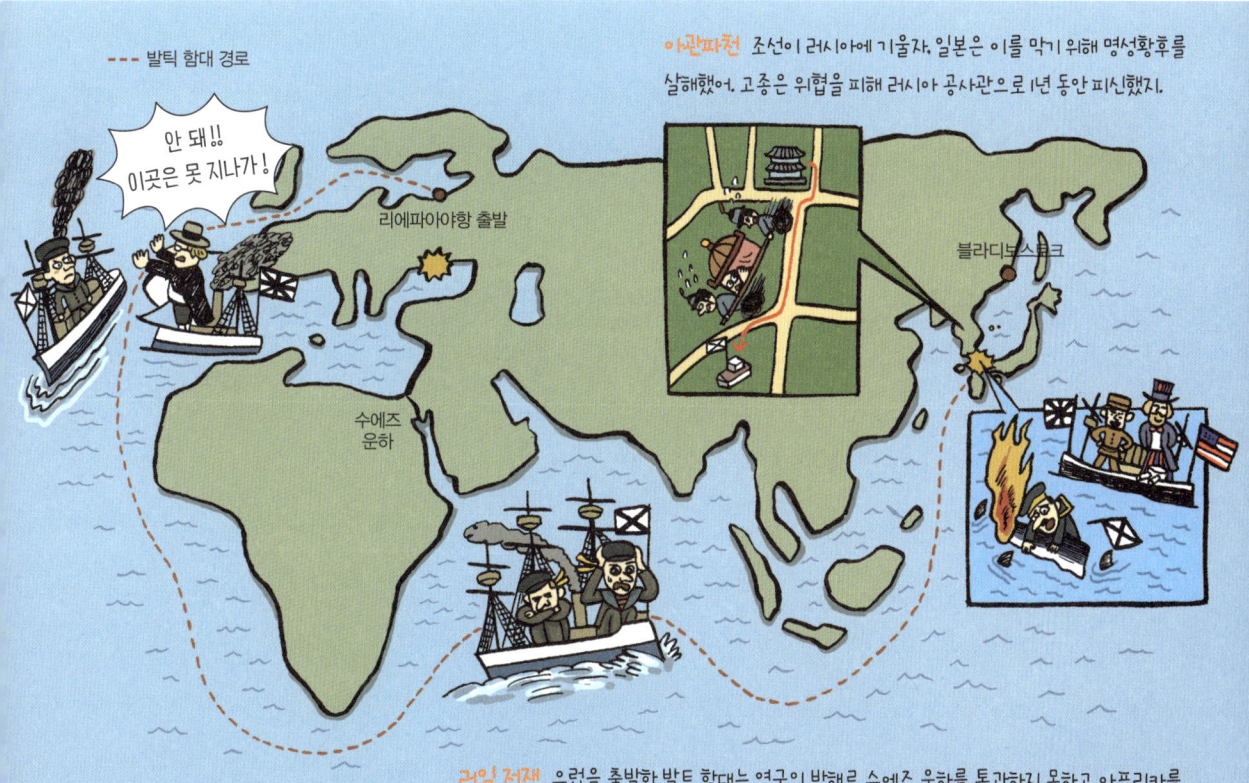

출발! 세계 속으로

아이누의 땅에서 일본 땅으로, 홋카이도

눈과 맥주의 도시 삿포로, 이국적인 풍광의 항구 도시 하코다테, 유리 공예로 유명한 운하의 도시 오타루, 푸른 초원과 꽃밭이 환상적인 후라노와 비에이. 모두 홋카이도의 유명 관광지야. 홋카이도는 일본 북쪽에 있는 큰 섬으로, 여름에는 서늘하고 겨울에는 눈이 많이 오는 곳이지.

혼슈의 북쪽 도호쿠(동북)와 바다 건너 홋카이도는 원래 '에미시'들이 살던 곳이었어. 일본 본토 사람들은 스스로 '야마토인'이라고 했고, 자신과 다른 이들을 '에미시'라고 불렀어. 에미시는 아이누인이라고 짐작돼. 아이누는 일본인과 다른 몽골 계통 인종으로, 쓰는 말도 달라. 몸에 털이 많은 것 등 이누이트와 비슷한 점이 많지. 홋카이도는 원래 에미시, 즉 아이누인이 살던 땅이었어.

바쿠후의 우두머리인 쇼군의 정식 명칭은 '세이이타이쇼군(정이대장군)'인데, '오랑캐를 정복하는 대장군'이란 뜻이야. 쇼군이 정복 대상으로 삼은 오랑캐가 바로 에미시지. 바쿠후 정부는 북동쪽으로 영토를 넓히면서 에미시들을 정복해 나갔어. 16세기에 이르면서 홋카이도 남부는 다이묘가 다스리는 지역이 되었지. 다이묘는 바쿠후에게 홋카이도 교역에 대한 독점권을 인정받고 홋카이도를 지배했어.

한편 러시아도 사할린섬과 이어지는 홋카이도에 접근했어. 그러자 바쿠후는 홋카이도를 직접 다스리겠다고 나섰지. 1799년에 홋카이도를 바쿠후의 땅으로 선언했다가 곧 다이묘에게 넘겨줬는데, 1855년에 다시 바쿠후가 직접 다스리겠다고 선언했어. 그러면서 아이누인들의 전통을 무시하고, 그들을 일본인으로 만들려고 했지.

후라노 여름이면 넓은 초원을 뒤덮는 갖가지 꽃들로 유명해.

오타루 운하가 쇠퇴하면서 다양한 공예품을 파는 관광 도시로 거듭났어.

하코다테 혼슈와 홋카이도를 잇는 항구로, 근대 문물이 들어온 문이기도 해.

삿포로 겨울이면 눈 축제가, 여름이면 맥주 축제가 벌어지는 홋카이도의 중심 도시야.

    이런 정책은 메이지 유신 이후 한층 강화되었어. 그전까지 '에조지(에미시의 땅)'라 불리던 이곳이 '홋카이도'라는 이름을 얻게 된 것도 이때부터야. 본토에서 넘어온 사람들은 아이누인을 죽이고 내쫓으며 홋카이도를 '개척'했어. 마치 미국 땅에 발 디딘 유럽인들이 원주민 인디언을 내쫓으며 서부 개척을 했듯이 말이야. 그 결과 아이누인의 전통문화는 파괴되었고, 아이누인의 수도 크게 줄었지.

    홋카이도에 가면 아직도 아이누의 전통을 지키며 사는 사람들을 만날 수 있어. 하지만 이들은 아주 소수고, 대부분 일본인이 되어 살아가고 있지. 아름다운 홋카이도 관광지 뒤에는 이런 슬픈 역사가 감춰져 있단다.

어린이들의 세계사

의무 교육, 누구나 소학교에 가야 한다

"학문은 몸을 바로 세우는 근본이니, 앞으로 나라 안에 배우지 못하는 집과 배우지 못하는 사람이 없도록 하라."

1872년, 메이지 정부는 새로운 학교 제도를 발표했어. 누구나 교육 받아야 한다는 점을 강조하면서 6세 이상 아동의 소학교 입학을 부모의 의무로 정했지. '의무 교육'이 시작된 거야.

사람들은 의무 교육에 어떤 반응을 보였을까? 놀랍게도 전국 각지에서 의무 교육 반대 운동이 일어났어. 어떤 마을에서는 3000명의 사람이 죽창과 엽총을 들고 소학교를 습격하기도 했어. 시위를 진압하기 위해 군대가 출동해야 했지.

왜 이런 일이 벌어졌을까? 의무 교육이라고는 하지만 아이를 학교에 보내려면 수업료를 내야 했어. 이 수업료가 꽤 비싸서 가난한 집에는 상당한 부담이 되었지.

소학교의 수업 모습 메이지 정부는 소학교, 중학교뿐만 아니라 대학교도 만들었어. 1869년, 여러 학교를 통합해 대학을 만들었고, 이것이 지금의 도쿄대학으로 이어지고 있어.

데라코야보다 수업료가 훨씬 비싼 것도 반발의 원인이었어. 게다가 아이들은 집안일을 돕는 귀한 일손이었는데, 일손을 빼앗기게 된 것도 문제였지.

무엇보다 의무 교육은 징병제를 실시하기 위한 준비이기도 했어. 명령을 알아듣고 그대로 따를 수 있는 병사를 길러 내는 준비 말이야. 일 잘하는 노동자를 길러 내는 방법이기도 했지.

메이지 시대의 교과서 1871년, 교육에 대한 일을 맡아보는 정부 기관인 문부성이 만들어졌어. 문부성은 교과서를 만드는 일도 맡았어.

이런 반발 속에서도 의무 교육은 빠른 속도로 자리를 잡아 갔어. 사회에서 살아남으려면 읽고 쓰고 계산하고 생각하는 능력이 꼭 필요했거든. 그리고 1890년, 메이지 덴노는 〈교육칙어〉를 발표했어. 학생들은 매일같이 이것을 낭독하고 암기해야 했지. 일본인들은 이렇게 어릴 때부터 덴노에 충성하는 국민으로 교육을 받게 되었어.

〈교육칙어〉 〈교육칙어〉는 메이지 덴노가 신하와 백성에게 직접 명령한 것으로, 모든 사람이 외우고 지켜야 했대.

너희 신민은 부모에게 효로~
형제에게 우애로, 부부 간에 화합하며~
항상 나라의 헌법을 중히 여겨
국법을 준수하라~

한 걸음 더!

돈가스의 탄생

고소하고 바삭하게 잘 튀겨진 돈가스, 생각만 해도 군침이 돌지? 돈가스가 어떻게 만들어졌는지 알고 있니?

1872년 2월, 열 명의 자객이 덴노가 사는 궁궐에 침입했어. 물론 금방 발각되어 죽거나 체포되었지. 이들이 궁궐에 쳐들어간 이유는 뭘까? 바로 고기를 먹으라는 메이지 덴노의 명령에 항의하기 위해서였어. 사건이 일어나기 직전인 1월, 메이지 덴노는 신하들과 저녁을 먹으면서 직접 고기 먹는 시범을 보였거든.

그전까지 일본인들은 고기를 잘 먹지 않았어. 불교의 영향으로 살생을 금지했기 때문이야. 덴무 덴노가 처음 고기를 먹지 말라는 명령을 내린 이후 여러 덴노와 쇼군이 비슷한 명령을 내렸어. 육식은 금지되었고, 사냥한 짐승이나 약으로만 고기를 먹을 수 있었지. 농사에 꼭 필요한 소를 보호하기 위한 목적도 있었어.

하지만 메이지 유신 이후 서양 문물을 받아들이면서 변화가 생겼어. 서양에 맞서려면 서양인들처럼 몸집을 키워야 하는데, 그러려면 고기를 먹어야 한다고 생각한 거지. 메이지 덴노가 앞장서서 고기를 먹어야 한다고 국민들을 설득했어.

육고기를 앞에 놓고 주저하는 모습이 담긴 책의 삽화

하지만 사람의 입맛이 하루아침에 바뀌지는 않지. 일본인들은 여전히 육식을 좋아하지 않았어. 어떻게 하면 일본인들에게 고기를 먹일 수 있을까? 일본의 전통 음식인 덴푸라(튀김)를 이용하는 방법이 개발되었어. 고기에 튀김 가루와 빵가루를 묻혀서 기름에 튀겨 내는 거지. 이렇게 돈가스라는 음식이 탄생한 거야.

돈가스 '포크 커틀릿'이라는 서양 음식을 일본식 덴푸라 요리로 변형시킨 거야. 밥과 된장국, 양배추를 곁들여 먹는 것은 일본식이지.

나베(냄비 전골)를 응용하기도 했어. 큰 냄비에 여러 가지 채소를 넣어 끓여 먹는 요리인데, 여기에 고기를 넣도록 한 거지. 이렇게 새로운 요리법이 나오면서 일본인들도 점차 고기 맛에 익숙해졌어. 다른 서양 문물에도 익숙해져 갔지.

나베 나베는 원래 '냄비'라는 뜻이야. 냄비에 된장 육수를 끓이면서 이것저것 넣어 먹는 요리지.

'강제 징용'이라는 말 들어 봤니? '일본군 위안부'라는 말은? 일본은 우리나라를 식민지로 삼은 뒤에 만주와 중국, 그리고 동남아시아에 쳐들어갔어. 계속된 전쟁으로 일손이 부족해지자 우리 젊은이들을 힘든 일터로 강제로 끌고 갔지. 여성들을 일본군의 성 노예로 삼기도 했어. 일본은 왜 이렇게 끔찍한 짓을 저질렀을까?

1919년
베르사유 조약 체결

1931년
만주 사변

1923년
간토 대지진

14
전쟁의 구렁텅이로 뛰어든 일본

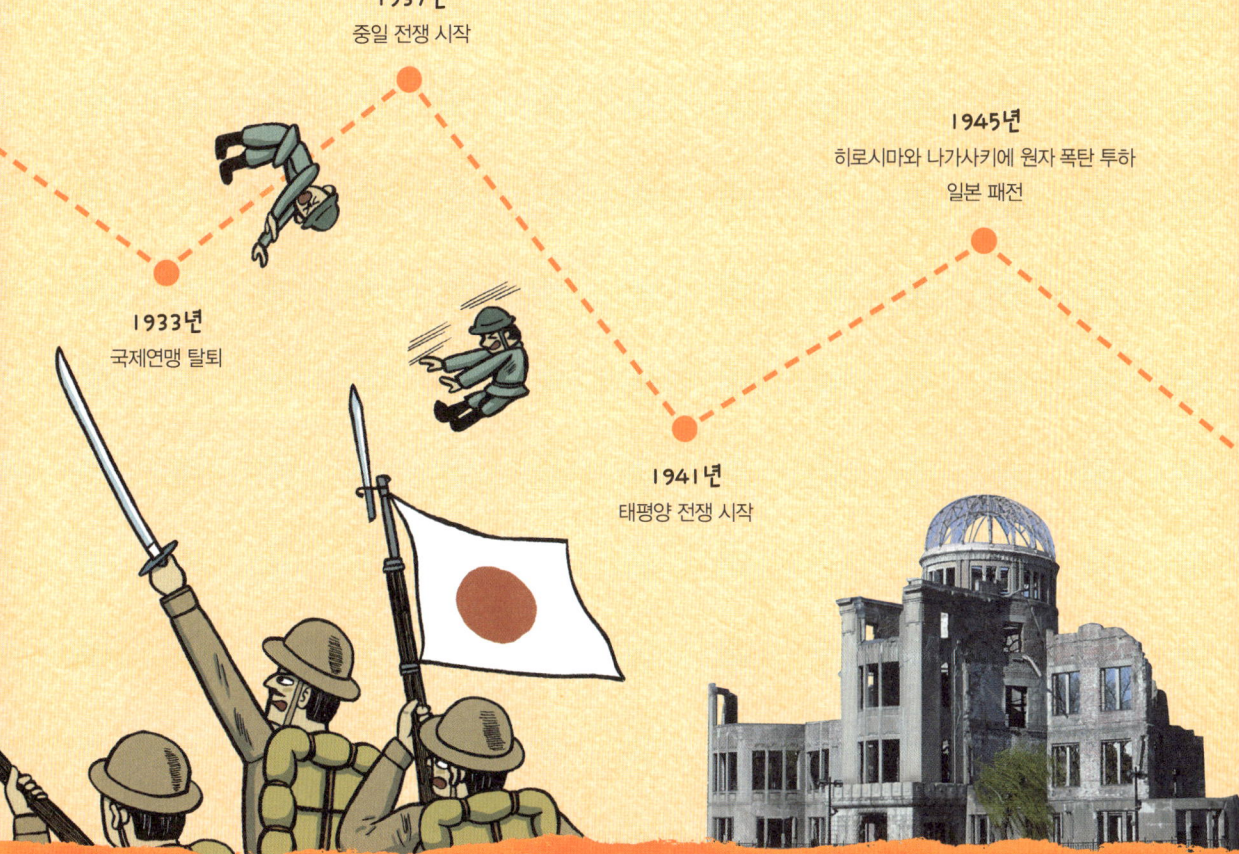

1937년
중일 전쟁 시작

1945년
히로시마와 나가사키에 원자 폭탄 투하
일본 패전

1933년
국제연맹 탈퇴

1941년
태평양 전쟁 시작

1차 세계 대전의 승전국이 되다

1910년, 일본은 대한 제국의 주권을 빼앗고 조선 총독부를 설치해 한반도를 다스렸어. 조선인들에게는 어떤 권리도 주지 않은 채 총과 칼로 사람들을 겁주고 윽박질렀지.

1914년에 1차 세계 대전이 터졌어. 전쟁은 주로 유럽에서 진행되었지만, 일본은 이 전쟁을 기회로 여겼지. 일본은 중국 땅을 차지할 욕심으로 산둥반도에 있던 독일군을 공격했고, 산둥반도의 이권을 차지했어. 1차 세계 대전에서 독일 쪽이 지자 일본은 미국, 영국, 프랑스와 함께 승전국이 되었어. 일본은 아시아의 강자로 인정받게 되었지.

일본의 산둥반도 점령 일본은 중국에게 산둥반도의 이권을 넘기라는 내용의 21개조 요구안을 내놓았어. 하지만 5·4 운동이 크게 일어나 일본의 요구를 거부할 수밖에 없었지.

일본의 조선 병합 1905년 을사조약으로 조선의 외교권을 빼앗은 일본은 야금야금 주권을 빼앗아 1910년 마침내 조선을 자기 나라의 일부로 만들었어.

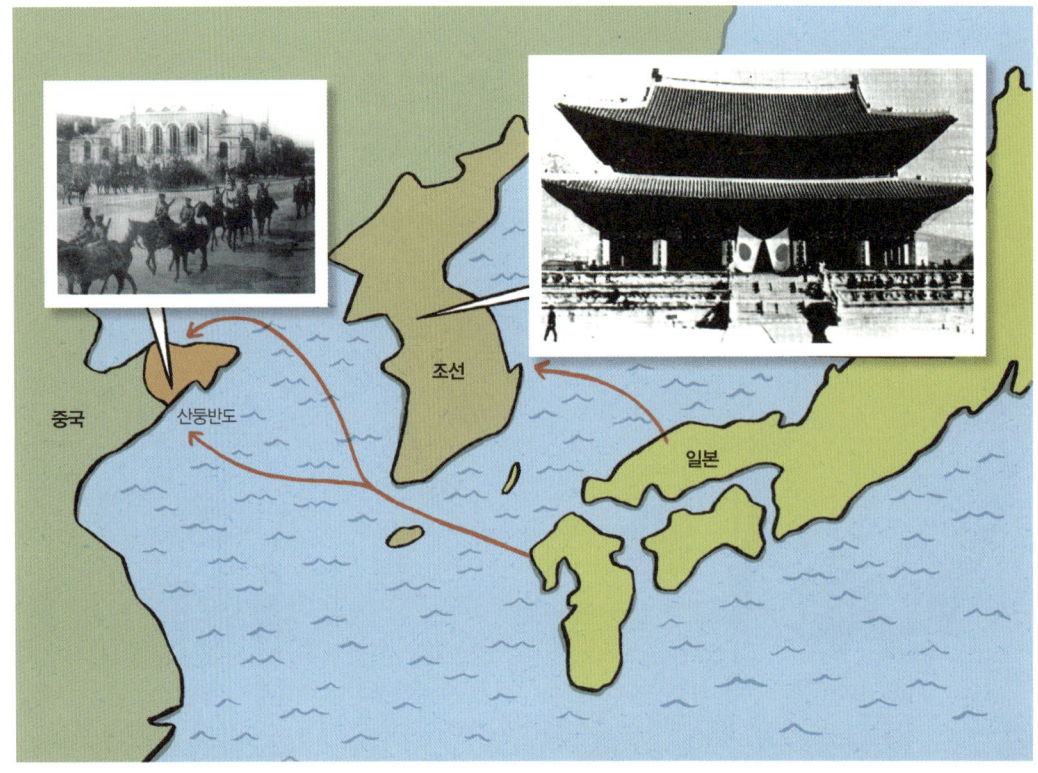

"대한 독립 만세! 우리는 독립을 선언한다!"

"일본은 산둥반도에서 물러나라! 일본의 부당한 요구를 거부한다!"

1차 세계 대전 후 한국과 중국에서는 일본에 반대하는 민족 운동이 크게 일어났어. 3·1 운동과 5·4 운동이지. 일본 안에서도 민주주의를 요구하는 목소리가 점점 높아졌어. 산업이 발달하고 서양 문물이 들어오면서 자유와 평등의 권리를 알게 된 사람이 많아졌거든.

"우리에게도 선거권을 달라! 보통선거를 실시하라!"

노동자들은 노동조합을 만들었고, 러시아 혁명의 영향으로 사회주의가 크게 유행해 사회주의 정당도 만들어졌어.

"노동자의 권리를 인정하라! 토지와 산업 시설을 국유화하자!"

1925년, 일본 정부는 보통선거권을 인정해야 했지. 비록 남자들에게만 적용되는 선거권이었지만 민주주의가 확대되는 듯했어. 한편 '치안 유지법'을 만들어 사회주의는 가혹하게 탄압했어.

간토 대지진과 조선인 학살 1923년에 도쿄를 중심으로 대지진이 일어났어. 이 지진으로 많은 사람이 죽고 사회가 혼란스러워지자 "조선인들이 우물에 독약을 넣었다. 사회주의자들이 폭동을 일으키려 한다."라는 소문이 퍼져 조선인과 사회주의자들이 학살을 당하고 탄압 받았지.

대공황의 위기 속에 만주를 침략하다

1929년 미국에 경제 위기가 찾아왔어. 대공황이 일어난 거야. 1923년 간토 대지진 후 경제 상황이 좋지 않았던 일본은 직격탄을 맞았어. 기업이 무너지고 임금이 줄고 해고가 늘었지.

"생존권을 보장하라!"

"우리에게 일자리를 달라!"

노동자와 실업자의 외침이 터져 나왔어.

"큰일이군. 이대로 가다간 우리 일본이 공산화될지도 몰라."

일본의 경제 공황 일본의 주요 수출품이었던 비단실 수출이 크게 줄면서 일본 경제는 큰 타격을 입었어. 예금을 찾기 위해 은행 앞에 줄을 선 일본인들의 모습이야.

"공산화를 막고 덴노 폐하를 지키려면 군인들이 나서야 합니다."

"그렇습니다, 장군님. 전쟁을 해서라도 이 위기를 극복해야 합니다."

1931년, 군부는 정부의 명령도 없이 만주를 공격했어. 중국이 먼저 공격했다는 거짓 보고를 되풀이하면서 말이야. 일본은 4개월 만에 만주를 차지하고, 만주국을 세웠어. 만주국은 이름뿐인 허수아비였고, 사실은 일본이 다스리는 나라였지. 그때까지 일본 편이었던 미국과 영국은 일본의 만주 침략을 크게 우려했어.

하지만 대부분의 일본 국민들은 만주를 차지했다는 소식에 환호했어. 만주의 풍부한 식량과 지하자원은 경제 위기를 극복하는 데 도움이 되었거든. 게다가 무기를 만드는 군수 산업이 발전하면서 경제가 되살아나는 듯 보였어.

"허허, 무능한 정치인들보다 박력 있는 군인들이 낫군."

만주국 일본은 청나라의 마지막 황제였던 푸이를 데려와 만주국의 황제 자리에 앉혔어. 하지만 만주국을 실제로 다스린 건 일본이었지.

이제 일본은 군인들이 총칼로 지배하는 나라가 되었어. 젊은 장교들이 수상을 암살하는 일이 일어났지. 군인들이 의회로 쳐들어가 대신들을 죽이는 일까지 벌어졌어. 개인의 자유와 권리는 국가와 민족의 발전을 위해 포기해야 하는 것쯤으로 여겨졌지. 덴노는 신처럼 떠받들어졌고, 그에 대한 비판은 꿈도 못 꾸게 되었어. 전쟁에 반대하면 반역자 소리를 들어야 했지. 전쟁의 광기가 일본을 뒤덮었어.

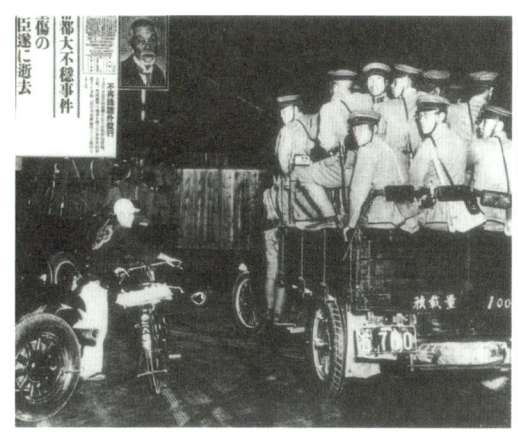

5·15사변 1932년. 군인들이 정권을 잡아야 한다며 해군 장교 10여 명이 수상을 죽인 사건이야. 이 사건 이후 정당 정치는 뒷전이 되었고, 군인들이 정치를 주도했어.

2·26사건 1936년. 육군 장교들이 군인 1400명을 이끌고 의회로 쳐들어가 대신들을 죽였어. 부패한 정치인들을 쓸어버리고 덴노가 나라의 중심이 되어야 한다고 주장했지.

중국으로 쳐들어가다

만주를 차지한 뒤 호시탐탐 기회를 엿보던 일본은 1937년, 드디어 중국에 쳐들어갔어. 일본군은 베이징이 있는 화북 지역을 점령하고, 상하이와 난징 등이 있는 남쪽으로 내려갔지. 난징 시민들은 일본군에 맞서 끝까지 싸웠어.

"태우고, 빼앗고, 모조리 죽여라!"

일본군은 민간인들을 무참히 학살하는 만행을 저질렀어. 30만 명에 가까운 난징 시민이 목숨을 잃었어. 일본은 중국의 주요 도시를 점령했지만, 중국은 항복하지 않고 농촌을 중심으로 게릴라전을 펼쳤어. 그때까지 일본 편이었던 미국, 영국도 일본을 비난하기 시작했어.

전쟁은 장기화되었지. 전쟁이 길어지면서 식민지 조선의 사정도 크게 나빠졌어. 전쟁 물자를 생산하느라 한때 산업이 발전하는 듯했지만, 그건 모두 전쟁을 위한 것이었어. 일본 국내 사정도 마찬가지였지. 1938년, 일본은 '국가총동원법'을 만들어 전쟁에 모든 물자를 쏟아부었어.

1939년, 독일이 유럽에서 2차 세계 대전을 일으키자, 장기전의 늪에 빠져 물자 부족으로 어려움을 겪던 일본은 동남아시아까지 침략했어.

"독일 덕분에 인도차이나의 프랑스군이 유럽으로 물러났군. 이 틈에 우리가 인도차이나를 차지해야겠어."

"유럽의 지배에 맞서 아시아가 단결하자."

"대동아공영권으로 뭉쳐 미국, 영국에 대항하자."

하지만 일본의 계획은 결코 '아시아가 함께 번영하자.'는 것이 아니었어. 미국, 영국, 프랑스, 네덜란드의 식민지였던 아시아 지역을 일본이 대신 차지하겠다는 속셈이었지. 일본은 독일, 이탈리아와 동맹을 맺었어. 이에 맞서 미국, 영국은 일본을 적으로 삼고 무역을 금지시켰어.

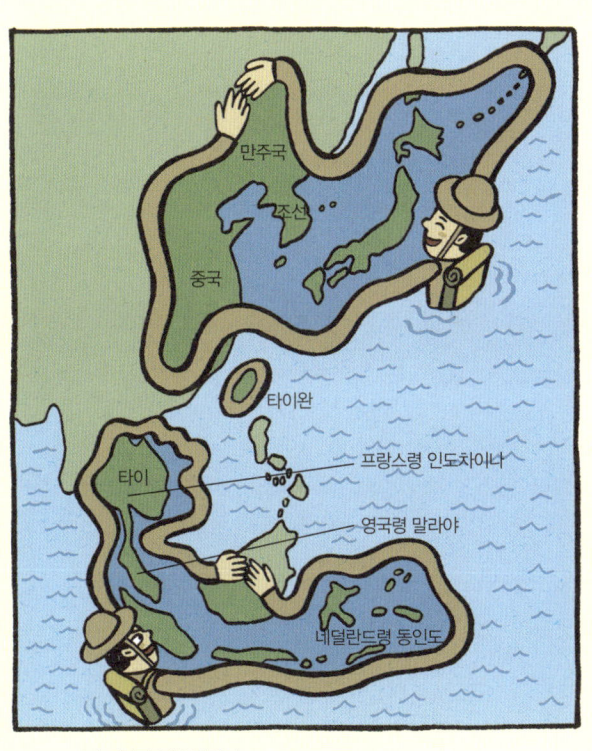

— 1945년 직전의 일본 점령지

대동아공영권과 대동아회의 만주와 중국을 침략하면서 일본과 미국, 영국의 사이는 틀어졌어. 그러자 일본은 '대동아공영권'을 내세웠어. 서양에 맞서 아시아가 단결해야 한다는 거야. 1943년에는 도쿄에 아시아 대표들을 모아 놓고 정상 회의도 열었어. 하지만 이것은 침략을 숨기기 위한 술수에 불과했어.

전쟁의 구렁텅이에서 원자 폭탄을 맞다

미국이 철강, 석유 수출을 금지시키자, 일본은 미국과의 전쟁을 피할 수 없다고 생각했어. 1941년에 일본은 미국의 해군 기지가 있던 하와이의 진주만을 기습 공격했어.

"미국 땅이 적에게 공격을 당한 것은 처음 있는 일입니다. 우리는 결코 이를 용서하지 않을 것입니다."

미국은 뛰어난 경제력을 바탕으로 군함과 비행기를 다시 만들어 일본에 반격하기 시작했어. 1942년에 미드웨이 해전에서 승리한 미국은 태평양에서 거세게 일본을 몰아붙였지. 일제의 지배를 받던 조선이나 중국, 동남아시아도 계속해서 일본에 저항했어.

궁지에 몰린 일본은 나라의 모든 힘을 전쟁에 쏟아부었어. 젊은이들은 모두 전쟁터에 나가야 했고, 물자도 전쟁에 먼저 사용되었지. 식민지나 점령지에 대한 괴롭힘도 더 심해졌어.

히로시마 원자 폭탄 일본 점령 과정에서 미군의 피해를 줄인다는 명분으로 원자 폭탄이 투하되었어.

나가사키 원자 폭탄 원자 폭탄이 사용되면서 도시에 살고 있던 수많은 민간인들이 죽고 말았어. 써서는 안 될 무기가 사용된 거야.

부족한 일손을 채우기 위해 조선이나 중국, 동남아시아에서 사람들을 강제로 동원하고, 병사로 끌고 가기도 했지. 식량과 물자도 강제로 빼앗아 갔어. 심지어 수십만 명의 여성이 일본군 '위안부'라는 이름으로 일본군의 성 노예가 되었어.

모든 상황이 불리한데도 일본은 끝까지 항복하지 않았어. 자신들이 이기고 있다고 국민을 속이며 '가미카제 특공대(비행기에 폭탄을 싣고 미국 함대에 돌진하던 자살 공격 부대)' 같은 무모한 공격을 계속했지. 미국은 일본의 대도시를 무차별 폭격했어. 1945년 3월, 도쿄 대공습 때는 무려 2400톤의 폭탄을 쏟아부어 도시 전체가 불타고 10만 명 이상이 목숨을 잃었어.

같은 해 8월 6일 아침, 미국 폭격기가 히로시마에 무게 4톤의 원자 폭탄을 떨어뜨렸어. 엄청난 불길과 고열, 그리고 방사선으로 무려 14만 명이 그 자리에서 죽었지. 사흘 뒤에는 나가사키에 또 다른 원자 폭탄이 떨어져 도시는 잿더미가 되었어. 게다가 그 하루 전인 8일에는 소련이 일본에 선전 포고를 하고 만주에 쳐들어갔어. 더 이상 버틸 수는 없는 상황이었지. 마침내 8월 15일 일본의 덴노는 방송을 통해 무조건 항복을 선언했어.

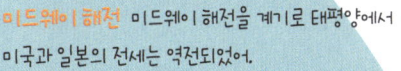

미드웨이 해전 미드웨이 해전을 계기로 태평양에서 미국과 일본의 전세는 역전되었어.

✳ 미드웨이 해전
✳ 진주만 공격
   하와이 제도

태평양

아시아·태평양 전쟁 유럽, 아프리카에서뿐 아니라 아시아, 태평양에서도 전쟁이 계속되었어. 말 그대로 세계 대전이었지.

진주만 공격 일본은 하와이 진주만을 기습해 미국의 해군력과 공군력에 큰 타격을 입혔어. 하지만 미국은 발달된 군수 공업의 힘으로 금방 군사력을 복구했지.

일본의 최대 영역

출발! 세계 속으로

원자 폭탄의 상처를 안은 도시, 히로시마

히로시마는 인류 역사상 최초로 원자 폭탄을 맞은 도시야. 1945년 8월 6일, 미군 폭격기에서 떨어진 무게 4톤의 원자 폭탄은 도시를 완전히 파괴해 버렸지. 당시 히로시마에는 일본 육군 부대가 자리 잡고 있었고, 자동차 공장, 조선소 등 군수 공업이 발달해 있으면서도 미군 포로수용소가 없다는 점 때문에 원자 폭탄을 떨어뜨릴 장소로 정해졌다고 해.

아무리 전쟁 중이었다고 해도 수만 명의 민간인이 피해를 입은 것은 용납하기 힘든 일이야. 히로시마에는 희생자들을 추모하는 평화 공원이 있어. 기념관에서는 다양한 원자 폭탄 피해 사연들을 만날 수 있지. 특히 '사다코의 종이학' 이야기가 유명해. 사다코는 두 살 때 원자 폭탄의 방사능에 노출되어 열두 살에 백혈병 진단을 받고 투병 생활을 했어. 사다코는 언젠가 건강하게 다시 일어나기를 기도하며 종이학을 접었지. 하지만 그녀는 끝내 다시 일어날 수 없었어. 이제 사다코의 종이학은 핵무기 없는 세상, 평화로운 세상을 바라는 상징이 되었지.

사다코 추모비 사다코는 결국 종이학 천 마리를 접지 못하고 세상을 떠났어. 사다코가 미처 못 접은 종이학을 접어 사다코를 추모하려는 참배객들이 많단다.

평화 공원에서 가장 유명한 것은 바로 원자 폭탄 돔이야. 원래는 '물산장려관'이었는데, 원자 폭탄의 영향으로 폐허가 된 건물이지. 그런데 건물이 완전히 무너지지 않고 일부 형태가 남을 수 있었던 이유가 있대. 이 건물 바로 위에서 원자 폭탄이 폭발했기 때문이야. 폭발의 힘이 수직 방향으로만 영향을 끼쳐 완전히 무너지지 않았던 거지. 이 건물은 원자 폭탄의 무시무시한 힘을 보여 주는 상징물로, 1996년에 세계 문화유산이 되었어.

원자 폭탄 돔 원자 폭탄이 터진 부근에서 유일하게 형체나마 남아 있는 건물이야. 히로시마를 재건할 때도 이곳은 영구히 보존하기로 했대.

평화 공원에서 또 하나 빠뜨리지 말아야 할 것은 한국인 피해자를 기리는 위령비야. 당시 히로시마에는 우리 동포가 많이 살고 있었거든. 원자 폭탄 탓에 히로시마와 나가사키에 있던 약 5만 명의 한국인이 목숨을 잃었고, 5만 명 이상이 피해를 입었어. 그중 일부가 해방 뒤 귀국해서 경남 합천에 터를 잡았지. 그 후손들 중에는 아직도 후유증에 시달리는 사람들이 있어. 이제 다시는 이런 비극이 되풀이되어서는 안 되겠지?

한국인 희생자 위령비 한국인 원자 폭탄 피해자들은 일본 정부를 상대로 여러 건의 피해 보상 소송을 제기했어.

어린이들의 세계사

전쟁에 동원된 어린이들

나는 일기에 "오늘부터 일본은 미국, 영국과 전쟁을 시작했습니다. 이겼으면 좋겠습니다."라고 썼다. 그런데 담임 선생님과 교장 선생님은 화를 내셨다. 나는 학교가 끝나는 5시까지 벌을 서고 나서야 비로소 무엇을 잘못했는지 알게 되었다. "반드시 이깁니다. 필승입니다."라고 써야 했던 것이다.

위의 글은 1942년 일본의 어떤 어린이가 쓴 일기야. 어때, 끔찍하지? 전쟁은 이렇게 어린이의 생활에까지 영향을 끼쳤어. 모든 어린이가 '덴노 폐하 만세'를 외치고, 매일같이 나라에 충성을 맹세해야 했지. 모든 물자를 전쟁에 쏟아붓다 보니 식량과 물자가 부족해져 많은 사람이 어려움을 겪기도 했어. 미국의 폭격기가 쏟아붓는 폭탄은 어린이라고 피해 가지 않았지.

군대식 훈련을 하는 어린이들 일본은 어린이들에게도 증오심과 싸우는 법을 가르쳤어. 나무 인형에 영국의 처칠과 미국 루스벨트의 얼굴이 붙어 있어.

<u>소년병</u> 14~17세 학생들까지 지원, 또는 반강제로 전쟁에 나가야 했어.

　이런 가운데 일본 정부는 어린 학생들까지 전쟁에 동원하려 했어. '소년병'을 모은 거야. 어른들에게 귀가 닳도록 "애국해라. 충성해라."라는 이야기를 듣고 자란 어린이들은 꼭 그래야 하는 줄 알고 소년병에 지원했어. 일본 정부는 어린 학생들까지 나라를 위해 나서고 있다고 선전하며 이런 행동을 부추겼지.

　하지만 전쟁이 끝나면서 소년병들도 진실에 눈뜨게 돼. 덴노는 신이 아니라 인간이며, 일본이 일으킨 전쟁은 정의로운 전쟁이 아니라 나쁜 전쟁, 침략 전쟁이었다는 사실을 말이야.

<u>《반딧불이의 무덤》</u> 연합군의 공습으로 가족을 잃고 비참한 생활을 해야 했던 어린이들의 모습을 담은 애니메이션이야. 침략자인 일본을 피해자로만 묘사했다는 비판을 받기도 하지만, 침략국인 일본의 국민도 전쟁 중에 얼마나 힘든 생활을 해야 했는지 잘 보여 주는 작품이지.

일본은 지금 세계에서 가장 잘 사는 나라 중 하나야. 2차 세계 대전에서 패배해 허덕이던 일본이 어떻게 놀라운 경제 성장을 이루게 되었을까? 그리고 우리나라는 앞으로 일본과 어떻게 지내야 할까? 가까운 이웃 나라인 우리나라와 중국, 일본은 함께 평화로운 미래를 만들어 나갈 수 있을까?

1972년
중일 국교 수립

1955년
자유민주당(자민당) 결성

1964년
도쿄 올림픽 개최

1946년
일본국헌법(평화 헌법) 공포

15

패전을 딛고 경제 대국이 된 일본

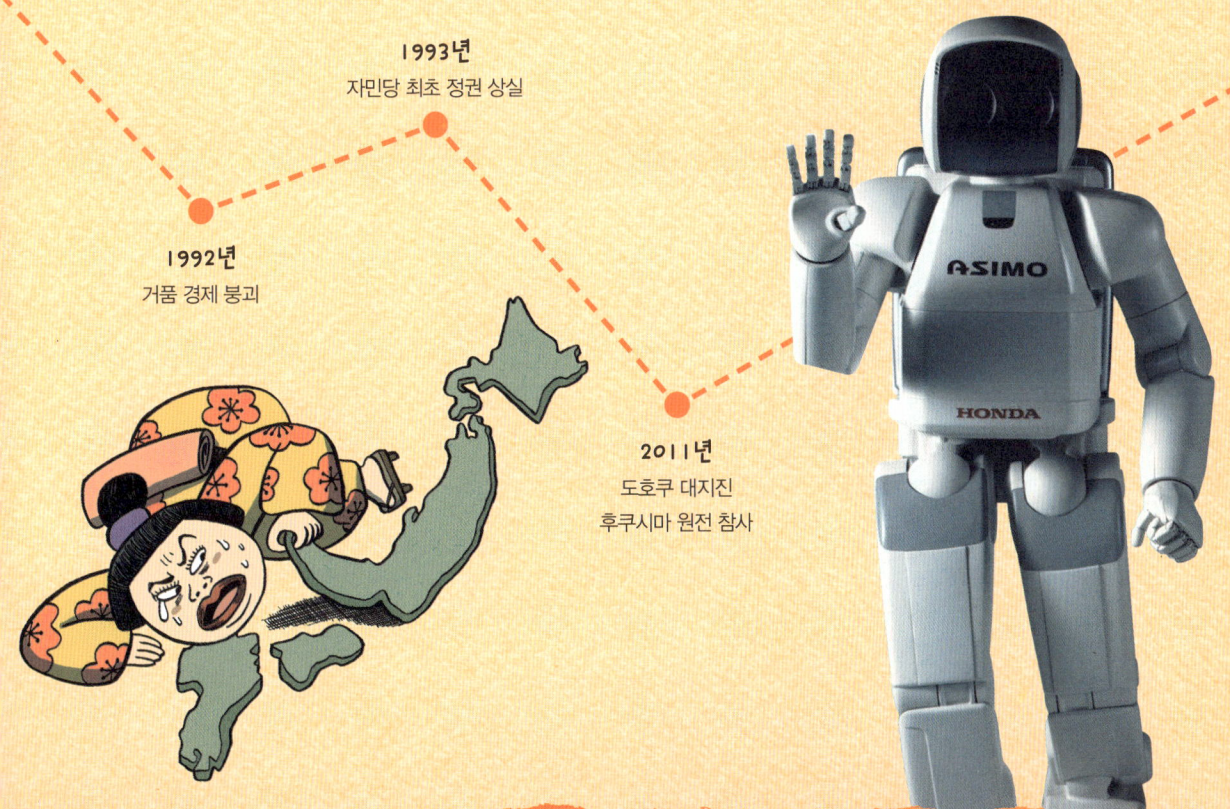

1993년
자민당 최초 정권 상실

1992년
거품 경제 붕괴

2011년
도호쿠 대지진
후쿠시마 원전 참사

미군의 지배 아래 평화 헌법을 만들다

패전한 일본은 연합국 총사령부의 지배를 받게 되었어. 미국의 맥아더가 사령관이었지. 미국을 비롯한 세계 각국은 전쟁을 일으킨 자들을 엄하게 처벌해서 다시는 전쟁을 일으키지 못하게 해야 한다고 생각했어. 침략 전쟁에 가장 큰 책임을 져야 할 사람은 바로 덴노였지.

항복을 받는 맥아더 미군 전함 미주리호에서 맥아더가 지켜보는 가운데 시게마스 마모루 일본 외상이 항복 문서에 서명했어. 시게마스는 윤봉길 의거 때 부상을 당한 사람이기도 해.

"일본인들은 덴노를 '살아 있는 신'으로 떠받드는데 만약 덴노를 처벌한다면……. 차라리 덴노를 이용해 일본을 다스리는 게 낫겠어."

미국은 덴노를 처벌하는 대신 덴노로 하여금 '나는 신이 아니라 인간'이라고 선언하도록 했어. 그리고 전쟁을 지휘한 수상과 장군, 그 아랫사람들을 전쟁 범죄자로 처벌했지.

도쿄 전범 재판 A급 전쟁 범죄자를 재판해 7명 사형, 16명 종신형, 2명 금고형 판결을 내렸어. 하지만 종신형과 금고형을 받은 사람들은 나중에 석방되어 다시 복귀했어.

"일본에 대한 우리의 원칙은 두 가지다. 첫째, 일본을 다시는 전쟁할 수 없는 나라로 만든다. 둘째, 일본을 민주주의 나라로 만든다."

맥아더는 이 원칙에 따라 전쟁에 참여했던 군인과 정치인을 쫓아냈어. 전쟁을 미화하고 국가와 민족을 강조하던 교과서가 사라지고, 민주주의와 자유를 강조하는 새로운 교과서가 등장했지. 선거 연령을 20세로 낮추고, 여성에게도 투표권을 줬어. 노동자들의 단결권과 파업권도 보장했지. 전쟁을 도왔던 재벌들을 해체시키기도 했어. 맥아더는 이런 원칙들을 확실히 하기 위해 헌법을 새로 만들기로 했어.

"1조, 덴노는 단지 국가와 국민 통합의 상징이다. …… 9조, 일본은 군대를 갖지 않으며 전쟁을 포기한다."

"덴노 폐하가 상징에 불과하다니……."

"아무리 그래도 군대를 갖지 못하게 하는 건 너무한 거 아닌가?"

"그렇게 계속 반대하면 덴노를 전쟁 범죄자로 재판에 넘길 수도 있어!"

결국 1946년에 '평화 헌법'이 만들어졌어. 일본은 이제 국민이 선거를 통해 의원을 뽑고, 의원들이 다시 내각총리대신(수상)을 뽑아 나라를 다스리게 되었어. 덴노는 아무 권한이 없는 상징이 되었어. 하지만 덴노 자체는 유지되었지.

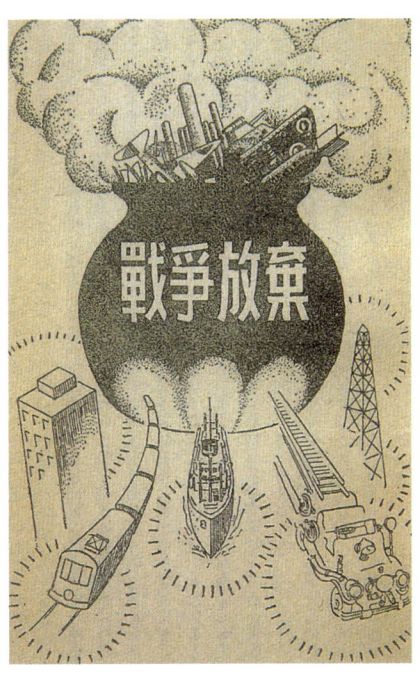

평화 헌법 홍보 포스터 '전쟁을 방지하기 위해 육해공군 기타 전력을 보유하지 않으며, 국가의 교전권을 인정하지 않는다.'라는 평화 헌법 9조의 내용을 그림으로 표현한 거야.

아시아의 반공 기지로 거듭나다

1949년, 중국에 중화인민공화국이 수립되었어. 공산당이 국민당을 이긴 거야. 1950년에는 북한이 남한을 공격해 전쟁이 일어났지. 아시아에서 공산주의가 번져 나가자 미국은 일본에 대한 정책을 바꾸기 시작했어.

"민주주의도 좋지만 우선 공산주의를 막아야 해."

맥아더는 1950년에 경찰예비대(자위대)를 창설했는데, 이것은 평화 헌법에서 금지하는 군대와 다를 게 없었어. 자위대를 이용해 공산당의 활동을 금지시켰고 노동조합이나 노동운동도 탄압했지. 공산주의자로 낙인찍힌 사람들은 공직이나 기업에서 쫓겨났어. 이 틈을 타 과거 침략 전쟁에 협조했던 자들이 슬금슬금 복귀했어. 군인, 정치인, 관리, 기업인 등 전쟁에 대한 책임을 져야 할 이들이 '반공'을 외치며 자기 자리로 돌아온 거야.

미국은 일본이 자신들을 대신해 공산주의와 싸울 '아시아의 반공 기지'가 되면 좋겠다고 생각했어. 이를 위해 1951년에 샌프란시스코에서 일본과 전쟁을 마무리하는 조약을 맺었지. 이제 일본은 연합국의 점령에서 벗어나 다시 국제 사회에 나올 수 있게 되었어.

경찰예비대 창설 한국 전쟁을 계기로 창설된 경찰예비대는 일종의 군대로, 나중에 자위대가 되었어. 평화 헌법이 무색해진 거지.

샌프란시스코 강화 조약
샌프란시스코 강화 조약이 체결되면서 일본은 점령 상태에서 벗어나 다시 정상적인 국가가 되었어. 하지만 일본으로부터 가장 많은 피해를 입은 중국이나 우리나라, 북한은 이 조약에 당사자로 참여하지 못했지.

"세상이 거꾸로 돌아가는 것을 보고 있을 수만은 없습니다. 평화와 민주주의를 소중하게 생각하는 사람들의 힘을 모읍시다."

위기를 느낀 사람들은 '사회당'을 만들었어. 평화와 노동자의 권리를 강조하는 사회당이 만들어지자, 반공과 경제 자유를 강조하는 사람들도 단결을 외쳤어. 특히 대기업들이 이런 움직임을 적극 후원했지. 결국 이들은 자유민주당(자민당)을 만들었어. 이후 대체로 의회의 3분의 2는 자민당이, 3분의 1은 사회당이 차지하게 되었어. 정부를 감시하고 비판하는 시민 단체도 많이 만들어져 다양한 목소리를 내게 되었지.

안보 투쟁 미국과 군사 동맹을 강화하려는 안보 조약 체결에 맞서 학생과 시민들이 반대 운동을 펼쳤어. 일본의 뜻과 상관없이 미국의 뜻대로 전쟁에 동원될 수 있다는 불안감이 컸기 때문이야.

세계적인 경제 대국이 되다

2차 세계 대전에 패배해 낙심하고 있던 일본에게 한국 전쟁은 단비 같은 소식이었어.

"이것은 하늘이 우리 일본에게 준 기회야."

미국이 한국 전쟁에 뛰어들면서 전쟁 물자를 대부분 일본에서 만들게 했거든. 이로 인해 일본 경제가 되살아나기 시작했어.

평화 헌법으로 군사비 부담이 없어진 것도 경제 발전에 큰 몫을 했어. 일본이 예전부터 가지고 있던 높은 기술력, 잘 훈련된 노동력, 그리고 회사를 한 가족처럼 생각하는 집단주의 문화도 한몫을 했지. 자민당과 사회당이 의회를 주도하면서 정치가 안정된 것도 경제에 도움이 되었어.

한국 전쟁 특수 한국 전쟁에 필요한 군수 물자를 일본에서 생산하면서 일본은 경제적 호황을 누렸어.

이 덕분에 일본은 1955년에 이미 패전 이전의 경제 수준을 회복했고, 그 이후 호황이 계속되어 빠른 속도로 경제 규모가 커졌어. 집집마다 세탁기, 냉장고, 텔레비전이 보급되었지.

베트남 전쟁은 또 한 번의 기회였어. 일본은 전쟁에 직접 참여하지는 않았지만, 미국과 한국 등 전쟁에 참여한 나라들에 물자를 공급하면서 큰 혜택을 봤거든.

1964년에 열린 도쿄 올림픽은 일본이 다시 살아났음을 전 세계에 알리는 이벤트였어. 일본은 미국에 이어 세계 2위의 경제 대국으로 성장했지. 사람들은 자가용을 탔고, 집에 에어컨을 달고, 컬러 텔레비전을 봤어.

도쿄 올림픽 1964년에 개최된 도쿄 올림픽은 일본이 부활했음을 보여 주는 축제였어.

1973년, 세계적으로 석유 가격이 크게 오르자 일본 경제도 타격을 입었어. 하지만 일본은 전자 산업을 비롯한 첨단 산업을 발전시켰지.

"소니의 전자 제품, 도요타와 닛산의 자동차, 캐논과 니콘의 카메라는 세계 최고야!"

일본 경제는 미국을 위협할 정도로 성장했고, 수출이 수입보다 훨씬 많아졌지. 일본인들은 이런 풍요가 계속될 것이라고 생각했어.

일본의 전자 상가와 소니 워크맨 일본은 작고 실용적인 가전제품을 개발해 세계 시장에서 큰 인기를 끌었어. 일본의 노동조합들은 임금 인상을 내걸고 봄마다 투쟁을 벌였고, 기업들은 극단적인 대립을 피하기 위해 이들의 요구를 어느 정도 들어줬어. 그 덕분에 노동자들의 임금은 매년 올랐고, 그것이 경제 성장의 밑거름이 되었지.

거품이 꺼지고 장기 불황이 계속되다

1985년, 미국은 무역 적자 문제를 바로잡아야겠다고 생각했어.

"일본은 달러화에 대한 엔화의 가치를 올리시오."

이렇게 하면 일본 상품의 가격이 올라 수출이 줄게 되거든. 일본은 이 요구를 받아들일 수밖에 없었어. 일본은 수출이 줄어 경기가 나빠질까 봐 싼 이자로 돈을 풀었어. 너도나도 쉽게 돈을 빌릴 수 있었지. 사람들은 이 돈으로 집과 땅을 사고, 주식에 투자했어. 돈 많은 일본인들은 심지어 다른 나라의 땅이나 기업까지 사들였어.

하지만 1990년대에 들어서자 거품이 꺼졌어. 땅과 주식 가격이 폭락하고, 모두들 가지고 있던 땅과 주식을 팔자 가격은 더욱 떨어졌지. 빚이 많아진 사람들이 물건을 사지 않자 공장도 멈추고 실업자도 늘어났어. 이런 악순환이 무려 10년 동안 계속되었어. '잃어버린 10년'이었지.

잃어버린 10년 일본과의 무역에서 심각한 적자를 보던 미국은 플라자 합의를 강요했어. 엔화 가치가 올라가자 돈 많은 일본인들은 세계 곳곳에서 땅과 주식을 사들였어. 미국이나 유럽에서는 '와타나베 부인'이 세계를 사들이고 있다고 걱정했지. 이런 거품이 꺼지자 일본은 긴 불황을 맞게 되었어.

일본의 첨단 로봇 기술 일본 경제가 활력을 잃었다고는 하지만 아직도 일본은 경제 대국이고 첨단 기술 강국이야.

　일본은 장기 불황을 극복하기 위해 온갖 애를 썼어. 이제 은행은 함부로 돈을 빌려주지 않았고, 기업은 무리하게 키웠던 공장이나 기계를 줄이고, 직원의 숫자도 줄였지. 아예 인건비가 싼 외국으로 공장을 옮기기도 했어. 이렇게 구조 조정이 계속되면서, 노동자들은 언제 잘릴지 모르는 처지가 되었지. 회사는 '한 가족'이고 '한 번 직장은 영원한 직장'이라는 말은 옛말이 되었어. 직장을 잃고 길거리를 헤매는 노숙자도 늘어났지.

　하지만 그렇다고 일본이 완전히 몰락한 것은 아니야. 여전히 로봇, 전자, 자동차, 의료 등 첨단 산업을 중심으로, 세계적인 경제 대국의 면모를 유지하고 있지.

후쿠시마 원전 사고 2011년, 대규모 지진과 해일로 후쿠시마 원자력 발전소의 일부가 파괴되면서 방사능이 새 나오는 사고가 발생했어. 이 사고는 과학의 한계를 보여 준 사건으로, 전 세계에 큰 충격을 줬어. 원자력 발전을 계속해야 하는지에 대해 의문을 가지는 사람도 많아졌지. 아직도 그 후유증은 계속되고 있어.

일본은 존경 받는 나라가 될 수 있을까?

일본을 아시아의 반공 기지로 삼고자 했던 미국은, 일본이 한국과 빨리 손잡기를 바랐어. 하지만 한국은 식민지 침략에 대한 사과와 배상을 원했기 때문에 협상이 잘 안 됐지. 한국과 일본이 외교 관계를 다시 맺은 것은 1965년이었어.

"경제 발전을 위해서는 종잣돈이 필요해. 지금 우리에게 돈을 대 줄 나라는 일본뿐이야."

한국의 박정희 정부는 일본의 사과와 배상 대신 5억 달러의 돈을 받기로 하고 한일 협정을 맺었어. 일본은 경제력을 앞세워 자신들이 침략했던 동남아시아 나라들과 차례차례 외교 관계를 맺었어. 1972년에는 소련과 사이가 틀어진 중국과도 외교 관계를 맺었어. 일본은 아시아에서 가장 부유하고 또 중요한 나라가 된 셈이야.

한국의 한일 협정 반대 시위 1965년, 한일 협정으로 한국과 일본은 다시 외교 관계를 맺었어. 하지만 제대로 된 과거 인정, 사과, 배상 없이 이루어졌기 때문에 아직까지도 계속 과거사 문제가 불거지고 있어.

1990년대 들어 소련과 동유럽 공산주의 정권이 무너지고 냉전이 끝났어.

"그동안 우리 미국은 소련과 공산주의를 막기 위해 너무 많은 돈을 써 왔소. 이제 공산주의는 끝났지만 분쟁은 계속되고 있소. 일본도 세계 평화를 위해 군사비를 좀 쓰시오."

일본의 군사비 지출은 점점 늘었어. 경제 대국뿐 아니라 군사 강국이 되고 싶다는 욕심도 커져 갔지.

"우리 일본도 군대를 갖고 전쟁을 할 수 있는 '정상 국가'가 되어야 합니다. 그러려면 연합국이 강요한 평화 헌법부터 고쳐야 해요."

일본의 역사 왜곡 교과서 일본이 일으킨 침략 전쟁을 반성하지 않고, 오히려 그 당시를 찬양하는 내용을 담고 있어. 일본 국민이 자긍심을 가질 수 있도록 자랑스러운 역사를 써야 한다며 자신들의 잘못을 숨기는 거야.

일부 정치인들은 이런 주장까지 했어. 이에 따라 전쟁 때 죽은 병사들을 애국자로 추켜세우거나, 침략 전쟁을 미화하는 역사 왜곡 교과서까지 펴내게 되었지. 독도를 비롯해서 주변 나라들과의 영토 갈등도 불거졌어.

이에 대해 양심적인 일본인들은 크게 우려하고 있어. 아직까지는 평화 헌법을 지켜야 한다는 여론이 높은 편이야. 한국과 중국 등 주변 나라도 많이 걱정하고 있어. 과거의 침략에 대해 제대로 사과하고 반성하지 않은 채 다시 군사 대국이 되겠다니, 잘못을 되풀이하려는 것이 아닌가 하고 말이야.

일본은 과연 경제 대국을 넘어 주변 나라들의 존경을 받는 나라가 될 수 있을까? 일본인들의 선택을 잘 지켜봐야겠어.

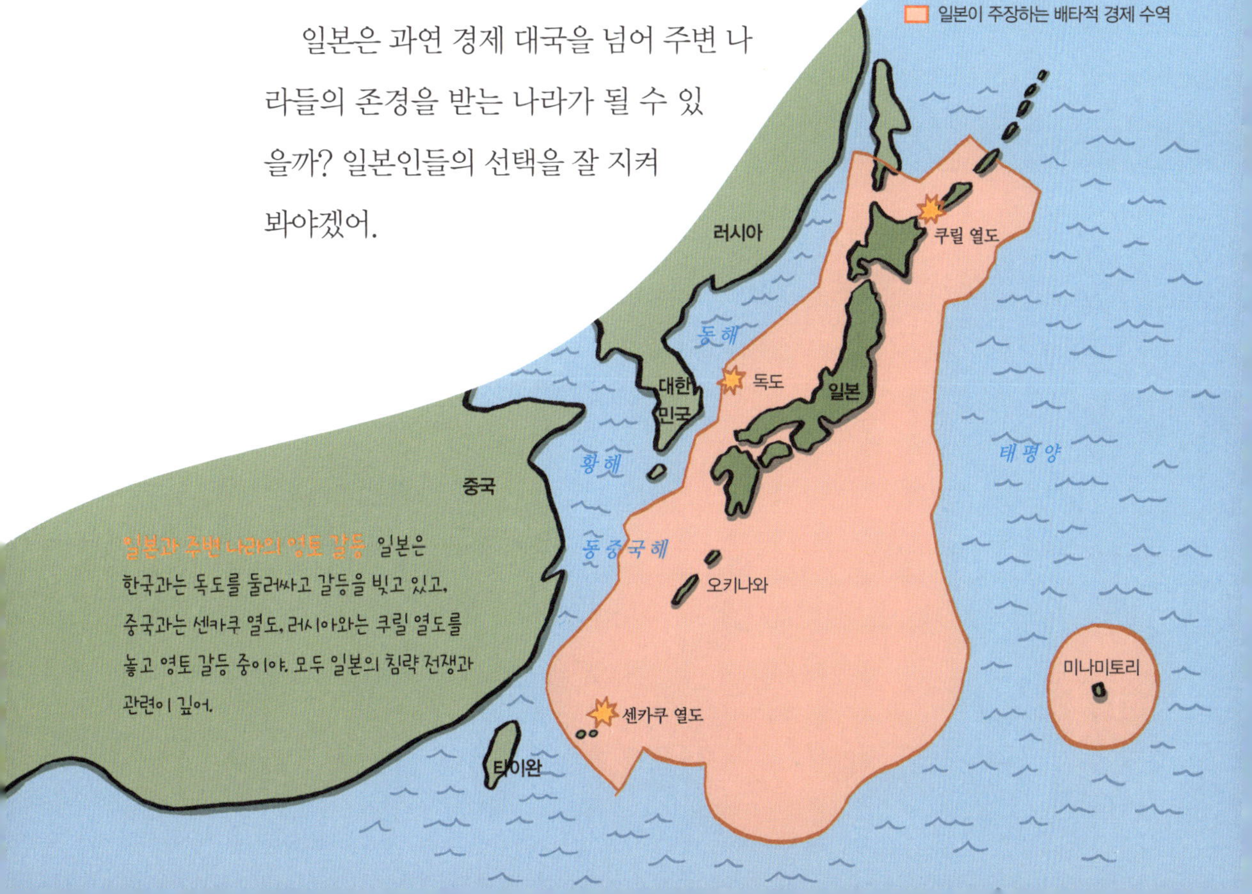

일본과 주변 나라의 영토 갈등 일본은 한국과는 독도를 둘러싸고 갈등을 빚고 있고, 중국과는 센카쿠 열도, 러시아와는 쿠릴 열도를 놓고 영토 갈등 중이야. 모두 일본의 침략 전쟁과 관련이 깊어.

출발! 세계 속으로

국제도시 도쿄와 야스쿠니 신사

도쿄는 일본의 수도야. 1962년에 벌써 인구 1000만을 넘어선 국제도시지. 도쿄 타워, 디즈니랜드 등이 있고, 덴노가 사는 황거를 비롯해 많은 문화 유적도 있지. 전쟁 중 도쿄 대공습으로 많은 사람이 죽고 도시가 파괴되었지만, 전쟁 후에 다시 복구가 이루어져 지금의 모습이 되었어.

도쿄의 수많은 명소 중 오늘 우리가 갈 곳은 야스쿠니 신사야. 일본에서 가장 큰 신사란다. 이곳은 원래 메이지 유신 때 바쿠후 군대와 싸우다 죽은 병사를 위해 마련한 신사야. 이후에도 이 신사에는 '덴노를 위해 싸우다 죽은 병사'의 영혼을 모셨어. 때문에 덴노도 참배하는 '신사 중의 신사'가 되었지.

문제는 청일 전쟁, 러일 전쟁, 만주 사변, 중일 전쟁, 태평양 전쟁 등 일본이 일으킨 침략 전쟁에 참전한 군인들도 모시고 있다는 거야. 전쟁 책임자들까지 '나라를 위해 목숨을 바친 애국자'로 둔갑시킨 거지. 게다가 이 신사 안에는 '유수관'이라는 전쟁 기념관이 있어서 2차 세계 대전 당시의 '특공용사' 동상이라든지 전쟁을 찬양하는 기념품이 많이 전시되어 있어. 평화가 아니라 전쟁을 기념하는 거야.

도쿄 전경 도쿄는 인구 1300만 명이 넘는 거대한 국제도시야. 2020년 올림픽 개최가 예정되어 있지.

유슈관 전쟁의 비극을 반성하기보다 장렬하고 비장한 충성심을 찬양하는 전시관이야.

야스쿠니 신사 앞의 극우 세력 덴노를 모시고 침략 전쟁을 벌였던 과거로 돌아가자는 사람들이 많아지고 있어 걱정이야.

　　일본을 다시 '전쟁할 수 있는 나라'로 만들려는 사람들은 이 '야스쿠니 신사'를 아주 중요하게 생각해. 이들은 지금도 신사 주변에서 옛 일본군 복장을 하고 '일본의 영광'을 되살려야 한다고 주장하고 다니지.

　　얼마 전부터 일본의 총리들까지 이곳을 참배하는 지경에 이르렀어. 우리나라 중국 등 이웃 나라 입장에서는 아주 불쾌하고 섬뜩한 일이지. 만약 독일이 히틀러 등 2차 세계 대전의 책임자를 어딘가에 모셔 놓고 총리가 그곳을 참배한다면 어떻게 될까? 자신의 과거를 반성하고 앞으로 그런 일을 되풀이하지 않겠다는 의지가 일본에게 과연 있는지 의문을 가지게 돼.

야스쿠니 신사에 참배하는 아베 총리 우리나라와 중국의 반발에도 일본 총리의 야스쿠니 신사 참배는 계속되고 있어. 특히 아베 총리는 평화 헌법을 고치는 것을 자신의 가장 큰 목표로 삼고, 계속 헌법 개정을 추진하고 있어.

15 패전을 딛고 경제 대국이 된 일본

한 걸음 더!

일본 문화의 저력, 재패니메이션

〈명탐정 코난〉 알지? 〈못 말리는 짱구〉나 〈원피스〉도 당연히 알겠지? 그럼 〈우주 소년 아톰〉은 어때? 들어는 봤다고?

〈우주소년 아톰〉은 1952년에 처음 나왔어. 인간과 로봇이 함께 사는 21세기를 배경으로, 막강한 힘을 가진 소년 로봇 아톰의 활약을 그린 만화지.

〈우주소년 아톰〉 원작 만화를 보면 2003년 4월 7일에 아톰이 탄생하는 것으로 되어 있어. 원래 만화 잡지에 연재되다가, 흑백 애니메이션으로 제작되었고, 나중에 컬러, 그리고 디지털로 복원되어 다시 방영되었지. 우리나라에서도 꽤 여러 번 방영되었어.

작은 체구의 아톰이 온갖 역경을 헤치고 꿈과 희망을 찾아간다는 내용은, 전쟁에 패한 일본인들에게 큰 용기를 주었어. 이 만화는 나중에 텔레비전 인형극, 실사 영화를 거쳐 애니메이션으로도 제작되었어.

1963년, 일본 어린이들은 저녁만 되면 놀던 것도 팽개치고 집으로 돌아와 텔레비전 앞으로 모여들었어. 바로 텔레비전에서 방영하는 아톰 애니메이션을 보기 위해서였지. 아톰 애니메이션은 총193화까지 제작되었는데, 평균 시청률이 30퍼센트를 넘을 정도로 큰 인기를 끌었어.

아톰이 이렇게 성공을 거두자 텔레비전이나 비디오, 극장용 애니메이션 제작이 활발해졌어. 세계 모든 어린이가 좋아할 만한 로봇이나 괴수 애니메이션부터, 순정, 명랑, 모험 등 다양한 애니메이션이 제작, 방영, 수출되었지.

어린이뿐만 아니라 어른들까지도 일본 애니메이션, 즉 재패니메이션에 열광했어. 전 세계 애니메이션 시장의 60퍼센트를 차지할 정도로 큰 인기를 끌었지.

일본 애니메이션은 제작비를 낮추기 위해 필름 수를 최소한으로 줄이는 대신, 만화처럼 깔끔한 선을 살리고, 다양한 편집 기술을 활용했어. 그 덕분에 다른 나라의 애니메이션과 구분되는 독특한 특징을 갖게 되었지. 우리나라 방송국들도 일찍부터 〈마징가 제트〉나 〈캔디 캔디〉 같은 일본 애니메이션을 수입해 방영했어. 그래서 우리에게도 재패니메이션은 아주 익숙해.

〈원피스〉(위쪽)과 〈명탐정 코난〉(아래쪽) 만화로 시작해 애니메이션, 게임, 캐릭터 산업으로 이어지면서 성공한 만화. 애니메이션 한 편의 가치는 어마어마해.

〈이웃집 토토로〉 제작비를 낮추기 위해 필름 수를 줄인 텔레비전 애니메이션과 다르게 지브리스튜디오의 애니메이션은 엄청난 공을 들여 아름다운 그림을 만들어 냈기 때문에 세계적으로 유명해졌어.

연표

중국·일본

B.C

170만 년	윈난성에서 위안머우인 등장
50만 년	베이징인 등장
1만 년경	조몬 시대 시작
5000년경	반포에 신석기 마을 형성
1600년경	상나라 건국
1046년	상나라 멸망, 주나라 성립
770년	주나라 동쪽으로 피란, 춘추 시대 시작
403년	전국 시대 시작
3세기경	야요이 시대 시작
221년	진나라 중국 통일
202년	한나라 건국
139년	장건, 서역 파견

A.D

25년	후한 건국
184년	황건적의 봉기
220년	후한 멸망, 위·촉·오 삼국 시대 시작
3세기경	야마타이국 수립
316년	5호 16국 시대 시작
4~6세기경	야마토 정권 수립
439년	북위, 화북 통일, 남북조 시대 시작
589년	수나라 중국 통일
593년	쇼토쿠 태자의 통치
618년	당나라 건국
645년	다이카 개신
673년	덴무 덴노 즉위
710년	헤이조쿄로 수도 옮김(나라 시대)
752년	도다이지 다이부쓰 완성
755년	안록산의 난
794년	헤이안쿄로 수도 옮김(헤이안 시대)
894년	견당사 마지막 파견
907년	당 멸망, 5대 10국 시대 시작
916년	거란국(요나라) 건국
960년	송나라 건국
1115년	금나라 건국

우리나라

B.C

1만 년 전	농경과 목축 시작
70만 년 전	구석기 시대
8000년경	신석기 시대
3000년경	청동기 시대
2333년	고조선 건국
500년경	철기 문화 보급
194년	위만 조선 성립
108년	고조선 멸망
57년	신라 건국
37년	고구려 건국
18년	백제 건국

A.D

313년	고구려, 낙랑군 몰아냄
372년	고구려, 전진에서 불교 전래 국립 대학인 태학 설치
384년	백제, 동진에서 불교 전래
427년	고구려, 평양으로 수도 옮김
494년	부여, 고구려에 복속
503년	신라, 국호와 왕호 정함
527년	신라, 불교 공인
538년	백제, 사비로 수도 옮김
612년	고구려, 살수대첩
645년	고구려, 안시성에서 당군에 승리
660년	백제 멸망
668년	고구려 멸망
676년	신라, 당군 몰아내고 삼국 통일
685년	신라, 9주 5소경 설치
698년	옛 고구려 땅에 발해 건국
828년	장보고, 청해진 설치
900년	견훤, 후백제 건국
901년	궁예, 후고구려 건국
918년	왕건, 고려 건국
926년	발해 멸망
935년	신라 멸망

유럽·아메리카

B.C

850년경	그리스, 폴리스 형성
776년	올림피아 제전 시작
753년	로마 건국
510년경	로마 공화정 수립
500년경	아테네, 도편 추방제 실시
492년	그리스·페르시아 전쟁 시작
431년	펠로폰네소스 전쟁 시작
338년	마케도니아, 그리스 정복
330년	알렉산드로스, 페르시아 정복
264년	포에니 전쟁(~기원전 146년)
27년	옥타비아누스, 황제 즉위
4년	예수 탄생

A.D

313년	크리스트교 인정
375년	게르만족 대이동
395년	로마 제국, 동로마와 서로마로 나뉨
476년	서로마 제국 멸망
481년경	프랑크 왕국 건설
800년	교황, 샤를마뉴를 서로마 제국 황제로 인정
900년 전후	노르만족 대이동
1054년	크리스트교, 동·서 교회로 분리
1075년	교황, 성직 임명권 주장
1077년	카노사의 굴욕
1088년	최초의 대학, 볼로냐 대학 설립
1096년	십자군 전쟁(~1270년)
1265년	단테 탄생
1309년	아비뇽 유수(~1377년)
1313년경	보카치오 탄생
1337년	영국과 프랑스, 백년 전쟁(~1453년)
1347년	흑사병 유행(~1351년)
1452년	레오나르도 다빈치 탄생
1453년	비잔티움 제국, 오스만 제국에게 멸망
1455년	영국, 장미 전쟁(~1485년)
1466년	에라스뮈스 탄생

인도·동남아시아

B.C

2500년경	인더스 문명 발생
1500년경	아리아인, 인더스강 유역 이동
800년경	브라만교, 카스트 제도 성립
690년경	반랑국 건국
527년	불교 탄생
327년	알렉산드로스, 인더스강 침입
321년	마우리아 왕조 성립
207년	남비엣 건국
185년	마우리아 제국 몰락
111년	한 무제, 남비엣 정복

A.D

40~43년	쯩 자매 저항 운동
1~2세기경	최초의 국가, 푸난 성립
100년경	쿠샨 제국 카니슈카 왕 즉위
250년경	쿠샨 제국 몰락
320년경	굽타 제국 성립
415년경	흉노족 북서부 침입
679년	당나라, 북베트남 정복
7세기경	스리위자야 왕조 성립
802년	캄보디아 앙코르 왕조 성립
871년	촐라 왕국 부흥
1009년	리 왕조 성립
1044년	미얀마, 파간 왕조 성립
1206년	아이바크, 델리 술탄 왕조 건립
1225년	쩐 왕조 성립
13세기	타이, 수코타이 왕조 성립
14세기경	타이, 아유타야 왕조 성립 스리위자야 왕조 멸망
1400년경	믈라카 왕국 성립
1407년	명나라, 베트남 지배(~1427년)
1428년	레 왕조 성립
1431년	앙코르 왕조 멸망
1471년	참파 왕국 멸망
16세기	미얀마, 퉁구 왕조 성립

서아시아·아프리카

B.C

4000년경	메소포타미아 문명 시작
3500년경	이집트 문명 시작
3100년경	메소포타미아에서 청동기 시대 시작
3000년경	상·하이집트 통일
2500년경	이집트에서 최초의 피라미드 건설
2330년경	사르곤 왕, 아카드 왕국 세움
1800년	함무라비 왕, 메소포타미아 통일
800년경	반투 민족, 아프리카에 퍼져 나감
700년경	스키타이 등장
671년	아시리아, 메소포타미아와 이집트 통일
559년	아케메네스 페르시아 건국
525년	페르시아, 이집트 정복
330년	페르시아 멸망
200년	흉노, 한나라 유방의 군대를 물리침
40년경	흉노, 동·서로 갈라짐

A.D

226년	사산 페르시아 건국
325년	악숨 왕국, 크리스트교를 공식 종교로 선포
375년	훈족, 게르만족 공격
400년경	가나 왕국 출현
552년	돌궐(튀르크) 건국
570년경	무함마드, 메카에서 태어남
610년경	이슬람교 탄생
622년	무함마드와 제자들, 메디나로 탈출(헤지라)
630년	(동)돌궐, 당나라에게 멸망
632년	무함마드 사망
651년	사산페르시아 멸망
661년	우마이야 왕조 시작
711년	이슬람 군대, 에스파냐 정복
750년	아바스 왕조 시작
751년	탈라스 전투
909년	이집트, 파티마 왕조 시작

중국·일본

1127년	북송 멸망, 남송 성립
1192년	가마쿠라 바쿠후 성립
1206년	칭기즈 칸, 몽골 제국 수립
1271년	쿠빌라이, 원나라 건국
1274년	고려·원 연합군의 1차 일본 침입
1279년	남송 멸망, 원나라 중국 통일
1333년	가마쿠라 바쿠후 멸망
1336년	일본, 무로마치 바쿠후 수립, 남북조 분열
1368년	명나라 건국
1392년	일본, 남북조 통일
1405년	정화의 원정 시작
1429년	중국, 베이징으로 수도 옮김
1467년	오닌의 난
1573년	무로마치 바쿠후 멸망
1590년	도요토미 히데요시, 전국 통일
1592년	임진왜란 시작
1603년	도쿠가와 이에야스, 에도 바쿠후 수립
1616년	후금 건국
1635년	산킨고타이 제도 확립
1644년	명나라 멸망, 청나라의 중국 지배
1688년	겐로쿠 문화 전성기(~1703년)
1757년	청나라, 신장 위구르로 영토 확장
1787년	간세이 개혁
1811년	마지막 조선통신사 일본에 옴
1840년	아편 전쟁
1854년	미일 화친 조약 맺고 문호 개방
1860년	영·프 연합군 베이징 점령, 양무운동 시작
1868년	메이지 정부 수립
1889년	대일본제국헌법 제정
1894년	청일 전쟁
1898년	변법자강 운동 시작
1899년	의화단 운동
1904년	러일 전쟁
1910년	일본, 대한 제국 병합
1911년	신해혁명
1912년	중화민국 수립
1919년	5·4 운동, 베르사유 조약 체결
1921년	중국 공산당 창립
1923년	간토 대지진
1924년	1차 국공 합작
1928년	중국, 북벌 완수

우리나라

936년	고려, 후삼국 통일
958년	과거제 실시
993년	요의 1차 침입, 고려의 강동 6주 획득
1019년	귀주 대첩
1033년	천리장성 축조
1107년	윤관, 여진 정벌
1126년	이자겸의 난
1135년	묘청의 서경 천도 운동
1170년	무신정변
1198년	만적의 난
1231년	몽골의 1차 침입
1232년	강화도로 수도를 옮김
1270년	개경으로 환도, 삼별초의 대몽 항쟁
1376년	최영, 왜구 토벌
1388년	이성계, 위화도 회군
1389년	박위, 쓰시마섬 정벌
1392년	고려 멸망, 조선 건국
1394년	조선, 한양 천도
1402년	호패법 실시, 무과 설치
1446년	훈민정음 반포
1510년	3포 왜란
1592년	임진왜란, 한산대첩
1608년	경기도에 대동법 실시
1609년	일본과 기유약조 체결
1623년	인조반정
1624년	이괄의 난
1627년	정묘호란
1636년	병자호란
1678년	상평통보 주조
1696년	안용복, 독도에서 일본인들을 쫓아냄
1708년	대동법, 전국적으로 확대 실시
1725년	탕평책 실시
1750년	균역법 실시
1811년	홍경래의 난
1860년	최제우, 동학 창시
1866년	병인박해, 병인양요
1871년	신미양요
1876년	강화도 조약 체결
1882년	임오군란, 미국·영국·독일 등과 통상 조약 체결
1884년	우정국 설치, 갑신정변

유럽·아메리카	인도·동남아시아	서아시아·아프리카
1475년 미켈란젤로 탄생	1526년 바부르, 무굴 제국 건설	1037년 셀주크 튀르크 왕조 일어남
1478년 토머스 모어 탄생	1556년 아크바르 즉위	1071년 셀주크 튀르크, 동로마 제국 격파
1479년 에스파냐 왕국 탄생	1565년 필리핀, 에스파냐의 식민지가 됨	1099년 1차 십자군, 예루살렘 함락
1483년 라파엘로 탄생	1600년 인도 동인도 회사 설립	1169년 이집트, 아이유브 왕조 건국
1492년 콜럼버스, 아메리카 대륙 도착	1605년 자한기르 즉위	1200년경 말리 왕국 발전
1498년 바스쿠 다 가마, 인도의 캘리컷 도착	1627년 샤자한 즉위	1200~1300년경 그레이트 짐바브웨 출현
1517년 루터, 95개 조 반박문 발표	1658년 아우랑제브 즉위	1206년 테무친, 칭기즈 칸이 됨
1519년 마젤란, 세계 일주 항해 시작	18세기 타이, 짜끄리 왕조 성립	1227년 칭기즈 칸 사망
1521년 에스파냐, 아스테카 제국 정복	1757년 플라시 전투	1279년 몽골, 중국(송)을 완전 정복
1522년 마젤란의 선원, 세계 일주 항해 성공	1802년 응우옌 왕조 건국	1299년 오스만 튀르크 건국
1533년 에스파냐, 잉카 제국 정복	1804년 국호를 베트남으로 정함	1368년 원나라, 명나라에게 패하여 몽골 초원으로 쫓겨 감
1534년 헨리 8세, 영국 국교회 수립	1857년 세포이 항쟁	1395년 티무르 제국, 서아시아 통일
1562년 프랑스, 위그노 전쟁(~1598년)	1858년 무굴 제국 멸망	1402년 티무르 제국, 오스만 튀르크 군대 격파
1568년 네덜란드 독립 전쟁(~1648년)	프랑스 베트남 지배	1445년 포르투갈, 서아프리카 황금 해안에 요새를 건설
1588년 에스파냐, 영국 함대에게 패배	1863년 캄보디아, 프랑스의 식민지가 됨	1453년 오스만 튀르크가 콘스탄티노플 정복 비잔티움 제국 멸망
1618년 독일, 30년 전쟁(~1648년)	1877년 영국령 인도 제국 수립	1501년 이란, 사파비 왕조 건국
1642년 영국, 청교도 혁명(~1649년)	1885년 인도 국민 회의 창립	1510년 아프리카 흑인 노예, 처음으로 아메리카에 도착
1643년 프랑스, 루이 14세 즉위	1887년 프랑스령 인도차이나 연방 성립	1541년 오스만 튀르크, 헝가리 정복
1688년 영국, 명예 혁명	1893년 라오스, 프랑스의 식민지가 됨	1546년 송가이, 말리 멸망시킴
1703년 러시아 표트르 대제, 상트페테르부르크 점령	1898년 필리핀, 에스파냐로부터 독립	1571년 레판토 해전 포르투갈, 앙골라에 식민지 건설
1733년 존 케이, 천 짜는 기계 발명	1901년 필리핀, 미국의 식민지가 됨	1652년 네덜란드, 희망봉에 정착
1740년 오스트리아, 마리아 테레지아 즉위	1905년 벵골 분할 반대 운동 인도 자치 운동	1818년 샤카, 줄루 왕국 건설
1747년 프로이센 프리드리히 2세, 상수시 궁전 건설	1906년 무슬림 연맹 창립	1826년 예니체리 폐지
1764년 하그리브스, 실 뽑는 기계 발명	1914년 1차 세계 대전이 일어남	1830년 그리스, 오스만 튀르크에서 독립
1769년 와트, 증기 기관 발명	1919년 간디, 불복종 운동 전개	1839년 탄지마트 시작
1773년 미국, 보스턴 차 사건	1939년 2차 세계 대전이 일어남	1879년 줄루 전쟁
1775년 미국 독립 전쟁(~1783년)	1940년 일본, 베트남 점령	1880년 1차 보어 전쟁
1776년 미국, 〈독립 선언서〉 발표	1942년 일본, 필리핀 마닐라 점령	1896년 에티오피아의 황제 메넬리크 2세, 이탈리아를 물리침
1789년 미국 연방 공화국 탄생, 조지 워싱턴 초대 대통령 취임	1943년 필리핀 제2공화국 탄생	1898년 파쇼다 사건
1789년 프랑스, 바스티유 감옥 습격, 〈인권 선언〉 채택	1945년 캄보디아, 라오스 독립	1899년 2차 보어 전쟁 시작
1792년 유럽 여러 나라, 프랑스와 전쟁 시작	1946년 베트남, 프랑스 전쟁(1차 인도차이나 전쟁)	1908년 청년 튀르크당 혁명
1793년 프랑스, 루이 16세 처형	1947년 인도와 파키스탄, 각각 임시 정부 수립	1914년 1차 세계 대전, 오스만 튀르크가 독일 편에서 참가하여 패배(~1917년)
1804년 나폴레옹 황제 즉위, 《나폴레옹 법전》 편찬	1948년 마하트마 간디 사망 스리랑카 분리 독립 미얀마 독립	1920년 무스타파 케말, 앙카라에서 대국민 의회 개최
1804년 아이티, 공화국으로 독립	1951년 인도 연방 공화국 건국 네루 총리 취임	
1805년 프랑스 해군, 영국에게 패배	1951년 인도, 경제 개발 5개년 계획 실시	
1807년 풀턴, 증기선 발명		

중국·일본		우리나라	
1931년	만주 사변, 일본의 만주 침략	1895년	을미사변
1933년	일본, 국제연맹 탈퇴	1897년	대한 제국 성립
1934년	중국 공산당 대장정 완료	1905년	을사조약
1937년	중일 전쟁 시작, 2차 국공 합작, 난징 대학살	1910년	국권 피탈
1941년	태평양 전쟁 시작	1919년	3·1 운동, 대한민국 임시 정부 수립
1945년	히로시마와 나가사키에 원자 폭탄 투하, 일본 패전	1926년	6·10 만세운동
1946년	일본국헌법(평화 헌법) 공포	1929년	광주 학생 항일 운동
1947년	중국, 국공 내전	1940년	한국광복군 창설
1949년	중화인민공화국 수립	1945년	8·15 광복
1955년	일본, 자유민주당(자민당) 결성	1948년	5·10 총선거, 대한민국 정부 수립
1958년	중국, 대약진 운동 시작		북한, 조선민주주의 인민공화국 수립
1964년	도쿄 올림픽 개최	1950년	한국 전쟁 발발
1966년	중국, 문화 대혁명 시작	1960년	4·19 혁명
1971년	중국, 유엔 가입	1972년	7·4 남북공동성명, 10월 계엄령 선포
1972년	중·일 국교 수립	1980년	5·18 광주 민주화 운동
1978년	중국, 개혁 개방 정책 본격화	1987년	6월 항쟁, 6·29 선언
1989년	텐안먼 사태		대통령 직선제 실시
1992년	일본, 거품 경제 붕괴	1988년	서울올림픽 개최
1993년	일본, 자민당 최초 정권 상실	1991년	남·북한, 국제 연합 동시 가입
1997년	홍콩 반환	1992년	한·중 수교, 베트남과 수교
2008년	베이징 올림픽 개최	1993년	김영삼 정부 수립, 금융실명제 실시
2011년	도호쿠 대지진, 후쿠시마 원전 참사	1998년	김대중 정부 출범
		2000년	6·15 남북공동선언
			김대중, 노벨평화상 수상
		2002년	한·일 월드컵 개최
		2003년	노무현 정부 출범
		2005년	아시아·태평양 경제협력체 정상 회의 개최
		2007년	2차 남북 정상 회담
		2008년	이명박 정부 출범
		2013년	박근혜 정부 출범
		2017년	문재인 정부 출범

유럽·아메리카

1811년	베네수엘라 독립
1812년	나폴레옹, 러시아 원정 실패
1814년	나폴레옹, 엘바섬으로 쫓겨남
1818년	칠레 독립
1819년	콜롬비아 독립
1822년	에콰도르 독립
1823년	미국, 〈먼로 선언〉 발표
1830년	스티븐슨, 증기 기차 운행
1837년	모스, 전보 발명
1848년	마르크스, 《공산당 선언》 발표
1860년	링컨, 대통령 당선
1861년	남북 전쟁(~1865년)
1863년	게티즈버그 전투, 링컨 노예 해방 선언
1869년	대륙 횡단 철도 완성
1876년	벨, 전화기 특허 받음
1914년	1차 세계 대전(~1918년)
1917년	러시아 혁명
	미국, 1차 세계 대전 참가
1918년	독일, 연합국에 항복
1919년	파리 강화 회의
1920년	국제 연맹 창설
1922년	소련(소비에트 사회주의 공화국 연방) 탄생
1929년	경제 대공황
1939년	2차 세계 대전(~1945년)
1945년	국제 연합(UN) 탄생
1949년	독일 분단
1959년	쿠바, 사회주의 정부 수립
1968년	소련, 체코슬로바키아 민주화 운동 진압
1989년	미국과 소련, 냉전 종결 선언
1990년	독일 통일
1992년	소련 해체, 독립 국가 연합(CIS) 결성
1993년	유럽 연합(EU) 탄생
1995년	세계 무역 기구(WTO) 결성
2001년	미국, 뉴욕 세계 무역 센터 피폭

인도·동남아시아

1954년	베트남, 프랑스를 몰아냄
1956년	인도네시아 독립
1964년	네루 사망
1965년	베트남 전쟁(2차 인도차이나 전쟁)이 일어남
1965년	싱가포르, 말레이시아에서 독립
1966년	인디라 간디 총리 취임
1967년	아세안(ASEAN) 설립
1973년	베트남, 미군 철수
1975년	북베트남군의 사이공 점령
1976년	1회 아세안 정상회담 개최
1978년	베트남, 캄보디아 침공
1984년	자유화, 개방화 경제 정책 실시
1986년	도이 머이 정책 실시
1988년	미얀마 민중 항쟁
2014년	타이 쿠데타

서아시아·아프리카

1923년	로잔 조약으로 튀르키예 탄생
	케말 아타튀르크가 대통령이 됨
1925년	이란, 카자르 왕조가 멸망
	팔레비 왕조 시작
1932년	사우디아라비아 수립
	이라크 왕국 독립
1948년	이스라엘 건국, 1차 중동 전쟁
1956년	수에즈 위기, 2차 중동 전쟁
1960년	아프리카 17나라 독립
1964년	팔레스타인 해방 기구(PLO) 조직
1973년	4차 중동 전쟁, 1차 석유 파동
1979년	이란 혁명, 소련이 아프가니스탄 침공
1980년	이란·이라크 전쟁(~1988년)
1990년	이라크, 쿠웨이트 침공
1991년	걸프 전쟁, 소련 붕괴
1994년	넬슨 만델라, 남아프리카 공화국 최초의 흑인 대통령에 당선
	르완다 내전
2001년	9·11 테러 발생
	미국이 아프가니스탄 침공
2003년	미국과 다국적군, 이라크 침공
2011년	아랍의 봄, 북아프리카 국가에 민주주의 시위

찾아보기

ㄱ

가나 문자 167
가마쿠라 169, 186
가마쿠라 바쿠후 169, 172
가미카제 179
가미카제 특공대 237
가부키 200
가야 152
간사이 202
간토 202
간토 대지진 231, 232
갑골 18, 22
강남 46
강화도 조약 218
강희제 83
개혁 개방 134, 137
거란 62
건륭제 83, 84
건천궁 87
《겐지 모노가타리》 167
겐페이 전쟁 169
견당사 166
경극 84
경제 개발 계획 132
경제특구 135
고구려 51, 157
고다이고 덴노 180
고려 64, 66, 174, 178
고류지 158
《고사기》 162
고쇼 170
고조선 34
〈곤여만국전도〉 85
공산당 114, 125
공화국 102

과거 52
광서제 99
교엔 170
〈교육칙어〉 225
교토 170
구조 조정 251
국가총동원법 234
국공 합작 114
국민당 103
군벌 103
귀 무덤 195
균전제 52
굴사 156
금각사 183
금나라 64
기요미즈데라 171

ㄴ

나가사키 199, 238
나베 226
나침반 65
난징 120
난징 조약 95
난학 199
남북조 시대 47
남송 64
내각총리대신 245
노숙자 251
누르하치 81

ㄷ

다도 182
다이묘 182
다이센 고분 151

다이카 개신 154
다카마쓰 고분 157
달라이 라마 91
달마 대사 58
당나라 52
당삼채 54
대공황 232
대동아공영권 235
대약진 운동 132
대운하 50
대장정 115
대칸 66
덩샤오핑 134
덩이쇠 152
데라코야 200, 204
덴노 155, 244
덴무 덴노 155
덴푸라 226
도교 49
도다이지 163
도라이진 149
도리이 174
도요토미 히데요시 192
도철 25
도쿄 214, 254
도쿄 올림픽 248
도쿠가와 이에야스 196
독도 253
돈가스 226
돌궐 51
《동방견문록》 68
동방명주탑 138
동북항일연군 124
동중서 36
동학 농민 운동 98, 220
둔황 56

ㄹ

라마교 91
랴오둥반도 220
러일 전쟁 221
룽먼 석굴 48
류큐 218
리훙장 97, 106

ㅁ

마르코 폴로 68
마오쩌둥 114
마츠리 175
마테오 리치 84
막고굴 56
만리장성 33
만주 사변 117
만주국 231
만주족 81
맥아더 244
맹자 40
메이지 덴노 214
메이지 유신 214
메이지 헌법 217
명나라 78
명사산 57
목조 미륵보살 반가사유상 157
몽골 66
무로마치 바쿠후 181
무사 168
무제 34
문부성 225
문화 대혁명 133
미나모토 요리토모 169
미나모토 요시츠네 172, 173
미드웨이 해전 236
미야모토 무사시 185
민족자결주의 112

ㅂ

바닷길 65
반고 16
반포 유적 17
발해 53
배상금 220
백강 전투 155
백제 53, 152
백제 부흥 운동 154
법가 31
베이징 올림픽 137
베이징 조약 95
벼농사 149
변발 82
변법 운동 99
병마용갱 38
병자호란 82
보르츠 74
보통선거권 231
복희 17
봉건제 20
부병제 52
북위 46
불교 48
비단길 35
비조사 156

ㅅ

《사기》 37
사다코의 종이학 238
사마천 37
사무라이 168
사불청년 141
사쓰마 213
사회당 247
사회주의 112
사회주의 시장 경제 135
산업 혁명 94
산킨고타이 197
〈삼국지연의〉 84
3성 6부 52
3·1운동 231
삿포로 222
상나라 18
상앙 31
색목인 69
샌프란시스코 강화 조약 247
서역 35
《서유기》 55, 84
서태후 99
서하 62
서호 71
석굴 사원 48
선전 135
선종 183
선종 불교 59
성리학 64
세이난 전쟁 216
세키가하라 전투 196
셋칸 정치 165
소가씨 152
소년병 241
소림사 59
소현 세자 85
소홍귀 123
소황제 140
송나라 62
송성 71
쇼군 169
쇼토쿠 태자 152, 153
수나라 50
〈수호전〉 84
시안 38
시황제 32
신농 17
신도 155
신라 53
신사 155

신장 83
《신청년》 112
신해혁명 103
쑨원 102
쓰루가오카하치만 신궁 186

ㅇ

아관파천 221
아라비아 상인 54
아리타 도자기 195
아마테라스 오미카미 155
아베 총리 255
아스카 153
아스카 문화 153
아스카데라 156
아시아·태평양 전쟁 237
아시카가 다카우지 181
아이누인 218
아편 전쟁 94
야마타이국 150
야마토국 151
야부사메 187
야스쿠니 신사 254
야요이 토기 149
양무운동 97
에도 바쿠후 197
에미시 222
여와 16
여진족 64, 81
역사 왜곡 교과서 253
역참 68
연합국 118
영락제 79
오 46
오닌의 난 184
오다 노부나가 192
5·4 운동 113, 231
오사카 202
오사카성 188
오성홍기 129
오왕 부차 29
오코노미야키 203
오키나와 218
오키미 151
5호 16국 46
옹정제 83
와신상담 29
와카 167
《왕오천축국전》 57
왜 150
요나라 62
요시노가리 유적 150
요시다 쇼인 213
용골 22
우임금 17
〈우주소년 아톰〉 256
우키요에 201
운요호 사건 219
원 66
원자 폭탄 돔 239
원아천 57
월왕 구천 29
월지 34
위 46
위구르인 83
유가 36
유교 37
유미유동 106
유학 36
육화탑 71
윤봉길 124
율령 52
은허 22
을사조약 221
을지문덕 51
음양오행설 43
의무 교육 224
의화단 100
이봉창 124
이와쿠라 사절단 215
2·26 사건 233
2·28 사건 142
2차 세계 대전 235
일본 155
일본군 위안부 121, 237
《일본서기》 162
1차 세계 대전 112, 230
잃어버린 10년 250
임진왜란 81
입헌 군주제 99

ㅈ

자금성 79, 86
자위대 246
자유 민권 운동 216
자유민주당(자민당) 247
자치구 90
장각 43
장건 34
장쉐량 116
장안성 53
장제스 114
전국 시대 185
전시 62
전족 108
정상 국가 252
정화 79
제국주의 94
제자백가 30
조·용·조 52
조계 138
조공 53
조닌 198
조몬 토기 148
조선 81

조선 총독부 230
조선의용군 125
조선의용대 124
조선통신사 208
조선혁명군 124
조슈 213
조일 수호 조규 218
조총 192
조카마치 189
주나라 20
주산 205
《주신구라》 200, 206
주원장 78
주자 64
죽림칠현 49
중산묘 120
중일 전쟁 17
중화민국 103
중화인민공화국 128
진나라 31
진시황릉 38
진주만 공격 237
집단 농장 132
징더전 80
징병제 225

ㅊ

천명사상 36
천수각 189
천자 21
천주 84
《천주실의》 85
천황 155
청나라 82
〈청명상하도〉 63
청일 전쟁 98
청자 63
청화 백자 80

촉 46
춘추·전국 시대 28
치안 유지법 231
칭기즈 칸 66

ㅋ

카이로 회담 118
칸국 67
캉유웨이 99
쿠빌라이 칸 66
킨가쿠지 183

ㅌ

타이완 83, 129, 218
타치바나데라 156
타코야키 203
탈라스 55
탈라스 전투 54
탕구트 62
태평도 43
태평양 전쟁 118
태평천국 96
태화전 87
테무친 72
톈안먼 시위 136
토지 개혁법 130
티베트 83

ㅍ

파리강화회의 113
팔괘 43
팔기군 82
페리 함대 212
평경성 163
평화 헌법 245

ㅎ

하나라 17
한국 전쟁 130, 248
한국광복군 124
한국독립군 124
한나라 34
한일 협정 252
한자 18
항저우 70
허무두 유적 17
헤이안쿄 164
헤이조쿄 163
현장 55
혜초 55
호류지 153
호조씨 178
혼인법 130
홋카이도 218
홍건적 78
홍군 122
홍수취안 96
홍콩 104
화북 46
황건적 42
황허 16
후금 81
후지와라씨 165
후쿠시마 원전 사고 251
후한 46
흉노 33
흑선 212
히로시마 238
히미코 여왕 150

1판 1쇄 발행일 2018년 3월 5일
1판 10쇄 발행일 2025년 6월 23일

지은이 전국역사교사모임
그린이 이경석

발행인 김학원
발행처 휴먼어린이
출판등록 제313-2006-000161호(2006년 7월 31일)
주소 (03991) 서울시 마포구 동교로23길 76(연남동)
전화 02-335-4422 **팩스** 02-334-3427
저자·독자 서비스 humanist@humanistbooks.com
홈페이지 www.humanistbooks.com
유튜브 youtube.com/user/humanistma
페이스북 facebook.com/hmcv2001 **인스타그램** @human_kids

편집 박민영 김수영 **디자인** 유주현 림어소시에이션 **일러스트 컬러·펜터치 도움** 백종민
사진 제공 셔터스톡 **용지** 화인페이퍼 **인쇄** 삼조인쇄 **제본** 해피문화사

글 ⓒ 전국역사교사모임, 2018

ISBN 978-89-6591-349-8 74900
ISBN 978-89-6591-347-4 74900 (세트)

• 저작권자를 찾지 못해 게재 허락을 받지 못한 일부 사진에 대해서는 저작권자가 확인되는 대로 허락을 받고 사용료를 지불하도록 하겠습니다.
• 이 책은 저작권법에 따라 보호받는 저작물이므로 무단 전재와 무단 복제를 금합니다.
• 이 책의 전부 또는 일부를 이용하려면 반드시 저작권자와 휴먼어린이 출판사의 동의를 받아야 합니다.

사용 연령 8세 이상 종이에 베이거나 긁히지 않도록 조심하세요. 책 모서리가 날카로우니 던지거나 떨어뜨리지 마세요.